漢語音韻學

董同龢 著

文史哲出版社 經銷

漢語音韻學

董同龢 著

文史哲出版社印行

趙 元 任 先 生 序

從前有時候想到要是編印我的遺著的時候，找董同龢來給我寫幾句序倒也不錯。沒料到我反倒給董同龢的遺著寫序了。董先生一向非常謙恭，寫信總簽名“再傳弟子”，因爲在清華時候他上過王了一的課，王了一又跟我寫過“兩粵音說”的論文。俗語說靑出於藍，所以從這兩代的藍靑的中國音韻學就結晶於董同龢的“漢語音韻學”了。

倒不是說假客氣的話：王了一的興趣轉向到中國文法，我在方言上做了些調查工作，後來也轉到文法問題跟一般語言問題上，可是同龢在中國音韻學上這些年下來始終是不斷的有貢獻出來。並不是說他在別的方面不行咯，比方我們幾個人作湖北方言調查的時候，他就是最得力的人員之一，可是他很早就有關於古音跟中古音的文章，例如在南京時候，他就有批評高本漢先生的詩經裏的“搭槳韻”的說法把高老先生都說氣了，到後來也覺得那批評也不無可取之處。在抗戰期間，在那種困難情形之下，把一個多少時代大家莫名其妙的廣韻重紐問題，第一次才搞出個頭緒出來。

以後在臺灣幾年，這地方的語言情形，在好些方面可以算是“處女田野”，我現在不用列舉，因爲從本書的內容裏讀者就可以看得出這部著作的方法的謹嚴跟材料的豐富。並不是人死了就樣樣說他好，可是試問要等多少時候臺灣再有一部這樣書出來？

五四年五四日
趙元任序於麻省劍橋

漢語音韻學原序

從西洋人把他們的語言學介紹到中國來，中國古音研究的進展，眞是可觀。我們可以說，近幾十年間中外學人的收穫，足足抵得上，甚或超過清代三百年間許多大師的成績。眼界寬闊，材料增加，工具齊備，方法也更爲精密；因此我們已經能從古音的"類"，進而談古音的"值"；更要緊的則是，我們已經能使這門學問脫離"童稚從事而皓首不能窮其理"的絕境。

話雖如此，對初學而言，我們却始終缺乏一本"入門"的書，他應具備的條件是，元元本本的告訴人家：研究古音有些什麼材料可用？用什麼方法去研究？現在已經得到什麼樣的結果？抗戰期間，隨中央研究院避亂入川，有一天我和李方桂先生談起此事，大家都覺得這樣一本書眞是需要寫了；只可惜以全副精力從事研究工作的人，總沒有機會來寫，而教書的人，又很少是同時做研究工作的。

也許是我個人的巧遇，到臺灣之後，既能不離開中央研究院，同時又在臺灣大學教"聲韻學"。機會落到頭上，就不容遲疑了。兩年之內，隨講隨編，現在總算償了宿願。

把稿本寄請趙元任先生與李方桂先生指教，他們還不失望。因此我很高興，覺得這本小書還勉強擔當得起介紹這門學問的任務。還有使我高興的，就是用這個稿本在臺大講授時，同學們雖然覺得繁重，却還沒有徒勞之嘆。

謝謝臺灣省立師範學院的許世瑛教授，他曾根據教學經驗，給我許多有益的指示。謝謝臺大同事趙榮琅先生和藍亞秀女士，以及喬偉同學，他們都在百忙中，冒暑揮汗，費了許多心力幫我整理稿件。

董 同 龢

— 2 —

目　　次

第一章　引　　論 ……………………………………(1—14)

　　釋名——古語研究與古代文化的瞭解——古音研究與整個

　　的古語研究——研究古音的材料——古音分期——現代方

　　言——本書講述的步驟。

第二章　國語音系 ……………………………………(15—34)

　　輔音與元音——音的分佈——基本名詞的解釋——聲母、

　　韻母、聲調——聲韻調的配合——輕聲——詞尾"兒"對詞

　　根韻母的影響——連音變化——國音注音符號——國語羅

　　馬字——威妥瑪式拼音

第三章　現代方音 ……………………………………(35—56)

　　下江官話與西南官話的特點——蘇州音——廣州音——客

　　家音——福州音——廈門音

第四章　早期官話 ……………………………………(57—76)

　　北曲與中原音韻——中原音韻的體制——聲調——聲母—

　　—韻母——卓從之中州音韻——洪武正韻——南曲與明清

　　曲韻——明以後的通俗字書——明代西方傳教士的羅馬字

　　拼音

第五章　切韻系的韻書 ………………………… (77—109)

　　韻書產生的背景——六朝韻書與陸法言切韻的修撰——切

　　韻與切韻的增訂本——四聲與五卷——分韻——廣韻二百

零六韻的四聲配合——反切與陳澧倡導的反切系聯——反切系聯的檢討——盡量求分的反切上下字歸類

第六章 等韻圖 ……………………………(111—138)

字母與等韻的興起——早期韻圖——宋元韻圖——從守溫字母到宋後三十六字母——三十六字母與廣韻的反切上字——"等"與"轉"——四十三轉與二百零六韻——韻圖的格式與內容——十六攝與四十三轉——韻圖表現的中古韻母系統——等韻門法

第七章 中古音系 ……………………………(139—180)

考訂音類與擬定音值的原則——唇音聲母——舌尖塞音、鼻音、塞擦音與擦音——舌面音與舌尖面混合音——舌根音——"影"與"喻"——"來"與"日"——韻尾——開口與合口——什麼是等？——一、二等"重韻"——三等韻的類型——各攝分論——"平""上""去""入"

第八章 中古音韻母的簡化 ……………………(181—207)

切韻系統繁細的原因——宋後表現語音簡化的史料——四聲等子、切韻指掌圖與切韻指南的表現——由韻略到近代詩韻——集韻與五音集韻——舊瓶裝新酒的古今韻會舉要——韻會聲母——舒聲韻——入聲韻——韻會音系與中古音系

第九章 由中古到現代 ……………………………(209—236)

為什麼要作中古與現代的比較？——聲母比較表——聲母演變的趨勢——韻母演變表——韻母演變的趨勢——聲調

的演變

第十章　古韻分部 ……………………………………(237—262)

隋唐以來所謂"叶韻"——由陸德明的"古人韻緩"說到吳才老的"韻補"——顧炎武奠立的古韻研究基礎——江王段江諸家的精進——分部的內容——不合分部的例外韻語以及部與部之間的關係

第十一章　上古韻母系統的擬測 …………(263—286)

清儒心目中的古音——現代語言學家的看法——上古的輔音韻尾——擬訂介音與主要元音的一般原則——各部分論

第十二章　上古聲母 ……………………………(287—303)

清儒的貢獻——高本漢以後的方法——唇音聲母——端知兩系聲母的古讀——章系聲母的古讀——古代的精莊兩系——舌根音——以母的來源——1-與帶1-的複聲母——可能有的其他複聲母——總結

第十三章　上古聲調的問題 ……………………(305—313)

上古音分聲調嗎？——分幾個聲調？——與中古平上去入的關係如何？

附錄：語音略說 …………………………………(315—330)

發音方式——清與濁——發音部位——語音分類與音標——元音的類型——複元音——鼻化元音——半元音——輔音的類型——複輔音——長短、強弱、高低——漢藏族語言的聲調——語音系統

漢語音韻學

第一章　引　論

§1.1　現在大學課程表上所謂"聲韻學"，乃是研究中國語的語音系統的學問，照這樣說，我們最好是把它的名稱訂作"漢語音韻學"。因爲這裡所謂中國語，係狹義的指漢語而言①；而語音系統的研究，普通都叫作音韻學。"中國音韻學"也是個可用的名字，那是因爲在不太嚴格的時候，我們都用"中國語"來代替"漢語"。

有些人僅用"音韻學"三個字來稱述這門學問，自然過嫌籠統了。

"聲韻學"是比較後起的，同時也就是最不恰當的一個名稱。當初訂立，以爲漢語語音的研究一向是從所謂聲母與韻母着手，那麽"聲韻"二字就可以盡"漢語音韻"四字之效了。其實那是一種似是而非的想法。第一、把語音分作聲母與韻母，並不是只可以適用於漢語。事實上，凡所謂單音節的語言，我們研究起來，都是那麽去做的。因此"聲韻"二字仍不免含混。第二、漢語以及其同性質的語言中還有一個成分，即聲調是，它的重要性決不在聲母與韻母之下，却又沒有提起。

然而"音韻學"又何所取義呢？我們的回答是：

（1）我國語文的研究，一向有"訓詁、文字、音韻"的分科；而"音韻"所指，即是各時代的語音系統，舉凡聲母、韻母、聲調，都包括在內。

（2）現代語言學中專門討論語音系統的部分叫做 Phonology，包括語音的每個方面，自來我們就譯作"音韻學"。

— 1 —

§1.2 如問爲什麼要研究漢語音韻，倒不如問爲什麼要研究漢語。因爲漢語音韻學只是整個漢語研究的一個部門。

無論學什麼語言，我們的目的總是想藉此瞭解那種語言所代表的文化。留心文學的人，更能體會到語言與文學的關係。

然而我們都是說漢語的人了，還要再研究漢語嗎？是的，漢語的範圍很廣：有的我們只知其然而不知其所以然，確乎需要更深切的瞭解。有的則所知極少或一無所知，簡直非從頭學起不可。

先就橫的方面說。現代漢語分作許多方言，差得遠的可以彼此不能互通，還不需要學嗎？卽就流行最廣的國語而言，普通人雖然都聽得懂而說得通，可是如有人問："森"與"生"的分別何在？或"老虎"的"老"爲什麼跟"老人"的"老"不同？又有幾個能囘答的呢？至於解釋文學作品中的韻腳，節律，連綿字……，更是只限於極少數的人了。那都是瞭解不夠的緣故。

再說縱的方面。我們有記載的歷史已經號稱五千年；再往上追溯，更不知多麼久遠。從我們的祖先到現在，語言是在天天變的。假如現代人能與古人會面一定不能互通語言。我們一向用方塊字，它的變化速度趕不上語言的千百分之一。現在我們要讀唐宋人的文章，已經非有相當的訓練不可；兩漢六朝的作品很早就需要注釋；先秦典籍，雖注疏如林，仍不免衆說紛紜；至於商代龜甲卜辭以及周朝吉金銘文，積學者數十年之功，更不過半懂半猜。

由此可以推知古人的語言與現代差得多遠。我們簡直可以說古人的語言是與外國語一樣的難懂。

§1.3 我們讀到古人的詩句，往往覺得有些韻押得很奇怪，例如詩經關雎三章

參差荇菜　左右采之　窈窕淑女　琴瑟友之

講詩經的人都說"采"與"友"押韻，但是現在一個讀ㄘㄞ，一個讀ㄧㄡ，實在差得很遠，這就表示古今語音有很大的變化。我們讀到古人的文章，又常常覺得有些難懂的地方，例如左傳上有一句

豕人立而啼

懂得的人會告訴我們，"豕"就是現在所謂"豬"，這是古人用字（或者說古人的詞彙）與我們不同的表現。此外，"人立"的意思是"像人似的站着"，"人"在古代可以作副詞用，這可以表明古人的語法（或稱文法）也有與現代不同的地方。

由上面的兩個淺顯的例子，我們可以看出，語言的研究可以分作三個方面——語音、詞彙、語法。在這裏面，語音又可以說是其他兩方面的基礎，因爲語詞都是由若干語音組合而成的，而語法上種種變化也不免以語音爲表現的工具。

現在所謂語言的歷史的研究，可以說約略相當於我國舊有的"小學"。"小學"一向分作"文字""音韻""訓詁"三科："文字"現在單獨分出爲"文字學"，"音韻"大致就是我們現在要講的漢語音韻學，"訓詁"可以說是古代詞彙的研究。"語法"的觀念是從西洋輸入的，從前人講"小學"差不多沒有人談到這一方面的問題。

在"小學"的範圍內，"音韻"也是其他兩科的基礎。說文解字所錄九千多字，"形聲"佔十分之九左右，而"江"如何以"工"爲聲符，是要從音韻上去解決的問題。訓詁之道，主要的是"轉注"與"假借"，而"轉注"或"假借"都必基於聲音的相同或相近。清儒段玉裁有云："音韻明而六書明，六書明而古經傳無不可通。"這幾句話實在可以充分表達音韻研究與古代文化瞭解的關係。

我們現在講漢語音韻學與從前人不同的，就是從前的人往往化費

很多的工夫去考訂史料的沿革；我們則特別注重語音本身，史料只作必要的簡單的敍述。再者，前人治學，偏重古代，所以漢語音韻學一向也以古音爲中心。近來受西洋語言學的影響，我們才同時注重現代。方言之學在它的本身任務之外，更能大大的幫助我們認識古代。

　　§1.4　現代人說的話，我們都可以親自聽得到。所以研究現代音，可以說是隨時隨地都有現成的、活的直接材料，近來從事方言工作的人，總是第一步學得有關語言的基本知識；次則實地作成記錄；然後分析綜合，求得它的體系。

　　古人已逝，他們說話的聲音也早已烟消雲散了。要知道他們的語音如何，自然只好間接的從文字記錄去推求。關於古漢語，我們可用的材料與其價值約如下述：

　　（1）文字——普通人都喜歡說"文字是語言的記錄"，但是實際上任何文字都不是語言的完善無缺的記錄。並且，要從文字本身找出它原來的讀法，也不是一件容易的事。從拼音文字考訂古代的音讀，已須大費周章；何況我國的"日""月"只是象形，"上""下"盡於指事，而"止戈爲武"或"背私爲公"又不過是會意呢？以音的關係組成的形聲字，固然是佔了我國文字的絕大多數，然而並不能解答下面幾個切要的問題。

　　（a）"江"的聲符是工"，"河"的聲符是"可"，"工"與"可"古代又怎麼讀？"工"、"可"之類的聲符，本身還不是起於形義的嗎？

　　（b）古代究竟是"江"讀"工"還是"工"讀"江"，或者都另外有一個讀法？

　　（c）"江"與"工"古代是否完全同音，或僅是音相近？如果僅是相近，相近的程度又如何？

所以從諧聲字，我們只能廣泛的看出古音的若干大的類別。

（2）古韻語——詩經第一篇：

關關雎鳩　在河之洲　窈窕淑女　君子好逑

參差荇菜　左右流之　窈窕淑女　寤寐求之

　　求之不得　寤寐思服　悠哉悠哉　輾轉反側

參差荇菜　左右采之　窈窕淑女　琴瑟友之

　　參差荇菜　左右芼之　窈窕淑女　鐘鼓樂之

這裏押韻的情形，有些還與現代相同，如第一章的"鳩、洲、逑"；有些就差得遠了，如末一章的"采、友"與"芼、樂"。這些當然都是考訂古今異同的線索，並且三百篇以及其他古籍頗能供給我們很多的材料。不過是它們只能顯示韻母的大類別，聲調的關係或許也有，聲母則無絲毫痕跡可尋。

（3）古籍中的異文與假借字——什麼語詞用什麼字來寫②，古代不如近代嚴格，因此常有一個語詞分見兩處而寫法不同的情形。尚書的"時日曷喪"，史記引作"是日曷喪"。"時"與"是"都代表"這個"——這就是所謂異文。相當於現代語"何時"的語詞古書通常用"曷"字，可是寫作"害"的也不少，如詩經葛覃三章的"害澣害否"——這就是所謂假借。"時"與"是"以及"曷"與"害"都有聲音的關係是無可疑的，可以利用的程度應該和諧聲字差不多。

（4）讀若、聲訓、譬況、直音——漢以後講字音，往往用"某字音某"的方法，更早一些時候，他們都說"讀若""讀如""讀爲"或"讀與……同"等，這些都可以說是我國人正式注釋字音的開始，後世有"直音"之稱，下面是幾個例子：

說文：公，平分也，从八从厶。（厶下注"音司"。）

— 5 —

說文：辛讀若愆，又：緪，讀與聽同。

禮記聘義："孚尹旁達"，鄭注："孚讀爲浮，尹讀如竹箭之筠"。

這些例子裏面固然有不少兼有訓詁上的關係③。不過無論如何總脫不掉音的成分，因此不失爲探求古音的資料，只是它們的數量還不夠多，並且準確性也大成問題。

漢儒在訓詁上又有所謂"聲訓"的方法，那就是說用音同或音近的字去訓釋別的字。聲訓來源是很早的，不過到了東漢才盛行。班固的"白虎通"與劉熙的"釋名"是講聲訓最著名的書，說文中也有不少的例子，如"天，顚也"。"旁，溥也"。"馬，怒也，武也"。他們的價值可與讀若同。

何休注公羊，高誘注呂氏春秋與淮南子，又有所謂聲音譬況的例子，如：

公羊莊公二十八年傳注："伐人爲客，讀伐長言之"，又："見伐者爲主，讀伐短言之"

淮南子修務篇注："駤，讀似質，緩氣言之者，在舌頭乃得"。又墜形篇注："旄，讀近綢繆之繆，急氣言乃得之。"

什麼叫做"長言"，"短言"，"緩氣"，"急氣"，我們已無法知道。這些材料就難用了。

（5）反切與韻書——自東漢後期，我們受印度文字的影響，漸漸採用一種新的注音方法，即所謂"反切"是。六朝人作文章講究"聲律"，所以當時便有不少用反切注音的"韻書"出現。雖然那些書失傳已久，不過我們還能考見隋代陸法言等人集大成的著作"切韻"的大概。

反切就是用兩個字來拼注另一個字的音，第一個字只取其聲母，

第二個字只取其韻母與聲調，合起來成爲所要拼的字音。下面姑且
舉一個現代還可以用的例來看。

　　"同"字"徒紅"切：徒ㄊㄨ(ㄨ)＋紅(ㄏ)ㄨㄥ —→ 同ㄊㄨㄥ

　　這種方法是先把字音分析過的，所以比起囫圇吞棗的直音，顯然
進步多了。第一是準確性大，第二是除極少數的情形外，差不多所有
的字都可以用。

　　現存的韻書都是先按"四聲"分卷；再分若干個"韻"；各韻之內列
其所屬之字，同音的在一起，第一個字下注有反切。這樣就等於每一
個字都注了音。而且"韻"卽做詩或歌唱時可以押韻的韻母類別，四聲
卽古代的四個聲調，編排就是着眼於語音系統的。

　　（6）等韻圖——從唐朝末年，我們又有了受印度音學影響而產
生的"等韻圖"。等韻圖的編製法，粗略的說，是以聲母爲經，韻母與
聲調爲緯，畫出一張張的圖表來，把韻書所收的字分別填到合宜的格
子裏面去。它們的好處是比反切簡單而有系統；缺點是：每一個格子
只能寫一個字，那個字的同音字沒有法子收錄。

　　今存較早的韻圖大約出於唐末或五代。它們都是依據當時的韻書
作的，所以是研究反切最好的參考資料。比較晚的韻圖出於宋元，據
早期韻圖而加以省併，又略有當時語音的痕跡。

　　等韻圖前後都附有一些文字。有的是解釋圖的編排法，有的則是
關於語音的說明，都可以供參考。

　　（7）元曲與曲韻——北曲起於民間，始終沒有登士大夫的大雅
之堂，所以很能表現當時的語言。元朝人周德淸所著"中原音韻"便是
爲作曲家用的參考書。中原音韻的編制，能擺脫傳統韻書的形式，而
表現當時的語音實況。明淸之時，受他的影響而作的曲韻很多，也都
能多多少少的表示出當時的語音。

（8）明代外國敎士的記錄——明代西洋傳敎士來到中國，利用歐西的拼音文字記錄中國字音的人也不少。其中以金尼閣的"西儒耳目資"爲最著。

（9）現代方言與域外譯音——現代許多方言都是從古語傳下來的，所以考訂古音而用現代方言作參考，意思是在"知新而溫故"。從紙上材料，我們只能求出古語的音類，性質只如一些代數式子。至於他們的數值，只能在現代方言中求得。這是西洋語言學給我們的一個大啓發。近二三十年來漢語音韻學在這一方面的發展很可觀。

唐代的語言還流布到了外國，那就是日本，韓國以及越南的"譯音"。所謂"譯音"，就是他們把漢字借用了去，却照自己的語音系統改讀的音。流傳到現在，自然也是我們研究唐代語音的材料，價值有時與漢語方言差不多。

（10）漢字與外國文字的對音——在六朝與唐代，我們曾經大量的翻譯過佛經。其中主要的是佛經的梵文本子，也有一部分是當時中央亞細亞的一些本子。關於不能意譯的專名，用漢字去翻音的很多，稱爲"對音"。漢字不表音，可是那些文字是拼音的，所以那些對音也是很可利用的材料。

中國文化流布國外，中國的特別名詞在外國也有對音。可惜是我們還知道得太少。

（11）同族系語音的比較——近代語言學家告訴我們，漢語與我國西南邊疆的擺夷語以及暹羅語等同出一源，合稱漢台語系；漢台語系的語言又與包括西藏緬甸等語的藏緬語系同出一源，稱爲漢藏語族。凡同族系的語言，語音系統有類似的情形，語音的變化也往往有平行的進展。就各種有關係的語言，推求他們的母語，以昧於此者驗之於知於彼者，正是所謂比較研究的課題。漢藏族語言的比較研究已經到了基礎粗立的階段，不久可以在古代漢語方面大放異彩。

§1.5 自有漢族以來，不知已歷多少萬年。自我們有文字到現在，至少也有三千年了。可是關於我們的古代語音，因爲材料留存有限，研究的程度也未臻理想，却只有下列幾個階段可以說是或多或少的明瞭了一些。

（1）上古音——主要的資料是諧聲字與先秦典籍中的韻語。經傳中的異文與假借字，蒐集整理的工夫還沒有完成，從來只有一些零星的徵引。漢儒的讀若聲訓等，有關訓詁的可以視同假借；純粹聲音的注釋也足以參考，不過有時會發生時代的問題④。

先秦韻語的研究以詩經爲主體，而三百篇大體出於西周。自來講說六書，以小篆爲對象；小篆雖定於秦，必有其悠久的歷史，所以諧聲字的表現能大體與詩經韻語相合。照這麼說，根據詩經用韻與諧聲字而考得的語音系統，可以說是代表周代的。如謹慎一些，同時籠統一些，則可以說上古音是先秦的語音。

（2）中古音——這是指切韻所代表的音系而言。切韻序作於隋仁壽元年（607A.D.）；唐代詩篇，取以爲押韻的準繩，中葉以後，才有併若干韻同用之說；反切的勢力更伸張到宋初。所以，說中古音的時期是隋唐，該沒有什麼問題。近來有人以爲切韻的制作是前有所承的，那麼說它所表現的音系也可以伸張到隋以前，並不是沒有理由的。所以我們最好說中古音的時代是以隋及唐初爲中心。

早期韻圖既以切韻一系的韻書作根據，自然是考訂切韻的最好的參考資料。佛經的翻譯，唐代最盛，對音中唐代語音的痕跡當然也不少。現代方言淵源於切韻系統，切韻音類的實值，只有在活材料中測得。域外譯音，也是唐音的旁支別派，可以補現代方言之不足。

（3）近古音——宋人所修的韻書，漸有減少韻數的趨勢；風行了幾百年的反切，宋後一般人已不能應用；同時較後出的韻圖也都有省併的現象——這都表現我們的語音到那時已有很大的變化。能全盤表現這種變化的，要算宋末黃公紹與熊忠的"古今韻會舉要"，"古今韻會舉要"表面上仍用傳統韻書的體制；各韻之內却利用等韻知識，把所有的字重新注音，並加以新的排列。因此實際語音系統可以很清楚的看出，我們可以說韻會的語音是中古到近代的橋樑。

（4）近代音——官修的韻書，始終不能與正統文學脫離關係，所以自宋至明，改來改去都不免拖泥帶水。元代北曲大盛，那完全是民間文學。周德清為元曲而作的"中原音韻"因此也能擺脫傳統韻書的羈絆，而以當時的實際語音為準。它可以說是元代北方舞臺語的代表，同時也是現代北方官話的遠祖。明代教士的記錄，自然與現代更相近了。

（5）現代音——國語是現時全國的標準語。國語語音的研究已有相當長的歷史了。方言的研究則是近二三十年才開始的。歷年戰亂更阻擾了工作的進行，因此我們的知識還不夠豐富。

§1.6 古音的研究大大受材料的限制。上述古音的幾個階段，僅是就可以利用的材料看如此如此，並且不是我們的語音自來只有那幾次改變。最明顯的是周朝以前尚全無所知；自先秦以迄隋唐，千數百年間，也差不多是空白。

現代音有現成的材料，可是方言研究在我國方才發靱，所以我們的知識也還不充分。就已知者而言，現代漢語可以分作下列幾種方言。

（1）北方官話——大致說凡淮河、漢水與終南山以北的方言屬之。"國語"卽是它的方言之一。

（2）西南官話——分布於川、滇、黔、鄂、湘西、桂北、以及江西北部。

（3）下江官話——長江下游、皖中與蘇北一帶。

（4）吳語——江蘇南部及浙江。

（5）贛語——贛江流域。

（6）湘語——湘江、沅江、資水流域。

（7）粵語——兩廣，並及海外。

（8）客家語——以粵北贛南爲中心，散居臺灣及海外各地的也很多。

（9）閩北語——福建北部，以福州爲中心。

（10）閩南語——以廈門潮汕爲中心，分至臺灣海南與海外。

（11）其他未明方言如徽州話等。

現代漢語有許多方言，古代漢語當然也不會少。我們現時已考得的古音，都可以說是當時的官話或標準音。古代方言只在更少的記載可以窺知一鱗半爪而已。

§1.7 雖然我們對古代的語音的瞭解不夠，可是要把已經知道的一些，在這本小書裏說個大概，却也不容易。那是因爲：（1）從古至今要包括三千年，比起講別的語言的歷史來，我們的擔負還是重得多。（2）古語的材料，本身就有許多問題，解說起來非常費事。（3）我們講的是語音，而以前人都昧於語音，因此又有許多節外生枝的糾葛。

講語音要有一套代表語音的符號，其重要性與講數學要用數目字完全相等。本書末了附有一章“語音略說”，就是把本書所用的符號，作一個最簡單的說明。

　　說到漢語音韻本身，本書現在行了一個從來沒有人做過的辦法，就是先從現代講起。這樣做，一方面是作者覺得：先就眼前取材，初學的人容易瞭解；另一方面，作者也以為瞭解現代就是瞭解古代的階石。

　　不過，現代的範圍太廣了，我們只能以國音為主，附帶的論及其他方言。

　　近代是現代的較古形式，我們也以現代為出發點來說。

　　近古的材料都是沿襲中古而來的，所以講到"古"，我們最好是從中古開始。切韻系的韻書與韻圖是研究古音比較最完備的材料，同時也是解說起來很費事的材料，所以在這一部分，我們要多下一點工夫。把中古弄清楚，近古的問題也就迎叨而解了。本書因篇幅關係，近古暫時從略。

　　上古是最難的一部分，並且我們研究上古，一向又以中古音的知識為基礎，所以雖然時代最早，却要放到最後再說。

　　我們講漢語音韻，除去敍述各時代的語音系統，還有一項同等重要的任務，就是要明古今演變之跡。所以，在中古之後，我們有"由中古到現代"一章；在上古之後，本來也該有"由上古到中古"一章，不過因為我們講上古時就是以中古為基礎再推上去的，所以可以略去。

　　很顯明的，這是一種重點主義的講法，在漢語音韻的各個方面之中，我們是把重點放在現代國語、中古與上古三個方面，希望拿他們作根據，逐次瞭解及於其他方面。又從表面看，我們不免把時序顛倒了，可是講述起來，却是順乎自然的。

　　【註一】中國境內，在漢語之外，還有許多別的語言，漢語不過是其中最重要的一種而已。大致說，所謂中國境內的語言是分屬五個不同的大系統與其支派的。

㈠漢藏語族或印支語族 (Sino-Tibetan or Indo-Chinese Family.)

  (1)漢台語系 (Sino-Tai Group)

    (a) 漢語

    (b) 台語——西南諸省的擺夷、仲家、僮家等

              （與暹羅語同支派）

    (c) 苗語與傜語

  (2)藏緬語系 (Tibetan-Burmese Group)

    (a) 藏語——包括西藏與西康、青海一帶藏人的語言。

    (b) 倮倮語、麽些語等（川、滇、黔一帶）

    (c) 滇緬邊界一帶的土語，如怒子、优子等（與緬甸語很近）。

㈡阿爾泰語族

  (1)突厥語——指新疆及其附近所謂"回族"的語言

  (2)蒙古語

  (3)通古斯語——滿洲話及其他

㈢南島語族 (Austronesian Family)——臺灣高山族的語言屬之，與馬來及菲律賓等語言同系統。

㈣南亞語族 (Austric Family)——雲南西南部的佧佤語等屬之，與越南的柬埔寨語以及緬甸的北古語等同系統。

㈤印歐語族 (Indo-European Family)——新疆的塔其克語屬之，與印度及歐洲的許多語言同系統。

【註二】所謂"語詞"是指實際語言裡的最小的單位，由一定的音來組合，代表一定的事物，所謂"字"則是語詞傳之於筆墨的形體。例如在國語裡，"ㄒ""ㄧ""ㄥ"諸音的組合，代表晚上在天空閃爍的東西，這是一個語詞，而我們現在通行的寫法，又用"星"來代表"ㄒㄧㄥ"，這是字。中國字每一個都代表語言中的一個音節而多數語詞也只包含一個音節，因此有些人把字與語詞不分。

　　我們應當注意，"我們"也是一個語詞，却包含兩個音節，通常也用兩個字來寫。同是一個語詞，古人又可以用不同的字代表，和現代人寫白字一樣，所以語詞與字是我們在觀念上應當分清楚的，前者英文爲 word，後者爲 Character。

【註三】段玉裁說文解字注云："凡言讀若者皆擬其音也，凡傳注言讀爲者，皆易其字也（按卽以某爲某之假借），注經必兼茲二者，故有讀爲，有讀若，讀爲亦言讀曰，讀若亦言讀如……"實際上注傳中讀若與讀爲的分別並不如他說的這樣嚴格，僅是大體如此而已。

【註四】我們知道某爲某之假借，大部份是從漢朝人的經注得來的，漢儒雖然講師承家法，總不免以今律古，所以有些假借的現象，毋寧說是代表漢代。

第二章　國語音系

§2.1 所謂「國語」就是現代中國的標準語，他是以北平受過相當教育的人的語言爲基礎的，幾百年來，中國社會上的領導人物都以北平爲活動的中心，並且曾用活的語言寫出許多文學作品，所以他們用的語言早就成爲約定俗成的「官話」了。「國語」則不過是民國以後政府頒行的名詞。

敍述國語的語音系統，可以先從輔音與元音着手。

（1）輔音

	塞音及塞擦音		鼻音	清擦音	濁擦音及邊音
	不送氣	送氣			
唇　音	p	pʻ	m	f	
舌尖音	t	tʻ	n		l
	ts	tsʻ		s	
捲舌音	tʂ	tʂʻ		ʂ	ʐ
舌面音	tɕ	tɕʻ		ɕ	
舌根音	k	kʻ	ŋ	x	

在唇音中，〔p〕〔pʻ〕〔m〕是雙唇音，〔f〕是唇齒音，雙唇音沒有擦音，而唇齒音沒有塞音與鼻音，所以我們可以概稱唇音。

就一般情形說，〔t〕〔tʻ〕〔n〕〔l〕與〔ts〕〔tsʻ〕〔s〕的部位還是有差別的——前者近於所謂齦音，而後者近於所謂齒音，不過〔t〕〔tʻ〕與〔ts〕〔tsʻ〕的主要分別是塞音與塞擦音的不同。（參看附錄10節）

就一個個的字音而言，濁的塞音或塞擦音是國語裏沒有的。在複音節的詞裏或在整句的話裏面，他們倒不是絕對不存在；不過是那都可以解釋爲「連音變化」，算不得獨立的音的單位。（參看本章2.8節）

〔ʐ〕是唯一的一個濁擦音，必須與同部位的清擦音〔ʂ〕分立的，別的濁擦音不是絕對沒有；但和上述濁的塞音與塞擦音一樣，他們只偶爾在「連音變化」中出現。

又在「安」「餓」等字的起頭，有時還可以有喉塞音〔ʔ〕或濁的舌根擦音〔ɣ〕出現。不過是出現與否，在語言的應用上都是無所謂的。因此也不能視作獨立的音的單位。

（2）單元音

	舌	尖		舌	面	
	前	後	前		央	後
			展	圓		展 圓
高	ɿ	ʮ	i	y		u
中		ɚ	e		ə	ɣ o
低					a	

舌尖高元音〔ɿ〕〔ʮ〕通常都是展唇的，沒有相對的圓唇音與他們分立，〔ɚ〕唇狀中性。

舌面元音的高低只有三種不同，所以〔e〕〔ə〕〔ɣ〕〔o〕就用不着所謂「半低」與「半高」的觀念，只要說「中」就夠了。

低元音在國語實在沒有「前」「後」「央」的分別，〔a〕號在這裏是代表一個變異範圍相當寬的音。大致說：如果後面沒有別的音，他的部位近於「央」；如果後面有〔ŋ〕或〔u〕就要偏後些；後面有〔n〕或〔i〕時，就要偏前些；後面既有〔n〕或〔i〕而前面又有〔i〕時，舌位更要略高，近乎所謂半低前元音，我們不把他分作四個音，固然是因為實用上無須作如此過細的劃分；更要緊的則是，就語音結構說，他實在只是一個音的單位。

（3）複元音

　　　　　ai　ei　au　ou

　　這裏只列出下降的複元音，凡上升的複元音與三合元音，都依附錄6節，不看作音的單位。

　　§2.2 國語的輔音沒有一個在字音中間出現的。也只有〔n〕與〔ŋ〕可以出現於字尾，如"暗"〔an〕，"剛"〔kaŋ〕。〔ŋ〕又不出現於字首；〔n〕倒是可以兼在字首出現，如"拿"〔na〕，"您"〔nin〕，所有別的輔音都只出現於字首，如"八"〔pa〕，"唐"〔t'aŋ〕，"誰"〔şei〕……

　　舌尖高元音〔ɿ〕〔ʅ〕後面總沒有別的音；但是前面必然有別的輔音，而且在〔ɿ〕前面一定是〔ts〕〔ts'〕或〔s〕；在〔ʅ〕前面一定是〔tʂ〕〔tʂ'〕〔ʂ〕或〔z〕；如"司"〔sɿ〕，"日"〔zʅ〕，〔ɚ〕永遠單獨出現，前後都沒有別的音，如"耳"〔ɚ〕。因爲這樣，我們有時候就可以用一個符號來代表這三個舌尖元音，這個符號現在寫作〔ï〕。凡在〔ts〕〔ts'〕〔s〕後面，他自然的是讀〔ɿ〕；在〔tʂ〕〔tʂ'〕〔ʂ〕〔z〕後，自然的讀〔ʅ〕；單用時自然的是〔ɚ〕；永遠不會相混，於是"司"作〔sï〕，"日"作〔zï〕，"耳"作〔ï〕。

　　在舌面元音中，〔i〕〔u〕〔y〕〔a〕出現的範圍最廣，他們可以單獨出現；可以在別的音的後面；可以在別的音的前面；也可以前後都有別的音。例：

衣〔i〕	烏〔u〕	魚〔y〕	啊〔a〕
比〔pi〕	都〔tu〕	呂〔ly〕	牙〔ia〕
因〔in〕	臥〔uo〕	月〔ye〕	安〔an〕
兵〔piŋ〕	送〔suŋ〕	君〔tɕyn〕	羊〔iaŋ〕

　　這裏所謂別的音實際上不是所有本身以外的音，某音前後可以有

哪些別的音，另有規律，可以看附錄12節。

〔ɤ〕可以單獨出現，如"鵝"〔ɤ〕；前面可以有某些輔音，如"得"〔tɤ〕；後面永遠沒有任何別的音。

〔ə〕從不單獨出現；前面可以有某些輔音或元音，除輕聲字後面永遠有〔n〕或〔ŋ〕，如"恩"〔ən〕，"燈"〔təŋ〕，"溫"〔uən〕。

〔e〕〔o〕。都不單獨出現；〔e〕前面永遠有〔i〕或〔y〕，〔o〕前面永遠有〔u〕，無論再接輔音與否，如"夜"〔ie〕，「碟」〔tie〕，"月"〔ye〕，"缺"〔tɕ'ye〕，"窩"〔uo〕，"鍋"〔kuo〕除去構成附錄6節所列的複元音，他們的後面可以說從不再有別的音了。

所有的複元音都可以在某些輔音或元音的後面，如"孩"〔xai〕，"尾"〔uei〕，"搖"〔iau〕，"鈎"〔kou〕；後面都不再有任何別的音；除去〔ei〕，都可以單獨出現，如"哀"〔ai〕，"敖"〔au〕，"藕"〔ou〕。

§2.3 我們一向都把國語的字音分作"聲母"、"韻母"與"聲調"。這樣分法雖然是從舊的音韻學沿襲而來；就現代語言學的觀點說，却也有他的好處。並且，這個分法非但可以應用於現代漢語，研究古代漢語以及與漢語相近的語言，作語音分析時，這樣分法也是有許多方便的。既然如此，在開頭的時候，我們最好先把這幾個名詞解釋清楚。

聲母是字音起首的有辨義作用的輔音。如國語"班"起首的p，"參"起首的ts'，"酣"起首的x……。如果某字的起首沒有輔音，或者是雖有輔音而他的出現與否於某字之所以爲某字並不發生關係，那麼那個字就可以說是沒有聲母，或聲母爲零。例如國語的"安""哀""鵝"

"恩"等字，有時起首沒有輔音；有時也會帶個喉塞音ʔ或舌根濁擦音ɤ，不過ʔ或ɤ之有或無，都是一樣的可以不計。

韻母包括聲母之後的元音，以及元音之後可能再有的輔音。如果一個字沒有聲母，那麼他的全體都是韻母；單由成音節的輔音組成的字音，也完全視作韻母。

在韻母之中，凡上升的複元音都認作"介音"加"主要元音"，如：

　　　ie——i│e　io——i│o　ua——u│a　ye——y│e

三合元音也認作介音加複元音，如

　　　iau——i│au　　　　　uei——u│ei

元音後面跟輔音的，則認為元音加"韻尾"，如：

　　　an——a│n　　　　　aŋ——a│ŋ

下降的複元音有時也可以認作主要元音加韻尾。如：

　　　ai——a│i　　　　　ou——o│u

於是最複雜的韻母是：介音加主要元音加韻尾。如：

　　　ian——i│a│n　　　uaŋ——u│a│ŋ

聲調就是一個字的音高（pitch）的高低，有時與音的長短也有關係。在漢語以及與漢語同系的語言中，聲調是字音的要素之一，重要性和聲母、韻母相等。例如國語"媽""麻""馬""罵"的聲母都是m，韻母都是a，他們的不同就全在音高方面。粗略的說，"媽"的聲調是高低不變的，"麻"是由低而高的，"馬"是先高後低再高的，"罵"是由高而低的。我們要注意的是：不是每個漢語方言恰好都有四個聲調；並且聲調的高低升降，也不是大家一律的。

§2.4　國語的聲母、韻母、聲調如下：（每個符號後括弧內的字是例字。）

—— 19 ——

（1）聲母

p（巴比布）　p'（怕皮鋪）　m（馬米母）　f（法夫）

t（答低都）　t'（他提途）　n（拿泥奴女）　　　　　I（拉利魯呂）

ts（資雜租）　ts'（此擦醋）　　　　　　s（思撒蘇）

tʂ（知札朱）　tʂ'（遲茶除）　　　　　ʂ（施沙書）　ʐ（日惹如）

tɕ（基居）　　tɕ'（齊去）　　　　　　ɕ（喜許）

k（哥姑）　　k'（科苦）　　　　　　　x（喝虎）

○（岸鵝恩衣汪魚）

（2）韻母

ï（子紙耳）　i（皮底基衣）　u$\binom{布都租}{朱姑五}$　y（呂舉雨）

a$\binom{怕打薩}{查哈啊}$　ɤ$\binom{德色車}{哥俄}$

i（家牙）　　　　　　　　　　　　　　ie（別鐵歇也）

ua（耍瓜瓦）　　　　　　　　　　　　　　　　uo$\binom{波多坐}{說郭臥}$

　　　　　　　　　　　　ye（雪月）

ai$\binom{拜台災}{齋該矮}$　ei$\binom{陪內賊}{誰黑}$　au$\binom{包刀曹}{高奧}$　ou$\binom{否頭搜}{周鈎歐}$

　　　　　　　　　　　　　　iau$\binom{飄條}{叫要}$　iou$\binom{謬流}{九遊}$

uai（揣快外）　uei（堆最追歸為）

an$\binom{半單三}{展甘安}$　ən$\binom{本嫩森}{枕根恩}$　in$\binom{賓鄰}{心因}$　yn（羣雲）

ian（邊添間鹽）

uan$\binom{端算船}{官完}$　uən$\binom{頓遵}{準昆穩}$

yan（全圓）

aŋ$\binom{邦當桑}{張剛昂}$　əŋ$\binom{蓬登曾}{正耕}$　iŋ$\binom{兵丁}{興英}$　uŋ$\binom{東松中}{公翁}$

iaŋ(良香陽)

uaŋ(莊光王)

yuŋ(兄用)

　　第一欄與第二欄的韻母是沒有韻尾的，習慣上統名爲"開尾"韻母。第三欄是複元音韻母，或者可以說是韻尾是元音的韻母。第四欄與第五欄都是有鼻音韻尾的韻母。

　　凡有鼻音韻尾的統稱"陽聲"；凡沒有任何輔音韻尾的統稱"陰聲"。

　　各欄第一行是主要元音前不加任何介音的韻母；第二行是加介音〔i〕的；第三行是加介音〔u〕的；第四行是加介音〔y〕的。同介音的韻母，在聲韻母的配合上有大體一致的表現。而以〔i〕〔u〕〔y〕爲主要元音的韻母的情形，也和用〔i〕〔u〕〔y〕爲介音的韻母一樣，所以我們把

　　　　沒有任何介音或主要元音不是〔i〕〔u〕〔y〕的叫"開口"音；

　　　　有介音〔i〕或主要元音是〔i〕的叫"齊齒"音；

　　　　有介音〔u〕或主要元音是〔u〕的叫"合口"音；

　　　　有介音〔y〕或主要元音是〔y〕的叫"撮口"音。

　　有時我們又把"開口"與"合口"合稱"洪音"，"齊齒"與"撮口"合稱"細音"。"細音"包含高元音〔i〕或〔y〕；"洪音"沒有。"開口"與"齊齒"都沒有圓脣元音，有時合稱爲"開口"；"合口"與"撮口"都有圓脣元音，有時合稱"合口"。所以，"開口"與"合口"都各有狹義與廣義的意義。

　　依"開""齊""合""撮"的觀念，國語的韻母可以很整齊的排列如下：

ï	a	ɤ	ai	ei	au	ou	an	ən	aŋ	əŋ
i	ia	ie			iau	iou	ian	in	iaŋ	iŋ

發音部位	聲母/韻母	ɿ(i)①	a	ai	ɔi	au	ou	an	ən	aŋ	əŋ	i	ia	ie	iau	iou	ian	in	iaŋ	iŋ	u	ua	uo	uai	uei	uan	uən	uaŋ	uŋ	y	ye	yan	yn	yuŋ
		開口										齊齒									合口									撮口				
唇音	p [p]		巴	白	杯	包		扳	奔	邦	崩	比		別	表		編	賓			布													
	pʻ [pʻ]		怕	排	胚	拋		攀	盆	旁	朋	皮		撇	飄		篇	貧			鋪													
	m [m]		馬	買	梅	毛	謀	瞞	門	忙	盟	米		滅	苗		面	民			母													
	f [f]		法		肥		否	凡	分	方	風										夫													
舌尖中	t [t]	低②	搭	代②		刀	斗	單		當	燈	低			刁	丟	顛				都		多		堆	端	頓		東					
	tʻ [tʻ]		他	太		桃	偷	貪		湯	騰	提		帖	挑		甜				透		托		推	團	吞		通					
	n [n]		拿	奶	內	腦		難	嫩	囊	能	泥			鳥	牛	年	您	娘		奴		挪			暖		農		女	虐			
	l [l]		拉	來	累	老	樓	蘭		狼	冷	里	倆	列	了	留	連	林	涼		魯		羅			亂	倫	龍		呂	略			
舌尖前	ts [ts]	資	雜	在	賊	遭	走	簪	怎	髒	增										租		坐		最	鑽	尊		宗					
	tsʻ [tsʻ]	此	擦	才		操	湊	慚		倉	層										粗		搓		催	竄	村		蔥					
	s [s]	思	撒	賽		騷	搜	散	森	桑	僧										蘇		所		雖	酸	孫		松					
舌尖後	tʂ [tʂ]	知	扎	債		招	周	戰	真	張	爭										朱	抓	桌	拽④	追	專	準	莊	中					
	tʂʻ [tʂʻ]	遲	茶	柴		超	抽	蟬	沉	長	成										出		戳	揣	吹	穿	唇	窗	重					
	ʂ [ʂ]	施	沙	曬		燒	收	山	申	商	生										書	刷	說	帥	稅	栓	順	雙						
	ʐ [ʐ]	日				饒	肉	然	人	讓	扔										如		若		銳	軟	潤		絨					
舌面音	tɕ [tɕ]											雞	加	借	交	九	間	今	將	京										居	決	捐	君	兄
	tɕʻ [tɕʻ]											七	恰	且	巧	秋	錢	親	強	輕										去	缺	全	群	窮
	ɕ [ɕ]											西	下	謝	孝	休	現	欣	香	星										許	雪	宣	熏	兄
舌根音	k [k]		嘎	該	給	高	狗	干	根	崗	更										姑	瓜	鍋	怪	歸	官	滾	光	公					
	kʻ [kʻ]		卡	開		考	口	看	肯	康	坑										苦	誇	闊	快	虧	寬	困	筐	空					
	x [x]		哈	海	黑	好	後	含	恨	航	橫										呼	花	活	壞	灰	歡	溫	荒	紅					
零聲母	①	耳	阿	哀		熬	歐	安	恩	昂		衣	牙	夜	腰	由	煙	因	羊	英	烏	蛙	窩	外	威	完	溫	汪	翁	魚	月	圓	暈	用

①在 [ts] [tsʻ] [s] 後讀 [ɿ]，[tʂ] [tʂʻ] [ʂ] [ʐ] 後讀 [ʅ]，[k] [kʻ] [x] 後讀 [ɤ]。

②口語中有 [tei ㄉㄟ] ("疊" 的意思)、[tei ㄉ] ("泥" 的意思)、[tei ㄌ] ("需要" 的意思)等。

③ "這"讀 [tʂei ㄓㄟ] 是這 "tʂ ㄓ" 與 "一 [i ㄧ] 的合音。

④ [tʂuai ㄓㄨㄞ] "拉"的意思。

u ua uo uai uei   uan uən uaŋ uŋ

y ye   yan yn   yuŋ

（3）國語分四個聲調：

類　名	調　型	符號	例　　　　　字
陰平（第一聲）	高平（55）	ㄱ	巴梯雖申皆姑屋
陽平（第二聲）	高升（35）	ㄱ	拔提隋神潔胡無
上　（第三聲）	降升（315）	∨	把體髓沈姐古五
去　（第四聲）	全降（51）	∨	霸替碎甚戒固誤

"陰平""陽平""上""去"是學術上應用的名詞；"第一聲""第二聲"等則是一般應用的名詞。

§2.5 **聲母與韻母的配合情形參看插表一：**

聲調與聲母韻母的配合，要詳細的用表格表現出來，需要很多的篇幅，現在只提出幾點比較顯著的：

（1）不送氣的塞音與塞擦音，在陽聲韻都沒有陽平調（ㄱ）字：在陰聲韻裏的陽平調——如"拔"〔paㄱ〕，"則"〔tsɤㄱ〕，"直"〔tʂiㄱ〕，"毒"〔tuㄱ〕，"極"〔tɕiㄱ〕——也都是從古代的入聲變來的。

（2）除去少數象聲字——如"咪"〔miㄱ〕——及口語中少數字——如"媽"〔maㄱ〕，"撈"〔lauㄱ〕——濁音聲母可以說在各韻都沒有陰平調（ㄱ）的字。

（3） s 在開口韻也沒有陽平調的字；只在合口韻有，如"俗"〔suㄱ〕，"隨"〔sueiㄱ〕。

§2.6 在國語的複合詞或語句中，有些字是比別的字說得輕的一

一例如"上去"的"去"，"底下"的"下"，"我的"的"的"，"做得好"的
"得"，"來了嗎"的"了"與"嗎"——我們叫他"輕聲"字，因爲用力比
較小。輕聲的特點是聲調模糊了，或者也可以說他們沒有固定的聲調
了。依趙元任先生的觀察，他們的高低完全取決於前面的非輕聲字，
如：

$$他的 \ t'a\rceil tə\dashv \qquad 撕掉 \ s\ddot{i}\rceil tiau\dashv$$

$$誰的 \ şei\rceil tə\lrcorner \qquad 鎏掉 \ t'u\rceil tiau\lrcorner$$

$$你的 \ ni\lrcorner tə\dashv \qquad 走掉 \ tsou\lrcorner tiau\urcorner$$

$$破的 \ p'uo\backslash tə\rfloor \qquad 去掉 \ tɕ'y\backslash tiau\lrcorner$$

　　"蓮子"與"簾子"的不同完全在"子"字是否輕聲，所以輕聲字需用
特別符號標明。並且有些字，如上述的"的""了""嗎"，則是永遠讀輕
聲的，如果不用特定的符號，便沒有法子確實的表明他們的音讀是什
麼。現時通行的輕聲字標寫法是把〔|·〕號寫在聲韻母符號之後，
如：

$$上 \ 去 \ şaŋ\backslash tɕ'y|· \qquad 底 \ 下 \ ti\lrcorner ɕia|·$$

$$我 \ 的 \ uo\lrcorner tə|·$$

$$做得好 \ tsuo\backslash tə|·xau\lrcorner \quad 來了嗎 \ lai\rceil lə|·mə|·$$

$$簾 \ 子 \ lian\rceil ts\ddot{i}|· \qquad （蓮子lian\rceil ts\ddot{i}\lrcorner ）$$

　　對於永遠輕聲的字，我們不可以根據現行方塊字的寫法去杜撰他
們的非輕聲讀法，例如"我的"的"的"〔tə|·〕雖與"目的"的"的"〔ti\〕
一樣寫法，但是他們決不是原來讀〔ti\〕，因爲"弟弟"的第二個字也
是輕聲，然而不變〔tə|·〕，又如"來了"的了〔lə|·〕，也不是從"完
了"的"了"〔liau\〕變來的，因爲"走掉"的"掉"也是輕聲，但讀
〔tiau|·〕而不讀〔tə|·〕。

　　〔ə〕似乎是永遠輕聲的字獨有的韻母，說他"原來是〔ɣ〕"或

"原來是〔a〕"都有問題。

§2.7 國語的"花兒""鳥兒"等詞，平常我們都分開來寫，而以爲"兒"在這些地方是輕聲。從語法的觀點，我們應當說"花兒""鳥兒"等是詞幹〔xua˥〕〔niau˨˩˦〕加詞尾〔ɹ〕構成的。而〔xuaɹ˥〕或〔niauɹ˨˩˦〕都只是一個音節。

在這裏，我們要說的是〔ɹ〕尾對於詞幹的韻母的影響。

（1）ï＋ɹ⟶əɹ：如"字兒"tsəɹ˥˩〔⟵tsï˥˩＋ɹ〕"紙兒"tʂəɹ˨˩˦〔⟵tʂï˨˩˦＋ɹ〕

（2）i,u,y,a,ia,ua,ɤ,ie,uo,ye,＋ɹ 沒有什麼變化，如"鷄兒"tɕiɹ˥，"鼓兒"kuɹ˨˩˦；"魚兒"yɹ˧˥，"靶兒"paɹ˥˩，"家兒"tɕiaɹ˥，"瓜兒"kuaɹ˥，"格兒"kɤɹ˧˥，"葉兒"ieɹ˥˩，"桌兒"tʂuoɹ˥，"月兒"yeɹ˥˩。

（i與y韻的上聲與去聲字加ɹ尾時，在一部分北平人是變ieɹ與yeɹ的，如"幾兒"tɕieɹ˨˩˦，"底兒"tieɹ˨˩˦，"雨兒"yeɹ˨˩˦，"句兒"tɕyeɹ˥˩）

（3）帶i韻尾的複元音韻母加詞尾ɹ時，i韻尾消失：

ai,uai＋ɹ⟶aɹ,uaɹ，例如"牌兒"p'aɹ˧˥（⟵p'ai˧˥＋ɹ），"（老）帥兒"ʂuaɹ˥˩（⟵ʂuai˥˩＋ɹ）

ei,uei＋ɹ⟶əɹ,uəɹ,例如"杯兒"pəɹ˥（⟵pei˥＋ɹ），"鬼兒"kuəɹ˨˩˦（⟵kuei˨˩˦＋ɹ）

（4）帶 u 韻尾的複元音韻母加詞尾ɹ時不變，如："刀兒"tauɹ˥，"鳥兒"niauɹ˨˩˦，"頭兒"t'ouɹ˧˥，"油兒"iouɹ˧˥。

（5）帶n韻尾的韻母加詞尾ɹ時n消失，所以

an+ɹ⟶aɹ，如"瓣兒"paɹ∨（⟵pan∨+ɹ）

ian+ɹ⟶iaɹ，"辮兒"piaɹ∨（⟵pian∨+ɹ）

uan+ɹ⟶uaɹ，如"碗兒"uaɹ∨（⟵uan∨+ɹ）

yan+ɹ⟶yaɹ，如"院兒"yaɹ∨（⟵yan∨+ɹ）

ən+ɹ⟶əɹ，如"針兒"tʂəɹ˥（⟵tʂən˥+ɹ）

in+ɹ⟶iɹ，如"今兒"tɕiɹˊ（⟵tɕin˥+ɹ）

uən+ɹ⟶uəɹ，如"滾兒"kuəɹ∨（⟵kuən∨+ɹ）

yn+ɹ⟶yɹ，如"雲兒"yɹˊ（⟵yn˥+ɹ）

（6）帶ŋ韻尾的韻母加語尾ɹ時，ŋ消失，主要元音鼻化：

əŋ+ɹ⟶ə̃ɹ，如"凳兒"tə̃ɹ∨（⟵təŋ∨+ɹ）

iŋ+ɹ⟶ĩɹ，如"名兒"mĩɹˊ（⟵miŋˊ+ɹ）

uŋ+ɹ⟶ũɹ，如"空兒"kʻũɹ∨（⟵kʻuŋ∨+ɹ）

aŋ+ɹ⟶ãɹ，如"湯兒"tʻãɹ˥（⟵tʻaŋ˥+ɹ）

iaŋ+ɹ⟶iãɹ，如"樣兒"iãɹ∨（⟵iaŋ∨+ɹ）

uaŋ+ɹ⟶uãɹ，如"光兒"kuãɹ˥（⟵kuaŋ˥+ɹ）

爲書寫方便，我們也可以不用鼻化符號而保留原來的ŋ，如
"凳兒"təŋɹ∨。 在這時候，只要知道ɹ前面的ŋ實際上是作
元音鼻化的符號用的。

關於詞幹加ɹ尾以後發生的變化，我們還要注意一點，就是原來
不同音的字可以變得同音，如：

"今兒"＝"鷄兒"tɕiɹˊ；"枝兒"＝"針兒"tʂəɹˊ；"蓋兒"＝
"骱兒"kaɹ∨。

§2.8 單字音在複合詞或語句中，往往有許多變化，我們叫他
"連音變化"。國語裏這種情形不多，只有兩種聲調的變化值得注意。

（1）兩個上聲字相連時，第一個字的聲調都變得和陽平一樣，例如 "好馬" xau˧˥(←—˩˩˦)ma˩˩˦，"打狗" ta˧˥(←—˩˩˦)kou˩˩˦。有時候雖然第二個字已變輕聲，第一個字也是照樣的變，如 "小姐" ɕiau˧˥(←—˩˩˦)tɕie|‧，"走走"tsou˧˥(←—tsou˩˩˦)tsou|‧。（但注意：詞尾"子"前面的上聲字不變如"李子" lits˩˩˦　語助詞前面的上聲字也不變，如"走了"tsou˩˩˦lə|‧）

上聲字後面跟別的聲調的字時，他也不是完全沒有變化，通常是把他那降而又升的升的部份去掉——如"好花""好人""好漢"的"好"，事實上都是低降調，有人就把這變調叫作"半上"。

"半上"的調值，出乎我們四個正常的調型，普通人很難意識到他的存在；上聲加上聲的變化，則已侵入另一個聲調的範圍，所以大家都知道"五百"〔u˧˥(←—˩˩˦)pai˩˩˦〕的 "五" 變了音，和"吳"〔u˧˥〕一樣了。

（2）"一"後面不跟別的字時是陰平調，如數數目的時候說"一、二、三……"〔i˥，ɚ˥˩，san˥……〕；在陰平，陽平和上聲字的前面，則變去聲，如"一張"〔i˥˩ tʂaŋ˥〕"一條"〔i˥˩ tʰiau˧˥〕"一把"〔i˥˩ pa˩˩˦〕；在去聲字前面又變得和陽平一樣，如 "一個"〔i˧˥ kɤ˥˩〕，"一塊"〔i˧˥ kʰuai˥˩〕。

"不"通常是去聲調，在陰平，陽平和上聲前面也不變，如"不開"〔pu˥˩ kʰai˥〕，"不來"〔pu˥˩ lai˧˥〕，"不好"〔pu˥˩ xau˩˩˦〕；在去聲字前面也變陽平，如"不去"〔pu˧˥ tɕʰy˥˩〕。

"七""八"平常都是陰平調，在去聲前面也變陽平，不過並不如"一""不"一律。例如"七個""八個"，雖然有人說成〔tɕʰi˧˥ kɤ˥˩〕〔pa˧˥ kɤ˥˩〕，但也有人說成〔tɕʰi˥ kɤ˥˩〕〔pa˥ kɤ˥˩〕。

除此之外，我們說"耕地"時，"地"的聲母有時也會變成濁的塞音；我們說"辦法"時，"辦"的韻尾〔n〕也往往會變成〔m〕或〔ɱ〕。像這些情形都可以解釋爲受鄰近音的影響而生的臨時變化。例如在"耕地"〔kəŋ˩ ti˥〕中，〔t〕後面既有元音〔i〕，前面又有鼻音〔ŋ〕，他偶爾變成濁音〔d〕是自然的；又如"辦法"〔pan˥ fa˙〕的〔n〕變〔m〕或〔ɱ〕，很明顯的是因爲後面的〔f〕的影響。

兩個字因爲常常用在一起，有時就併成一個新的字音，這在國語裏也有少數很明顯的例。

(1) "不"與"用"併成〔甭〕——pu˥ + yuŋ˥——→pu˩
yuŋ˥——→puŋ˩——→pəŋ˩。(末一步的變是因爲國語的〔p〕不與〔uŋ〕配)

(2) "這"〔tʂɤ˥〕與"一"〔i〕併作〔tʂei˥〕，哪〔na˩〕與"一"〔i〕併作nei˩，"那"〔na˥〕與"一"〔i〕併作〔nei˥〕。(〔a〕或〔ɤ〕變〔e〕，是受〔i〕的影響。)

§2.9 標注國語，着眼於系統化的研究，自然非用音標不可。不過在一般應用上，却有幾種制度是通行較廣的。現在只說"注音符號"。

注音符號的正式名稱是"國音注音符號第一式"。他是政府頒行的，分爲"聲母""介母""韻母""調號"。

"聲母"是拼音時放在別的符號前面的，事實上也就是國語的各個聲母的符號。

ㄅ	ㄆ	ㄇ	ㄈ	〔p p' m f〕
ㄉ	ㄊ	ㄋ	ㄌ	〔t t' n l〕
ㄍ	ㄎ	ㄏ		〔k k' x〕
ㄐ	ㄑ	ㄒ		〔tɕ tɕ' ɕ〕

ㄓ　ㄔ　ㄕ　ㄖ　　　［tʂ　tʂʻ　ʂ　ʐ］

ㄗ　ㄘ　ㄙ　　　　　［ts　tsʻ　s］

"介母"是拼音時可以放在別的符號中間的，計有：

ㄧ　ㄨ　ㄩ　　　　［i　u　y］

他們一方面代表國語的三個介音，一方面也代表韻母中的主要元音［i］［u］［y］。

"韻母"是拼音時放在別的符號後面的。他們代表所有的開口的韻母。

ㆢ　ㄚ　ㄛ　ㄜ　ㄝ　　［ɿ‚ʅ　a　o　ɤ　e］

ㄞ　ㄟ　ㄠ　ㄡ　　　　［ai　ei　au　ou］

ㄢ　ㄣ　ㄤ　ㄥ　　　　［an　ən　aŋ　əŋ］

ㄦ　　　　　　　　　［ɚ］

齊齒韻母，合口韻母，撮口韻母，則分別用"ㄧ""ㄨ""ㄩ"加在這些符號的前面。下面，右邊的是國語韻母的總表，左邊的是他們的注音符號拼法。

ㆢ	ㄧ	ㄨ	ㄩ		ɿ‚ʅ	i	u	y
ㄚ	ㄧㄚ	ㄨㄚ			a	ia	ua	
ㄜ	ㄧㄝ	ㄨㄛ	ㄩㄝ		ɤ	ie	uo	ye
ㄞ		ㄨㄞ			ai		uai	
ㄟ		ㄨㄟ			ei		uei	
ㄠ	ㄧㄠ				au	iau		
ㄡ	ㄧㄡ				ou	iou		
ㄢ	ㄧㄢ	ㄨㄢ	ㄩㄢ		an	ian	uan	yan
ㄣ	ㄧㄣ	ㄨㄣ	ㄩㄣ		ən	in	uən	yn
ㄤ	ㄧㄤ	ㄨㄤ			aŋ	iaŋ	uaŋ	
ㄥ	ㄧㄥ	ㄨㄥ	ㄩㄥ		əŋ	iŋ	uŋ	yuŋ
ㄦ					ɚ			

這裏我們要注意的是："ㄧㄣ"不是〔iən〕而是〔in〕，"ㄩㄣ"不是〔yən〕而是〔yn〕，"ㄧㄥ"不是〔iəŋ〕而是〔iŋ〕，"ㄨㄥ"不是〔uəŋ〕而是〔uŋ〕，"ㄩㄥ"不是〔yəŋ〕而是〔yuŋ〕。

又在實際拼音時，"帀"號總是省去不用的，所以"資""此""四""知""遲""使""日"等音，只是注作"ㄗ""ㄘ""ㄙ""ㄓ""ㄔ""ㄕ""ㄖ"。還有一點"ㄨㄛ"與"ㄅ""ㄆ""ㄇ""ㄈ"拼時，"ㄨ"都省去，因此"博""破""磨""佛"諸音，只作"ㄅㄛ""ㄆㄛ""ㄇㄛ""ㄈㄛ"。

"調號"有四個；"ˉ"代表陰平，"ˊ"代表陽平，"ˇ"代表上聲，"ˋ"代表去聲，不過"ˉ"號平常都省去不用，所以

通ㄊㄨㄥ　　　同ㄊㄨㄥˊ　　　桶ㄊㄨㄥˇ　　　痛ㄊㄨㄥˋ

關於輕聲，注音符號是用"．"來表示的，如．

桌子——ㄓㄨㄛ˙ㄗ　　　底下——ㄉㄧˇ˙ㄒㄧㄚ

§2.10　"國語羅馬字"也是政府頒行的標注國音的制度之一，他的正式名稱是"國音注音符號第二式"他的製訂，有一個大原則，就是只利用二十多個羅馬字母，而不添用任何附加符號，所以在聲母方面，是用羅馬字母的濁輔音代表國語的不送氣的輔音，另以羅馬字母的清輔音代表國語的送氣的輔音；聲調則利用韻母的拼法的變化來表現。

聲母符號是．

b	p	m	f		〔p	pʻ	m	f〕
d	t	n	l		〔t	tʻ	n	l〕
g	k	h			〔k	kʻ	x〕	
j	ch	sh			〔tɕ	tɕʻ	ɕ〕	
j	ch	sh	r		〔tʂ	tʂʻ	ʂ	ʐ〕

    tz　ts　s　　　　　　[ts　tsʻ　s]

[tɕ,tɕʻ,ɕ] 與 [tʂ,tʂʻ,ʂ] 同用「j,ch,sh」是不會衝突的，因爲前者只與細音拼合，而後者只與洪音拼合。

韻母的拼法與聲調的變化如下：

[ɿ,ʅ]	[a]	[ɤ]	[ai]	[ei]	[au]	[ou]	[an]	[ən]	[aŋ]	[əŋ]	[ɚ]
ˉ y	a	e	ai	ei	au	ou	an	en	ang	eng	e
ˊ yr	ar	er	air	eir	aur	our	arn	ern	arng	erng	erl
ˇ yy	aa	ee	ae	eei	ao	oou	aan	een	aang	eeng	eel
ˋ yh	ah	eh	ay	ey	aw	ow	ann	enn	anq	enq	ell

[i]	[ia]	[ie]	[iau]	[iou]	[ian]	[in]	[iaŋ]	[iŋ]
ˉ i	ia	ie	iau	iou	ian	in	iang	ing
ˊ yi	ya	ye	yau	you	yan	yn	yang	yng
ˇ ii	ea	iee	eau	eou	ean	iin	eang	iing
ˋ ih	iah	ieh	iaw	iow	iann	inn	ianq	inq

[u]	[ua]	[uo]	[uai]	[uei]	[uán]	[uən]	[uaŋ]	[uŋ]
ˉ u	ua	uo	uai	uei	uan	uen	uang	ong
ˊ wu	wa	wo	wai	wei	wan	wen	wang	orng
ˇ uu	oa	uoo	oai	oei	oan	oen	oang	oong
ˋ uh	uah	uoh	uay	uey	uann	uenn	uanq	onq

[y]	[ye]	[yan]	[yn]	[yuŋ]
ˉ iu	iue	iuan	iun	iong
ˊ yu	yue	yuan	yun	yong
ˇ eu	eue	euan	eun	eong
ˋ iuh	iueh	iuann	iunn	ionq

很明顯的，陽平、上聲與去聲的拼法是以陰平的拼法爲基礎，按幾條規則變化出來的。所以，陰平的拼法就是國語羅馬字的"基本形式"。

實際應用時，習慣上又有三條變例：

（1）聲母是 m, n, l, r 的字，陽平調用基本形式；另在聲母後加 h 來拼陰平調的字音，例如：ma（麻）mha（媽），（這是因爲這幾個聲母的陽平字多而陰平字極少。）

（2）上聲字的齊齒、合口與撮口音沒有聲母時，照上表的拼法分別在前面加 y 或 w，如 yeou（有），woan（碗）；但 iee 與 uoo 只須分別把 i 與 u 改作 y 與 w，如 yee（野）woo（我）。

（3）去聲的齊齒、合口與撮口音則照上表的拼法把 i 改作 y，u 改作 w, iu 改作 yu，如 yaw（要），wey（畏），yueh（月）；但 ih, uh, inn, inq 則分別在前面加 y 與 w。

國語羅馬字表現輕聲的方法是在輕聲字的左下方加一個小點，例如：

li.ba（籬巴）　　　　　chow.de（臭的）

§2.11　西洋人拼國語字音，差不多都用所謂"威妥瑪式"（Wade System），當初威妥瑪氏（Thomas wade）創立這套拼法，本還有些缺點，後來經過 Giles 氏修訂，才大致完備，所以現時又有 "Wade-Giles System" 之稱。

聲母符號如下：

p	p'	m	f		[p	p'	m	f]
t	t'	n	l		[t	t'	n	l]
ts	ts'	s			[ts	ts'	s]	

ch　ch'　sh　r 　　　　〔tʂ　tʂ'　ʂ　ʐ〕

ch　ch'　hs 　　　　　〔tɕ　tɕ'　ɕ〕

k　k'　h 　　　　　　〔k　k'　x〕

〔tʂ〕〔tʂ'〕與〔tɕ〕〔tɕ'〕同用「ch, ch'」與國語羅馬字同。

韻母符號是．

〔ɿ〕—zŭ,〔ʅ〕—ih〔a〕—a〔ɤ〕—ê 　〔ai〕—ai 　　〔ei〕—ei

〔i〕—i 　　　〔ia〕—ia〔ie〕—ieh

〔u〕—u 　　　〔ua〕—ua〔uo〕—o, uo〔uai〕—uai〔uei〕—ui

〔y〕—ü 　　　　　　〔ye〕—üeh

〔au〕—ao 　　〔ou〕—ou〔an〕—an 　〔ən〕—ên

〔iau〕—iao 　〔iou〕—iu〔ian〕—ien〔in〕—in

　　　　　　　　　　　　〔uan〕—uan〔uən〕—un

　　　　　　　　　　　　〔yan〕—üan〔yn〕—ün

〔aŋ〕—ang 　〔əŋ〕—êng 　　　　〔ɚ〕—er

〔iaŋ〕—iang〔iŋ〕—ing

〔uaŋ〕—uang〔uŋ〕—ung

　　　　〔yuŋ〕—iung

附註：

（1）遇齊齒、合口、撮口的無聲母字，單元音 i 作 yi, u 作 wu, ü 作 yü；介音 i 改作 y, u 改作 w, ü 改作 yü；但 ui 又改為 wei, un 又改為 wên, ung 改作 wêng。

（2）ê 或省作 e。

（3）uo 用於〔uo〕韻〔k k' x〕聲母的字，o 用於〔uo〕韻其他聲母的字，無聲母字作 wo。

聲調的表現法是用 "1, 2, 3, 4" 分別代表陰平、陽平、上聲、去聲，注在拼音的右上角，如：

通 t'ung¹　同 t'ung²　桶 t'ung³　痛 t'ung⁴

但平常多省去，因爲西洋人沒有辨別聲調的習慣。

一般應用，有時送氣聲母也不特別注出。

威妥瑪式之外，"郵政式"也是通行頗廣的；不過是他並不完全依據國語的音系，現在就不說他了。

第三章　現代方音

§3.1　在現代方言中，與國語所代表的北方官話最接近的是下江官話與西南官話，就音韻系統而言，他們與北方官話竟可以說是大同小異，現在把差異的地方歸納如下：

（1）長江流域：上游包括金沙江與岷江，下游直至江蘇鎮江附近——國語 n- 母與 l-母的洪音字都是混而不分的。所以"南"與"藍"，"怒"與"路"都是一樣的音，有些地方細音字還分，如"年"是〔nian〕，"連"是〔lian〕；"女"是「ny」，"呂"是〔ly〕；不過有些地方也是不分，他們不是全讀 n-，就是全讀 l-，又或者是鼻化的 l-，又或者這時是 n- 那時是 l- 而自己以為是"一個音"。從語言學的觀點說，那個聲母實在是個舌尖塞或部份阻塞的濁音，有或沒有鼻音的成分在內。所以外人聽起來會有許多差異。

（2）ts-, ts‘-, s- 與 tʂ-, tʂ‘-, ʂ- 有許多地方不分；所以"租"與"朱"，"村"與"春"，，"三"與"山"都同音了，在分 ts-, ts‘-, s- 與 tʂ-, tʂ‘-,ʂ-的地方，系統也不與國語完全相合，例如 "史""生"等字，國語讀 ʂ- ，而分 ʂ 與 s 的西南官話一致讀s-。

（3）差不多都有舌根鼻音聲母 ŋ- 這個 ŋ- 只與洪音配，相當於國語無聲母字的洪音，如 "艾"國語〔ai〕，重慶〔ŋai〕；"恩"國語〔ən〕，南京〔ŋən〕。

（4）國語的-an與-aŋ，-uan與-uaŋ下江官話有許多不分的，例如南京"單"與"當"都是〔tã〕，"船"與"牀"都是〔tʂ‘uã〕，有些地方連-ian與-iaŋ也不分，"堅"與"姜"都是〔tɕiẽ〕。

（5）國語的 -ən與 -əŋ, -in與-iŋ，下江官話與西南官話都不分，大致是西南官話都讀 -ən 與 -in，而下江官話都讀 -əŋ 與 -iŋ。 例如

"根"與"耕"重慶都是〔kən〕，南京都是〔kən〕；"金"與"經"重慶都是〔tɕin〕而南京都是〔tɕin〕。

（6）下江官話大致都分五個聲調，以南京爲例：

類名：	陰平	陽平	上	去	入
調值：	˩	˦	˧˩	˥	˩
例字：	梯詩烏	題時吳	體始五	替是事 試務	踢石 屋物

就調類而言，"入聲"是國語沒有的。凡"入聲"字國語分別併入陰陽上去四調。

（7）西南官話在沿長江上游，直至距重慶不遠的江津，也都有五個調。調類與下江官話同，只是調值不同，大致是

陰平	陽平	上	去	入
˥	˩	˧˩	˩	˧

除去上述的區域，大多數是四個調，也是和國語一樣的沒有"入聲"，不過是"入聲"字都併入陽平，所以"踢"與"題"，"石"與"時""屋、物"與"吳"，都是同音字了。湖北東部南部與湖南北部也有分六個調的，就是說別處的"去聲"他們還分兩類，習慣上分稱"陰去"與"陽去"，如長沙

類名：	陰平	陽平	上	陰去	陽去	入
調值：	˧	˩	˥˧	˥	˩˧	˧˥
例字：	梯詩烏	題時吳	體始五	替試	是事	踢石屋物

§3.2 吳語流行區域比官話小得多，可是各處方言都很複雜，現在只選一種方言做例子來說，本來在吳語區域內，上海是個最重要的中心，不過上海又是一個新興的五方雜處的大都市，所謂"上海話"實在難得有個標準，下面所說是蘇州話的聲韻調系統，我們選用蘇州話。

一方面是因爲蘇州在吳語區域內有文化上的地位，一方面則是現有詳細可靠的材料。

（1）聲　母

p	p'	b'	m	f	v
（巴本賓）	（潘匹鋪）	（陪病白）	（馬　蚊）	（法　風）	（伐房文）

t	t'	d'	n		l
（帶　跌）	（天　通）	（同杜毒）	（內農乃）		（蘭　列）

ts	ts'			s	z
（最濟爭）	（翠秋產）			（新素史）	（從絕俗柴）

tʂ	tʂ'			ʂ	ʐ
（竹　招）	（穿　春）			（式　申）	（熟人姪船）

tɕ	tɕ'	dʐ'	ȵ		ɕ
（基　軍）	（缺　輕）	（強　局）	（牛年人）		（勳　休）

k	k'	g'	ŋ	
（公　高）	（苦　客）	（共　葵）	（額　誤）	

○			h	ɦ
（衣恩彎鬱）			（海　灰）	（河滑韋搖 / 形雄圜）

吳語的特點之一就是聲母的塞音與塞擦音都分清濁，所有的濁塞音與濁塞擦音，以及濁擦音 ɦ 在官話與其他方言都可以說是沒有的，凡屬吳語濁塞及塞擦音的字，如是平聲，官話爲送氣的同部位的塞音或塞擦音；如屬上去入聲則爲不送氣的相當的音。例：

	吳語	國語			吳語	國語
陪	b'-	p'-	：	病	b'-	p-
同	d'-	t'-	：	杜	d'-	t-
強	dʐ'-	tɕ'-	：	局	dʐ'-	tɕ-
葵	g'-	k'-	：	共	g'-	k-

濁擦音與國語的關係如下：

例字	蘇州	國語	例字	蘇州	國語
房 文	v :	f- ○-	姪 船 熟 人	ẓ :	tʂ- tʂ‘- ʂ- ʐ-
字 從 俗 閘 柴 誰 絕 情 習	z :	ts- ts‘- s- tʂ- tʂ‘- ʂ- tɕ- tɕ‘- ɕ-	形 園 河 滑 韋	ɦ :	ɕ- ○- x- x- ○-

除極少數例外，凡濁的塞音、塞擦音及擦音字都只見於陽平、陽去、陽入三個聲調。

聲母方面另有幾點現在要說的，就是：

a) ts-, ts‘-, s-, z- 與 tʂ-, tʂ‘-, ʂ-, ʐ- 的分別在蘇州只有年紀比較大的人能保持，就前面的例字看，系統也與國語小有差別，在比較年輕的人，以及許多別的吳語方言，tʂ-, tʂ‘-, ʂ-, ʐ- 就全併爲 ts-, ts‘-, s-, z- 了。

b) n- 只有洪音，ȵ- 只有細音。

c) 如多數西南官話與下江官話，有舌根鼻音ŋ-，不過蘇州ŋ-的範圍是比較小的，例如"藕、歐、岸、安"等字在別的方言全有ŋ-，而蘇州只有"藕、岸"是ŋ-，"歐、安"則是○-。

d) ○- 以及所有清音聲母都只出現於陰平、上、陰去、陰入四個聲調。

e) m-、n-、n̠-、ŋ-、l-、ʐ-（限於一部分字的讀書音）除去見於陽平、陽去、陽入三調之外，並見於上聲調。

（2）韻　母

ɿ	ɑ	a	e	o	θ
子之水書耳	拜太家	好趙	來醉山藍	蝦花車	蠶干滿
i	iɑ	ia	ie	io	iθ
西徐耳	皆借家	小叫	天店	靴	圈
u	uɑ		ue	uo	uθ
布婆多都果古	怪		歸灰還	蛙	寬
y					
居					

øy	ən	aŋ	ɑŋ	oŋ	m	n	ŋ
走酒樓流	根森登耕倫	生杏耕昌	郎牀	通從	嘸	唔	五
iøy	i(ə)n	iaŋ		ioŋ			
九油	品斤令興	強羊		兄窮			
	uən	uaŋ	uɑŋ				
	崑	橫	黃沃				
	yən						
	君						

əʔ	ɑʔ	aʔ	ɔʔ
撥鴿蝨黑	格尺	搭瞎	北剝木谷閣
iəʔ	iɑʔ	iaʔ	iɔʔ
接雪栗極亦	腳	甲	肉曲覺

uə˒　　　　　　　　uaʾ

活骨國　　　　　　　刮劃

yə˒

屈缺

復元音比較少也是吳語特點之一，官話 -ai 在蘇州是 -ɑ 與 -e，如：

太——tʻai ： tʻɑ　　　　來——lai ： le

怪——kuai ： kuɑ

官話的 -ei 蘇州是 e，如：

杯——pei ： pe　　　　灰——xuei ： hue

醉——tsuei ： tse

官話的 -au 蘇州是 a

好——xau ： ha　　　　趙——tʂau ： ʐa

叫——tɕiau ： tɕia

韻母的另外一個特點是官話 -an 在吳語大多數都是沒有鼻音韻尾的單元音，以國語與蘇州爲例：

藍——lan ： le　　　　囌——tsʻan——zθ

天——tʻian ： tïe　　　圈——tɕʻyan——tɕʻiθ

還——xuan ： ɦue　　　寬——kʻuan——kʻuθ

如下江官話與西南官話，吳語也是不分 -ən 與 -əŋ 以及 -in 與 -iŋ 的，各地不是全併爲 -ən 與 -in 就是全併爲 -əŋ 與 -iŋ，不過吳語還是有一點特異的就是：在口語中北方官話讀 -əŋ 的字，仍有一些保持韻尾 -ŋ，只有元音都變作 -a- 而不是 -ə-，如蘇州：

生saŋ（讀書音sən）耕kaŋ（讀書音kən）有喉塞音韻尾，都只見於兩個入聲調，這也是吳語的共同特點之一，由這一點可以看出，凡陰聲韻與陽聲韻都只有平上去各調。

　　關於蘇州韻母的標音，以下幾點是要特別說明的：

　　a）ı是舌尖元音的總符號，在 ts- 系聲母後，是舌尖前元音，通常不圓脣；在 tʂ- 系聲母後是舌尖後元音，脣或圓或不圓；在 ts- 與 tʂ- 併爲 ts- 的人，ı 只是舌尖前元音，脣或圓或不圓，不配聲母的 ı 在讀書音中才出現，音值如國語〔ɚ〕。

　　b）u 在 p- 系聲母後，才是純元音 u；在別的聲母後或無聲母時，前面都帶有短短的 ə，所以有人又標作〔ŏu〕。

　　c）a 在一般女子的口中如英語 at 的 a〔æ〕，在男子口中則部位偏央。

　　d）θ 是半高的圓脣央元音。

　　e）-iən 以 ə 爲主要元音，在 tʂ- 系聲母後或無聲母時比較明顯，在別的情形下，有人標作 -in。

　　（3）聲調——蘇州有七個聲調

類名	陰平	陽平	上	陰去	陽去	陰入	陽入
調值	˥	˩˧	˧˩	˥˧	˩˧	˥	˩
例字	風	逢顏	孔老	送	舅鳳賣	曲	局曰

入聲分兩類是官話中沒有的，許多吳語方言陽平與陽去不分。

　　§3.3 廣州話可以說是粵語區域內的標準語，根據比較詳細的紀錄，可知廣州的語音並不如國音一致，下面是一般公認的一個可學的系統。

　　（1）聲　母

　　p（巴別）　　p‘（怕貧）　m（馬尾）　f（非花苦）

　　t（多定）　　t‘（推陶）　n（男念）　　　　l（羅領）

tʃ（左濟致征）tʃʻ（慈清茶初）　　　ʃ（司心殺）

k（歌轎）kʻ（驅葵）ŋ（礙銀五）h（霞可謙）

〇（夜如同威二然）

粵語的聲母大致都比較簡單，由上列例字可知：

a）p-，pʻ-，t-，tʻ-，n-，l- 大致與國語相合（廣州有一部分人 n- 與 l- 不分，如西南官話與下江官話）。

b）m- 母除包括國語 m- 母的字外，更有一部分國語 〇- 的合口字（也就是蘇州文言讀 v- 白話讀 m- 的）。

c）f- 除去包括國語 f- 的字外，還包括國語 x- 的合口（如"花"）與一部分 kʻ- 的合口（如"苦"）。

d）tʃ-，tʃʻ-，ʃ- 相當於國語的 ts-，tsʻ-，s-，tʂ-，tʂʻ，ʂ-與 tɕ-，tɕʻ-，ɕ- 的一部分。

e）k-，kʻ-，h-相當於國語的 k-，kʻ-〔除（c）（f）兩項所述〕，x- 的開口，與 tɕ-，tɕʻ-，ɕ- 的一部分，兼配洪音與細音。

f）有些國語讀 kʻ- 的字廣州讀為 h-。

g）國語的 ʐ- 在廣州都是 〇-，有些廣州人把 ŋ- 也併入〇-。

（2）韻　母

i　　u　　y　　　　a　　　　ɔ　　e　　œ

（字遲衣）（父古）（朱如餘）（巴花紗家牙）（波左初哥）（且者）靴

ie

（野）

ua　　　　uɔ

（瓜話）　　（過和）

ui　　　ai　　　ɐi　　　ɔi　　　ei　　　œy
（輩枚灰會）（賴皆快）（泥世揮）（來哀）（幾比飛）（雷歲居呂）
　　　　　　　　　　　　　　　　　　　　　　iœy
　　　　　　　　　　　　　　　　　　　　　　（銳）

　　　　uai　　　uɐi
　　　　（怪）　　（桂鬼爲）

---

iu　　　　au　　　　ɐu　　　　ou
（表料燒喬）（包巢交）（謬侯斗九）（高刀土補保）
　　　　　　　　　　iɐu
　　　　　　　　　　（油幼）

---

im　　　　am　　　　ɐm
（點漸兼炎）（男銜）　（今甚林含）
　　　　　　　　　　iɐm
　　　　　　　　　　（任晉）

---

in　　　un　　　yn　　　an　　　ɐn　　　ɔn　　　œn
（篇展肩然）（門滿官）（暖脣袁）（凡旦眼）（品恩巾身）（干）（秦春）
　　　　　　　　　　　　　　　　iɐn　　　iœn
　　　　　　　　　　　　　　　　（因人）（閏）
　　　　　　　　　uan　　　uɐn
　　　　　　　　　（關）　（坤君）

---

iŋ　　　uŋ　　aŋ　　ɐŋ　　ɔŋ　　eŋ　　œŋ
（聲病輕定）（公風）（爭烹）（肯登幸更）（邦當康莊）（輕聲）（長良窗強）
iuŋ　　　　　　　　　　　　　　　　iœŋ
（戎用）　　　　　　　　　　　　　（讓羊）

	uaŋ	uɐŋ	uoŋ
	（橫）	（宏轟）	（光王）

ip		ap	ɐp
（獵帖葉）		（答甲）	（急十合）

		iɐp	
		（入邑）	

it	ut	yt	at	ɐt	ot	œt
（傑舌跌）	（末活沒）	（脫說威）	（法八）	（姪七）	（渴）	（卒出）

		iɐt	
		（日一）	

	uat	uɐt	
	（刮）	（骨鬱）	

ik	uk	ak	ɐk	ok	ek	œk
（益尺歷食）	（谷曲燭）	（格責）	（北測呃）	（博捉學鶴）	（尺石）	（略腳）

iuk			ioek
（肉育）			（若約）

	uak	uɐk	uok
	（劃）	（或）	（國郭）

　　粵語陽聲韻有 -m 尾與 -n，-ŋ 分立；入聲字有 -p，-t，-k三種韻尾——這都是官話與吳語所沒有的現象 -n，-ŋ 兩個韻尾與國語相當；-m 尾字國語也是 -n 尾，入聲字的 -p，-t，-k 在吳語都是-ʔ，官話完全沒有。

　　有 -p 尾的元音同時有 -m 尾，有 -t 尾的同時有 -n 尾，有-k尾的同時有 -ŋ 尾；不像吳語入聲韻的元音多不與舒聲韻同。

有介音 -i- 的韻母比較少，而且都是無聲母字，有人把 -i- 寫作半元音 j，列為聲母，那麼就可以說廣州沒有介音 -i- 了。

有 -u- 介音的韻母只與 k-, kʻ- 配。

元音與複元音的系統相當複雜，和別的方言比起來頗多參差，下面是幾個比較顯著的例。

a）-ɿ 除無聲母字相當於國語的 -ɿ；-ei 除唇音字相當於國語的 -i。

b）-oi 官話是 -ai。

c）-ou 相當於國語一部分的 -au 以及 -u 的唇音與舌尖音字，而 -ɐu 則大致相當於國語的 -ou, -iou。

d）-im, -in 相當於國語的 -ian 與一部分的 -an，而 -ɐm, -iɐm, -ɐn, -iɐn 可以說包括所有國語的 -in。

e）-aŋ相當於國語一部分的-ŋe，而oŋ才相當於國語的-aŋ。

細緻的比較不是現時所能做的，學者就韻母表的例字去看，應當還有些發現。

（3）廣州話的九個聲調是：

類名：陰平 陽平 陰上 陽上 陰去 陽去 陰入 中入 陽入
調值：ㄟ ˩ ˥ ㄨ ˧ ˩ ˥ ˧ ˩
例字：（山）（林城）（水）（老近）（信）$\left(\begin{smallmatrix}路自\\上\end{smallmatrix}\right)$$\left(\begin{smallmatrix}谷出\\急\end{smallmatrix}\right)$（百脫）$\left(\begin{smallmatrix}白合\\月\end{smallmatrix}\right)$

陰上與陽上大致在國語與蘇州都是上聲，只有一些如"近"官話是去聲而吳語為陽去。

陰入與中入相當於吳語的陰入，廣州話陰入與中入的不同與元音有關係。

陰平調字後面為跟另一個陰平調字或陰入調字，就變作高平調。

一般說來，陰入、中入、陽入三個調都比較短。

§3.4 梅縣的客家話現有比較詳細的記錄，現在就用來做客家話的例。

（1）聲 母

p（巴）p'（怕皮敗）m（馬尾）f（非花胡）v（萬汪）

t（多）t'（炭亭道）n（男奴）l（羅靈）

ts（左阻）ts'（錯茶助）s（賽沙生）

tɕ（旨張）tɕ'（車重遲）ȵ（堯嚴二）ɕ（時舌）

k（歌建）k'（豈件）ŋ（蛾瓦眼）h（何希）

○（哀延）

客家聲母的第一個特點是"敗、道、助、重、件"等字是送氣音，由前幾節可知，這些字在吳語是濁音，在官話與粵語則爲不送氣的清音。

此外：h- 不配合口韻母，"花、胡"等字歸入 f- 與粵語相似；"尾"等入 m-，似吳語及粵語；"堯、嚴、二"等讀 ȵ- 似吳語；○-沒有合口音，國語的 ○u 或 ○u- 都是 v-。

ts-, ts'-, s- 與 tɕ-, tɕ'-, ɕ- 客話不分的很多，即在梅縣也有不分的。這兩系的分界頗像蘇州的 ts- 系與 tʂ- 系，與國語 ts-, tʂ- 的範圍小異。（參看 3.2 節）

（2）韻 母

ï   i   u   a   o   e

（私粗數）（器詩盧美）（古猪）（家花詐）（左火）（細）

iu   ia

（九周幼）（借車）

		ui		ua	uo	
		（鬼）		（瓜）	（過）	

ai	oi	au	eu
（災壞泥）	（開外稅）	（高孝）	（口瘦）
		iau	
		（轎挑）	
uai			
（怪）			

am	im	an	on	en	in	un
（凡衫散）	（今沈）	（蘭山）	（安段專）	（恩能生）	（品貞蒸信）	（論困）
iam				ien		iun
（鹽店占）				（天戰衰）		（君永）
		uan	uon			
		（關）	（官）			

aŋ	oŋ	uŋ	m	ŋ
（硬生）	（剛莊江）	（工雙同）	（嘸）	（五）
iaŋ	ioŋ	iuŋ		
（頸）	（香昌匡）	（共龍勇）		
	uoŋ			
	（光）			

ip	ap	at	ot	et	it	ut
（給十）	（合申）	（達末襪）	（割脫刷）	（克責）	（吉擲力）	（骨物）
iap				iet		iut
（貼涉）				（別絕月）		（屈）
		uat		uet		
		（活滑）		（國）		

ak	ok	uk
（石白）	（閣捉學）	（哭獨）
iak	iok	iuk
（壁逆）	（脚藥）	（六足菊）
	uok	
	（郭）	

客話韻母的最大特點是沒有撮口音，大致說，官話的 y 在客家是 i 或iu（在-n與-t前），如"盧"hi，"袁"ien，"絕"ts‘iet，"君"kiun，"屈"k‘iut。

韻尾大部分與粵語相合；只是"克、責、國、擲、力"等爲-t，粵語則爲-k；"生，蒸"等是-n，粵語與國語則爲-ŋ。

元音系統比較近於官話，音類的差別只有：

例字	梅縣	國語	例字	梅縣	國語
私 }粗 }	ï	{ ï u	開 }稅 }	oi	{ ai uei
山	an }	an	關	uan }	uan
安	on }		官	uon }	
器 }詩 }盧 }美 }	i	{ i ï y ei	詐 }家 }車 }	a	{ a ia ɤ

（3）梅縣客話分六個聲調

類名：	陰平	陽平	上	去	陰入	陽入
調值：	˧˥	˩˧	˧˩	˥˧	˧˩	˥
例字：	（天馬上）	（時林）	（景老）	（看面事柱）	（角）	（獨蠟）

　　陽平調中包括一些粵語陽上調的字（如"馬"）是比較特別的，除去這一點，舒聲調的範圍大致如官話；入聲兩類如吳語，陰入相當於粵語的"陰入"與"中入"。

§3.5 閩北語可以用福州話作例子。

（1）聲　母

　　　　p（邊方平肥被）　p'（波匪）　　m（蒙微）

　　　　t（低置陳亭治）　t'（湯抽）　　n（日紐奴）　　l（柳）

　　　　tʃ（曾周樵棧）　tʃ'（燦車）　　　　　　　　　ʃ（時隨）

　　　　k（該求脆）　　　k'（氣考）　　ŋ（語遨迎瓦）　h（喜恒紛）

　　　　○（溫隱暗醫）

福州聲母的特點是：

　　（a）沒有唇齒音，國語讀f-的字分入p-，p'-與h-（合口）。如"方"p-，"匪"p'-，"紛"h-。

　　（b）"平、亭、陳、樵、求"等字不送氣，而在我們已經說過的方言都是送氣的。

　　（c）一部分國語讀tʂ-，tʂ'-的字，如"置、陳、抽"等，福州讀爲 t-，t'-。

　　（d）n-母有國語讀ʐ-的字，如"日"。

（2）韻　母

　　　i　　　u　　　y　　　a　　　o　　　e
（幾遲非）（母苦阻夫）（師你居諸）（霞佳炒柏）（歌坐高卓）（排泥）

	iu		ia	io		ie
	（九壽）		（寧額）	（銳厨藥絲）		（支啓世慧吷）

	ua	uo
	（花掛）	（科補槨局）

ai	oi	ei	ay	œy	au	ou	eu
（該拜）	（櫃雷）	（器示被）	（內兌豆縐）	（次去處）	（交）	（富度）	（咬口愁就浮）

							ieu
							（喬超聊謬）

uai	uoi
（怪）	（貝誨外贅）

aŋ	oŋ	iŋ	uŋ	yŋ	œŋ
（談咸難棚柄）	（酸斷）	（今珍民均輕兄）	（魂犩君公）	（巾允弓中）	（雙多）

iaŋ	ieŋ	ioŋ
（命）	（儉棉念展玄）	（建宣轉強暢）

uaŋ	uoŋ
（官頑反橫撞）	（捲本光宋）

aiŋ	eiŋ	auŋ	ouŋ	ayŋ	œyŋ
（扮硬）	（甚田陣肯爭性宏）	（恨嫩蕩項）	（恩坤訓康莊江動）	（宋）	（近仲）

ak	ik	uk	yk	œk
（塔鴨渴八）	（及姪逆）	（術掘族毒）	（祿逐）	（或霍六斛）

iek	iok
（葉舌傑缺）	（歇說脚）

uak　　　　　uok

（法活刷）　　　（月忽國）

---

aik　　eik　　　auk　　ouk　　ayk　æyk

（澀瑟刻百）（急失橘特白）（骨各駁撲）（突出弗鶴學哭）（殼）（乞菊）

　　福州話的複元音非常多；有一些後面還可以加輔音韻尾，更是別的方言少見的。

　　輔音韻尾只有舌根的 -ŋ 和 -k, -k 只出現於入聲，如粵語的 -p, -t, -k 與吳語的 -ʔ。 可是有些陰聲韻却不是沒有入聲。 如"拍"(-a)，"卓"(-o) 等在口語裏都沒有-k，然而是入聲調。

　　有些陰聲韻母與陽聲韻母只見於陰平、陽平與上聲；另一些只見於陰去與陽去，用別的方言比較起來，可以說他們是互相配合的，最顯著的如：

只見於陰平、陽平上聲的	只見於陰去、陽去的	國語韻母參考
iˊ（幾、遲、非）	ei（器、示、被）	i（幾、器） ï（遲、示） ei（非、被）
u（夫、阻）	ou（富、度）	u（夫、富、阻、度）
y（師、居）	œy（次、去）	ï（師、次） y（居、去）
-yŋ（巾、中）	œyŋ（近、仲）	in（巾、近） uŋ（中、仲）

　　-k尾韻母中也有一些只見於陰入，另一些只見於陽入。如：

只見於陰入的	只見於陽入的	國語韻母參考
œyk（菊）	yk（綠）	y（菊、綠）

比較複雜一些的情形如：

　　國　語　　　　福　州

ən(｡珍、陣｡)　　iŋ（珍）：ɛiŋ（陣）

國　語　　　　福　州

iŋ(｡行、硬°)　　ɛiŋ（行）：aiŋ（硬）

ɛiŋ 雖然兼有各聲；但是平與上是一個系統，去聲是另一個系統，又如：

國　語　　　　福　州

uei(｡鬼、櫃°)　　ui（鬼）：oi（櫃）

國　語　　　　福　州

ei(｡雷、內°)　　oi（雷）：ay（內）

oi 的平上聲與去聲在國語也是兩個系統，像這樣的例還多，不及備述。

因爲上述的關係，拿整個的韻母系統與別的方言比較，就顯得異常錯綜，現在暫時略而不論。

（3）聲　調

類名：陰平　陽平　上　陰去　陽去　陰入　陽入

調值：˥　˨˩　˦˧　˨˩　˥˩　˩˧　˥

例字：悲　蘋疑　審野　退　士事義　揷　十略

就調類說，這七個調大致與蘇州的七個調相當。

§3.6 閩南語流行最廣的是厦門話，厦門人的讀書音與口語差別非常大，簡直可以當兩種不同的方言看待，在現有的紀錄中，讀書音比較翔實，口語似乎還有許多問題等待解決，下面敍述，以讀書音爲主，口語方面的差別，只說個大概。

（1）聲　母

p（牛平步）　　p‘（片）　　　b（謀）

t（當同豆）　　　t‘（湯）　　　l（樓林男年）

ts（左情爭正成）ts‘（千初昌）dʐ（認二）s（素沙守上）

k（古奇近）　　k‘（口）　　g（牛）　　h（化活方飯）

○（亞有由）

　厦門字音與話音都沒有唇齒聲母，國語的f-在厦門字音全是h-；話音則如福州話，歸入p-與p‘-的很多。

　沒有鼻音聲母而有不送氣的塞音聲母也是厦門字音的一個特色，不過就所包含的字而言，這裏的濁塞音b-與g-又實在相當於別處的m-與ŋ-，厦門話音裏倒有m-與ŋ-，不過只與鼻化元音配合，可以說是b-,g-的變值，（有極少數字是讀b-,g-，又讀m-,ŋ-的，也就和西南官話的n-,l-不分一樣）。

　l-相當於別處　l-與n-（音質則近於〔d〕，所以厦門人常以自己的l-對譯西文的d音）話音中拼鼻化元音時　l-變爲n-，關係和b-,g-與m-,ŋ-一樣，由此我們還是可以說厦門話實在沒有l-和n-的分別。

　dʐ-大致相當於國語的ʐ-，有些厦門人都沒有這個聲母。凡"認、二"等字都歸入l-母。

　ts-,ts‘,s與k-,k‘-,h-如廣州與福州。

　（2）韻　母

　　i　　　u　　　a　　　o　　　ɔ　　　e

（悲知記二）（廚旅雨次）（怕加）（保破早交科考）（布土梳故）（低啓制帝）

　　　　　　iu　　ia

　　　　（謬柳）　（借）

ui　　　　　　ua　　　　　　　　　　　ue

（堆水）　　　　　（歌）　　　　　　　　　（陪內囘）

ai	au	am	im	an
(拜 代) 界	(包 膠)	(淡 斬) 嚴	(沉 林) 金 音	(板 眼 萬 旦) 干
	iau	iam		ian
	(表 朝) (叫 小)	(店 染)		(便 見 戰 然)
uai				uan
(怪)				(盤 短 倦 凡) 全

in	un	ɔŋ	iŋ
(賓 陳) 眞 印	(本 吞 斤) 輦 分	(亡 孔 多) 唐 方 紅	(兵 丁 永 兄) 爭 成
		iɔŋ	
		(中 良 宮) 姜 羊 用	

ap	ip	at	it	ut	ɔk	ik
(答 鴿) 鴨	(立 執) 入	(八 達) 渴	(筆 姪) 乞	(物 律) 骨 屈	(北 棹 毒) 國 哭	(白 笛 宅) 客 亦 激
iap			iet		iɔk	
(蝶 涉)			(別 舌)		(脚 約) 肉	
			uat			
			(末 脫 缺 月 法)			

　　廈門話沒有撮口韻，如客家話，可是他並不和客家話一樣，把官話的 y 都併入 i；而是差不多把他們都併入 u。

　　字音中輔音韻尾有 -m, -n, -ŋ 與 -p, -t, -k，大體和粵語一樣，話音則 -m, -n, -ŋ 有消失而使元音鼻化的；-p, -t, -k 也有許多變 -ʔ 的，如此，一方面是有許多新韻母產生，一方面是 -m, -n, -ŋ 與 -p, -t, -k 的分別在許多地方沒有了。

　　元音與官話參差的地方也很多，如：

　　i 相當於國語的 ei（悲），ʅ（知），i（記），ɚ（二）；

u 相當於國語的 u（厨），y（旅），ㄗ（次）；

o 相當於國語的 uo（左），au（考）；

ɔ 相當於國語的 u（布）；

e 相當於國語的 i（低），ㄗ（制）；

ɔŋ相當於國語的aŋ（唐），uŋ（孔）。

　　厦門話音在元音方面與字音的差別，不像聲母與韻尾那樣，用幾句話就可以概括完了，暫時從略。現時可以提一提的就是：在鼻化元音與-ʼ尾韻母之外，話音中還有幾個韻母是字音所無的。

m（梅、母）　əŋ（方、門、長、軟、黃）　aŋ（房、縫、人）

iaŋ（涼、上）　　uaŋ（闊）　　　　　　iak（爆）

　　鼻化元音韻母中還有個iũ，包含"張、兩、羊"等音，也不跟字音的元音相配，有少數字音陰聲字的元音在話音中也可以鼻化如「宰」（tsaĩ）。

　　（3）厦門字音話音都分七個調：

　　　類名：陰平　陽平　　上　　陰去　陽去　陰入　陽入

　　　調值：˥　　˧˥　　˥˩　　　˩　　˨˩　　˧˨　　˥

　　　例字：（刀）（平牛）（反老）（半）（婦硬 段）（百）（奪月）

字音系統大致與吳語或客家同，話音頗有參差。

　　聲調的連續變化在厦門話中最爲顯著，凡聯詞的上一個字，聲調沒有不變的，粗略的表現，可如下式：

　　　˥;˧　˥˩;˥˧　˧˥;˥　˨˩;˥˩　˩;˥˩　˧˨;˨˩　˥;˧

　　§3.7 照 1.6 節的方言分類，我們現在沒有講到的只有湘語與贛語了，湘語的語音系統跟西南官話頗相近，只是有些地方又像吳語一

樣的具有濁塞濁塞擦聲母，贛語有某些地方像客家話，又有某些地方
像西南官話，就他們本身說，自然誰也不能附着於別一種方言，不過
我們這一章的目的在敍述現代漢語語音系統大概，就沒有單獨提出的
必要了。

第四章　早期官話

§4.1 我們讀到元代的戲曲，以及其後用"白話"寫成的小說，都可以看得出，元朝時代中國的標準語，即當時所謂"中原雅音"或"中原雅聲"者，已經和現代官話很相近了。爲清楚起見，現在可以稱爲"早期官話"。

早期官話的語音系統，現時還可以就不太少的一些資料去考訂。在那些資料之中，時期最早，與煊赫一時的戲曲文學有密切關係，而又能影響一時的，便是元代周德清著的中原音韻。

中原音韻不是"字書"，也與傳統的"韻書"不同，他是專爲唱曲子或作曲子的人審音辨字而設的參考書。至於審音辨字的標準，周氏自己說，乃是北曲前輩權威作家"關、鄭、馬、白"的作品，北曲是根據活的語言寫成的，"關、鄭、馬、白"的作品又是"韻共守自然之音，字能通天下之語"，所以我們說，中原音韻就是早期官話的語音實錄。

§4.2 中原音韻收錄了五六千字，他的編排，首先是按照北曲的押韻，把所有的字分作十九個韻類，每個韻類用兩個字作標目，即

　　一 東 鍾　二 江 陽　三 支 思　四 齊 微　五 魚 模
　　六 皆 來　七 眞 文　八 寒 山　九 桓 歡　十 先 天
　　十一 蕭 豪　十二 歌 戈　十三 家 麻　十四 車 遮　十五 庚 青
　　十六 尤 侯　十七 侵 尋　十八 監 咸　十九 廉 纖

有些人說，中原音韻分十九個"韻"。嚴格的講，中原音韻的韻與傳統韻書的韻並不相同。在傳統的韻書裏，每一個"韻"只包含一種聲調的字。例如"一東"只有所謂"平聲"字，"一董"只有所謂"上聲"字，

"一送"只有所謂"去聲"字，"一屋"只有所謂"入聲"字。但是中原音韻裏，自"東鍾"至"廉纖"，每一個韻類都包含四種聲調的字，並且那四種聲調，又不是傳統的"平、上、去、入"，而是"平聲陰"、"平聲陽"、"上聲"與"去聲"。換言之，傳統韻書是先分聲調，後分韻類；中原音韻則先分韻類，而後分聲調。

中原音韻的四個調類，系統頗與傳統韻書的"平、上、去、入"不同；而與現代北方官話比較起來，則大致相合。

平聲、陰——陰平　　　　平聲、陽——陽平

上聲——上聲　　　　去聲——去聲

現在需要特別說明的，就是在"支思""齊微""魚模""皆來""蕭豪""歌戈""家麻""車遮""尤侯"九個韻類之內，平聲之後又有所謂"入聲作平聲"的字，並且在第一次出現時注明"陽、後同"；上聲與去聲之後也分別有所謂"入聲作上聲"與"入聲作去聲"的字。這裏所謂"入聲"是在傳統韻書以及當時別的方言裏還與"平、上、去"有分別的一個聲調，不過在北曲語言裏已經分別變入"陽平"、"上聲"、"去聲"中去了。照理想，周德清是應該把那些字直接併入上述三調而無需分列的，不過他究竟是南方人（江西高安），總不免受自己方言的影響，又不能完全擺脫傳統韻書的羈絆，所以雖併而仍留痕跡。在"中原音韻正音作詞起例"裏，他說：

平上去入四聲，音韻無入聲，派入平上去三聲，前輩佳作中間備載明白，但未有知之者，今撮其同聲……

這是表明北曲語言裏，已經無所謂入聲。但另一方面他又說：

入聲派入平上去三聲者，以廣其押韻，爲作詞而設耳，然呼吸言語之間，還有入聲之別。

這是表明他自己的語言裏，還是有所謂入聲，因爲如此，他最後

的措置就是：

入聲派入三聲……次本韻後，使黑白分明，以別本聲。

聲調之下，中原音韻就再沒有什麼音的劃分了，周氏只是把同音的字列在一起，用"○"和別的不同音的字隔開，"正音作詞起例"云：

音韻內每空是一音，以易識字爲頭，止依頭一字呼吸，不另立切腳。

這一點就是我們考訂北曲語言的聲母與介音的線索。因爲在一個韻類之中，又在同一聲調之下，字音再有不同，就只有在聲母與介音方面了。把那些異同歸納起來，和現代方言作一個對照，元代字音的全貌是不難推測的。

§4.3 依最合理的推斷，中原音韻的聲母如下：

p	p'	m	f	v
（斑辨）	（盤判）	（慢）	（反飯）	（晚）
t	t'	n		l
（丹但）	（壇歎）	（難）		（闌）
ts	ts'		s	
（贊尖）	（殘簪錢）		（珊先）	
tʃ	tʃ'		ʃ	ʒ
（展棧）	（廛）		（山）	（然）
k	k'	(ŋ)	x	
（干堅）	（看牽）		（漢現）	

○

（安、顏、彎、元）

這裏面 p-, p'-, m-, f-, t-, t'-, n-, l-, 可以說和我們現在的國語系

統大體相合，其他都有或多或少的差異。

（1）中原音韻的 v- 在國語是〇-的合口音的一部分，國語的〇(u)- 在中原音韻時代分作 v- 與〇(u)-，是從下面的現象推斷出來的。

江陽——忘亡：王（平）　　罔網輞：枉往（上）

望忘妄：旺王（去）

齊微——微維…：圍危…（平）尾亹：委猥…　　（上）

未味：胃蝟…（去）

魚模——無蕪…：吾梧…（平）武舞…：五午…（上）

務戊：誤悟…（去）

眞文——　　　　　　　　刎吻：穩　　　（上）

問紊：搵諢：（去）

寒山——　　　　　　　　晚挽：綰　　（上）

萬　：腕　　　　（去）

凡這些在當時不同音的字，現在國語雖然都同音，可是官話方言中却還有保持不同的，而不同之所在卽是"忘微"等爲 v-，而"王圍"等爲〇(u)-，所以我們可以假定中原音韻時代他們的分別也是如此。"忘微"等現在閩粵一帶是 m-，顯然不能據以解釋中原音韻的現象，因爲上列各韻，仍有"忙、梅、模"等字與"忘、微、無"等分列。

（2）國語 tɕ-，tɕʻ-，ɕ- 的字，在中原音韻裏都不同音，如：

江陽——漿將……：姜江…（平）搶：強　　（上）

象相…：巷向…（去）

齊微——齊臍：奇其……（平）洗璽…：喜蟢（上）

霽濟：計記　　（去）

魚模——須需……：虛墟…（平）咀：舉莒…（上）

趣：去　　　（去）

現代方言裏，這些字不同音的還很多。分別所在，一派是：

　　將、齊、須……ts-, ts'-, s- : 姜、奇、虛k-, k'-, x-

另一派是：

　　將、齊、須……ts-, ts'-, s- : 姜、奇、虛 tɕ-, tɕ'-, ɕ-

在"姜、奇、虛"等讀 tɕ-, tɕ'-, ɕ-的方言中，k-, k'-, x-不配細音，tɕ-, tɕ'-, ɕ-顯然是由 k-, k'-, x-的細音變來的，所以我們可以假定中原音韻是和前一派相同的。

　　（3）我們可以說中原音韻的 tʃ-, tʃ'-, ʃ-, ʒ- 大致與國語的 tʂ-, tʂ'-, ʂ-, ʐ- 相當，但是有兩點要說明。

　　（a）如下列字音的不同要假定爲韻母的不同，而不是聲母的不同：

　　魚模——梳疏…：書舒…（平）楚礎…：杵楮…（上）

　　　　　　　　　　　　助：注樹…　　　　　（去）

　　蕭豪——抄謙…：超　　（平）爪：沼　　　　（上）

　　　　　　　　　　　　哨：少紹…　　　　　（去）

　　尤侯——鄒諏…：周州…（平）僽：丑醜　　（上）

　　　　　　　　　　　　皺驟：晝咒…　　　　（去）

現代雖然有些方言"梳、抄"等讀 ts-, ts'-, s- 而 "書、超、周"等讀 tʂ-, tʂ'-, ʂ-（或tʃ-, tʃ'-, ʃ-），可是中原音韻不能如此，因爲上列各韻中仍有"蘇、操"等讀ts-, ts'-, s-的字與"梳、抄"等分列。

　　（b）凡這些字的聲母，我們不依多數官話方言訂作 tʂ-, tʂ'-, ʂ-, ʐ-，爲的是他們要與介音或主要元音 i 配（看下一節），而捲舌音與 i 拼合是極不自然的。我們倒可以作一項合理的推測，就是說：在北曲語言裏，tʃ-, tʃ'-, ʃ-不與 i 配時，可能舌尖成分較多，因而近於 tʂ-, tʂ'-, ʂ-；與 i 拼合時則舌面成分較多，近於 tɕ-, tɕʻ-, ɕ- 。

（4）中原音韻有少數現象可以解釋爲有ŋ-母而與○- 的開口音以及○- 或 n-的齊齒音有分別的。

江陽——仰：養癢鞅（上），仰：釀：樣快…（去）

蕭豪——傲鰲鏊：奧懊澳　（去）

車遮——業鄴額：拽葉…：揑聶…（入作去）

歌戈——我：痾（上）

（a）江陽去聲的"仰"緊接着"釀"，可能本來與"釀"同音，現在兩字中間的圈是傳抄誤添的。如果這是事實，那麼上聲的"仰"也就該讀niaŋ，與"養"等不同是 n- 與○-的不同，而不是 ŋ- 與○-的不同。

（b）車遮入作去的"業"等緊接着"拽"等字，也可能本來同音，現在中間的圈是誤加的。

（c）歌戈上聲的"我"可能如國語變爲合口音〔uo〕，而"痾"是〔o〕。

（d）無論古今，凡 ŋ- 與○-分的，ŋ-總不會單單存在於某一個韻母之前。就中原音韻說，實實在在可以解釋爲 ŋ- 與○-分列的只有蕭豪韻一個例。那麼我們也可以假定那是周德清受傳統韻書或自己方言的影響，偶然遺漏未併的。

如此說來，中原音韻的聲母中就沒有ŋ-了。

§4.4 北曲語言的韻母，可以用中原音韻的十九個韻類與現代方言比較而得。以下先舉各韻類的標目以及他們包含的韻母，每個韻類之中，韻母與現代音（國語）相同的不再舉出，不同的說出他們不同的所在，原書每一個圈下，無論是一個字或許多字，都舉一個字作代表。凡加方括弧的，是所謂入作平、上或去聲的字。

（1）東鍾——uŋ, iuŋ。

-uŋ：

崩嗙迸（p-），烹蓬棒（pʻ-），蒙猛夢（m-），風馮諷（f）——國語 -uŋ 韻沒有脣音字，凡"崩、烹、蒙、風"等字，都變爲 -əŋ 了。中原音韻這些字在"東鍾"韻而不在"庚青"韻，顯然與國語不同。

-iuŋ：

濃（n-），龍隴（l-），蹤縱（ts-），從（tsʻ-），松聳誦（s-）——"濃、龍、蹤、從、松"與"膿、籠、宗、叢、鬆"現今國語不分，而中原音韻不同音。現代北方官話方言中，有不少的地方，前者是細音，而後者是洪音。

（2）江陽——aŋ, iaŋ, uaŋ。

-aŋ：

忘罔望(v-)——國語韻母是 uaŋ，無聲母。上一節旣說過中原音韻聲母是v-，韻母自然就是-aŋ了。

-iaŋ：

章長丈（tʃ-），昌長敞唱（tʃʻ-），商賞上（ʃ-），穰壤讓（ʒ-）——如果下面的"莊、牀、雙"等字是-aŋ，這些字非假定爲 -iaŋ 不可。如果"莊"等是-uaŋ，他們就可能是 -aŋ。不過另從歷史的觀點說，還是假定有介音 i 好些。

-uaŋ

莊壯（tʃ-），牀床創(tʃʻ-)，雙爽(ʃ-)——照國語，這些字可以這樣定。不過照許多別的方言，他們也可能是-aŋ。

（3）支思—— ï。

"塞、澀"二字國語的韻母是-ɤ，本書以"入聲作上"入此韻。

兒爾二（ʒ-）──國語失去聲母而元音爲ʒ，這裏韻母當是-ï。

(4) 齊微──i, iei, uei。

-i:

知〔直〕〔質〕制（tʃ-），癡池恥〔尺〕（tʃʻ-），〔實〕〔失〕世（ʃ-），〔日〕（ʒ-）──這些字國語的韻母是 -ï，本書不入"支思"而入本韻，足見與國語不同。

-ei:

"彼、筆"（p-）國語讀-i，墨（m-）國語讀 -uo，"劾"（x-）國語讀-ɤ。

現在官話方言有和本書一致的。

-uei:

餒內（n-），雷壘淚（l-）──這些字國語都沒有介音u，不過許多官話方言都還有。

(5) 魚模──u, iu。

-u:

"做"（ts-）一字國語讀-uo，有些官話方言還是-u.

-iu（凡 -iu 韻的字，現代官話差不多都是 -y，北曲時代如也是 -y，怕不能與-u押韻。）

"足、促、俗、粟"等國語是洪音（-u），這些都是入聲作平或上的字，分別與"卒、簇、速"等不同音，從別的官話方言，可知他們當是細音。

諸〔逐〕主〔築〕注（tʃ-），樞除杵〔出〕處（tʃʻ-）──這些字與"阻、初、觸、梳、熟"等不同音。參照現代方言，可知"阻"等是"洪音"，而"諸"等是細音。

(6) 皆來──ai, iai, uai。

-ai：

　　"入聲作上"的"則、責、策、色、革、客"國語讀-ㄜ。有不少官話方言還和中原音韻一樣。

-iai：

　　皆解戒（k-），揩楷（kʻ-），鞋蟹懈（x-），挨捱矮隘（○-）──這些字國語 k-，x- 兩母字是 ie；kʻ-，○- 兩母字是 -ai。中原音韻"挨、捱"等與"哀、開"等不同，不能是-ai；"皆、鞋"等既入本韻，主要元音就不會是-e。

-uai入聲作平的"劃"字，國語讀-ua。

　　　　（7）眞文──ən,iən,uən,yən。

-ən：

　　文吻問（v-）──國語爲無聲母，韻母爲 uən。

　　吞（tʻ-）──本書與"暾"不同音；國語同，都是合口。

　　莘（s-）──國語與"新"同，本書不同。

-iən：

　　眞軫震（tʃ-），嗔陳（tʃʻ-），申神哂腎（ʃ-），人忍刃（ʒ-）──本書"眞、嗔、申、人"與"榛、櫬、莘"不同。對照現代方言，前者當是細音。

-uən：　（國語-uən韻字大致相同。）

-yən：　（相當於國語的-yn）

　　"倫、遵、逡、筍"與"崘、鲧、村、損"不同音，從某些方言看，前者是細音（-yən），後者是洪音。諄準（tʃ-），春脣蠢（tʃʻ-），瞬舜（ʃ-），閏（ʒ-）也可能是-uən。

　　　　（8）寒山──an,ian,uan。

-an：

　　　　　　　　　　－ 65 －

晚萬(v-)國語無聲母，韻母是-uan。

-ian: （只有國語-ian韻字的一小部分。）

姦簡間(k-)，慳(k'-)，閑限(x-)，顏眼晏(○-)——在許多現代方言，這些字都沒有介音 i，但本書不與"干、刊、寒、安"等同。

-uan: （只有國語-uan韻字的一部分，如下：）

𦝼譔(tʃ-)，篡(tʃ'-)，拴灂(ʃ-)，關慣(k-)，還患(x-)，彎頑綰腕(○-)。

（9）桓歡——on。

搬半(p-)，潘盤判(p'-)，瞞滿鏝(m-)——國語-an。

端短斷(t-)，湍團疃彖(t'-)暖愞(n-)，鸞卵亂(l-)，鑽纂鑽(ts-)，攛攢竄(ts'-)，酸算(s-)，官館貫(k-)寬款(k'-)，歡桓澣喚(x-)，剜丸椀玩(○-)——國語-uan。

這些字既與"寒山"分韻，主要元音就不能是 -a- 了。

（10）先天——ien, yen。

-ien: （國語-ian 韻字，除見於"寒山"的一小部分外，大致都在這裏。）

鸇展戰(tʃ-)，廛(tʃ'-)，羶闡扇(ʃ-)，然(ʒ-)——國語讀-an，本書不入"寒山"。

-yen:

攣孿戀(l-)——國語是-uan, -yan；本書不入"寒山"。

專轉傳(tʃ-)，川船舛串(tʃ'-)，軟(ʒ-)——國語是 -uan，本書不入"寒山"。

（11）蕭豪——ɑu, au, iau, (uau)。

-ɑu:

入作平或上的一些字，如"末、縛、鐸、託、作、錯、索"國語是

-uo。

又 "閣、鶴、壑、蕁" 等國語是 -ɤ，不過現代方言也有讀 -au 的。

-au：

包飽〔剝〕豹（p-），交狡〔角〕教（k-），敲巧（k'-），哮爻〔學〕孝（x-），坳黝〔岳〕（○-）——"包交敲哮坳"與"褒高考蒿熛"以及 "標嬌趫囂邀" 都不同，這是現代官話所沒有的。可是廣州話，福州話和廈門話都有與中原音韻平行的現象。

	褒高…	包交…	標嬌…
廣州	ou	au	iu
福州	o	au	ieu
廈門	o	au	iau

北曲中這些字既可以押韻，自然可以分別假定為ɑu, au, iau。

-iau：

昭著沼〔斫〕趙（tʃ-），超潮〔綽〕（tʃ'-），燒〔芍〕少〔爍〕少（ʃ-），饒繞〔弱〕（ʒ-）——這些字與 "爪、杪、梢" 不同音。對照方言，可知"爪"等應當沒有介音 i。

"入聲作平上去"的字與"歌戈"重見的很多，參照那裏的情形，本韻有"郭、廓、鑊"三音應該是 kuau, k'uau與xuau（在歌戈是kuo, k'uo, xuo沒有問題），但是〔uau〕這樣的韻母太奇怪了。

（12）歌戈——o, io, uo。

-o：

〔薄〕（p-），莫（m-），〔縛〕（f-），〔鐸〕（t-）〔諾〕（n-），落（l-），〔鑿〕（ts-）——這些入作平上的字國語分作 -uo, au；本書多與"蕭豪"重見。

— 67 —

歌舸〔葛〕箇（k-），軻可〔渴〕嗑（kʻ-），呵何〔合〕歌賀（x-），
阿娥婀餓〔惡〕（〇-）──國語-ɤ。

-io：

〔虐〕（n-），〔略〕（l-），〔著〕（tʃ-），〔杓〕（ʃ-），〔若〕
（ʒ-），〔學〕（x-），〔岳〕（〇-）──國語iau，本書多與"蕭豪"重
見。

-uo：

"課、禾、訛、我"等國語讀-ɤ，多數方言仍是合口。

(13) 家麻──a,(ia),ua。

-a：

〔襪〕（v-）──國語無聲母，韻母合口。

家買〔甲〕駕（k-），〔恰〕（kʻ-），蝦霞〔狎〕〔暇〕下（x-），鴉
牙雅亞〔壓〕（〇-）──可能如國語讀-ia，，現代許多方言都沒有介
音。

-ua：　（各字與國語同）

(14) 車遮──ie,ye。

-ie：

遮者〔哲〕柘（tʃ-），車撦〔轍〕偖（tʃʻ-），奢蛇〔折〕捨〔設〕
舍（ʃ-），惹〔熱〕（ʒ-）──國語都是-ɤ，本書與"別、爹、姐、謝"
等同屬一韻，自然應該和某些現代方言一樣是-ie。

-ye：

〔拙〕（tʃ-），〔啜〕（tʃʻ-），〔說〕（ʃ-），〔爇〕（ʒ-）──國語
-uo，本書既入本韻，當如"絕、靴"等字是-ye。

(15) 庚青──əŋ,iəŋ,uəŋ,yəŋ。

-əŋ：　（國語有-əŋ，與此相當。）

── 68 ──

崩逬（p-）烹鵬（pʻ-），甍艋孟（m-）——這些唇音字，多數與
"東鍾"重見，大概是北曲作者方言的不同。

-iəŋ（國語有iŋ與此相當。）

征整正（tʃ-），稱澄騁秤（tʃʻ-），聲繩聖（ʃ-），仍（ʒ-）——
國語-əŋ。本韻又有"等、橙、生"等，國語也是-əŋ，從別的方言可
以看出，這些字當是細音，而"等"等當是洪音。

-uəŋ：（國語沒有這個韻母）

觥礦（k-），轟橫橫（x-），泓甖（○-）——國語都是-uŋ，也
有好些字本書與"東鍾"重見，恐怕是北曲作者方言不同。

-yəŋ：（國語沒有這個韻母）

坰扃（k-），瓊頃（kʻ-）兄熒迥（x-），榮永詠（○-）——國語
-yuŋ（"頃""熒"例外爲-iŋ），本書也有些字與"東鍾"重見。

（16）尤侯——ou, iou。

-ou：（國語的-ou韻字，大體與本書同）

貿（m-）——國語例外爲au。

〔宿〕（s-）——國語-u，

-iou：

周〔軸〕肘〔竹〕晝（tʃ-），抽紬丑臭（tʃʻ-），收〔熟〕首受
（ʃ-）柔揉肉（ʒ-）——國語-ou。本韻又有"皺、愁、瘦"等，國語也
是-ou。從別的方言看，這些字當是細音，"皺"等是洪音。

（17）侵尋——əm, iəm，國語沒有-m尾，本韻字與"眞文"
韻的字不分了。）

-əm：

怎（ts-），簪（tʃ），岑埁讒（tʃʻ-）森滲（ʃ-）——國語-ən。

-iəm：

— 69 —

恁賃(n-)，林廩淋(l-)，駸浸(ts-)，侵寢沁(tsʻ-)，心尋(s-)，
金錦禁(k-)，欽琴(kʻ-)，歆(x-)，音吟飮蔭(○-)——國語-in。

針枕朕(tʃ-)，深沉(tʃʻ)，深沈甚(ʃ-)，任稔任(ʒ-)他們與"簪、
岑、森"等不同音，照一些方言看，當是細音。

(18) 監咸——am, iam，（國語沒有 -m 尾，本韻字與
"寒山"不分）。

-am:

擔膽淡 (t-)貪罩毯探 (tʻ-)，南腩 (n-)，婪覽濫 (l-)，簪喒咱
暫(ts-)，參驂慘慘 (tsʻ-)，三三(s-)，詀斬蘸 (tʃ-)，攙讒儳(tʃʻ-)，
衫訕 (ʃ-)，甘感淦 (k-)，憨含憾 (x-)庵黯暗(○-)——國語 an。

-iam:

監減鑑 (k-)，龕嵌坎歉 (kʻ-)，咸喊陷 (x-)，淹岩俺 (○-)——
—國語-ian。

(19) 廉纖——iem（國語沒有 -m 尾，本韻字與"先天"不
分）。掂點店 (t-)，添甜忝 (tʻ-)，鮎念 (n-)，廉斂殮 (l-)，
尖漸(ts-)，僉潛塹 (tsʻ-)，纖燖 (s-)，兼檢劒 (k-)，謙鈐欠
(kʻ-)，杴嫌險 (x-)，淹嚴掩豔 (○-)——國語 -ian。

瞻覘占 (tʃ-)，襜蟾諂饞 (tʃʻ-)，苫閃贍 (ʃ-)髯染染 (ʒ-)——
國語-an。本書旣與"斬、讒、衫"等不同音，自然和一些現代方言一
樣是細音了。

§4.5 中原音韻作於元泰定年間，到至正年間，又有卓從之作
"中州樂府音韻類編"，（或簡稱"中州音韻"，"中州韻"），體例內容大
致與中原音韻相同，惟一異點是平聲之下分"陰""陽"與"陰陽"三類，
如"江陽"平聲，（每音舉一字爲例）：

陰———姜邦雙章商漿莊岡桑康光當

陽———忙良穰忘娘郎航囊昂

陰陽———慉肸香降鏘傍腔強蕎陽方防昌長

　　　　湯塘湘詳槍牆匡狂倉藏荒黃

凡"陰"類的音都屬陰平調；"陽"類的音都屬陽平調；"陰陽"類的
音，則每兩個是一組，同屬一個聲母，前者是陰平調，後者是陽平調，
所以從實際語音而言，平聲還只是分陰與陽兩類，周德清"中原音韻
正音作詞起例"有云：

中原音韻的本內平聲陰如此字，陽如此字……泰定甲子以後，余
嘗寫數十本散之江湖，其韻內平聲陰如此字，陽如此字，陰陽如此字，
夫一字不屬陰則屬陽，不屬陽則屬陰，豈有一字而屬陰又陽也哉。
此蓋傳寫之謬，今既定本刊行，或者得余墨本者，幸毋譏其前後不
一。

由此可知中原音韻平聲原來也分"陰""陽"與"陰陽"，周氏覺得
不妥，正式刊行時才取消"陰陽"，卓從之所據，竟是周氏的未定稿。

§4.6　明初官修的"洪武正韻"，受所謂"中原雅音"的影響很深，
不過因為參與修輯的，差不多都是南方人，並且他們仍以傳統的韻書
作根據，結果和中原音韻並不相同，主要的差異是：

（a）聲調是"平""上""去""入"，平聲不分陰陽。

（b）入聲字獨立，自成十個韻，分別與各陽聲韻配合，顯然韻尾
有-p,-t,-k之分。

（c）根據近來的研究，聲母共三十一類，與中原音韻最大的差別
是有濁塞音、濁塞擦音以及濁擦音的存在，如現代吳語。

洪武正韻的平上去六十六韻與中原音韻的關係如下：

東董送——"東鍾"（沒有"轟弘"等字）。

支紙寘——"支思"與"齊微"開口音的一部分。

齊薺霽——"齊微"開口音的一部分。

魚語御——"魚模"的細音（中原的-iu可能在這裏讀-y）。

模姥暮——"魚模"的洪音。

皆解泰——"皆來"。

灰賄隊——"齊微"的合口音。

眞軫震——"眞文"。

寒旱翰——"桓歡"與"寒山"的"干、看、寒、安"等字（可能如
某些官話方言，"干"等讀 -on，"桓歡"的字則讀
-uon）。

刪產諫——"寒山"（除上述"干"字等）。

先銑霰——"先天"。

蕭筱嘯——"蕭豪"的細音，（中原的 -iau 可能在這裏讀 -ieu
）。

爻巧效——"蕭豪"的洪音。

歌哿箇——"歌戈"。

麻馬禡——"家麻"。

遮者蔗——"車遮"。

陽養漾——"江陽"。

庚梗敬——"庚青"。

尤有宥——"尤侯"。

侵寢沁——"侵尋"。

覃感勘——"監咸"。

鹽琰豔——"廉纖"。

　　在相當的各韻之內，字的同音與否，洪武正韻還與中原音韻有些差別。最顯著的如覃感勘的“覃、耽、婪、㲹、含”等字與“談、擔、藍、三、酣”分列，對照現代吳語，可知前者韻母當是ɑm，後者當是am。

　　入聲字的讀法當然更與中原大異了。

　　屋配東，當讀-uk,-iuk。

　　質配眞，當讀-ət,-iət,-uət,-yət。

　　曷配塞，當讀-ot,-uot。

　　轄配刪，當讀-at,-iat,-uat。

　　屑配先，當讀-iet,-yet。

　　藥配陽，當讀-ak,-iak,-uak,-yak。

　　陌配庚，當讀-ək,-iək,-uək,-yək。

　　緝配侵，當讀-əp,-iəp。

　　合配覃，當讀-ap,-iap。

　　葉配鹽，當讀-iep。

　　如果洪武正韻沒有故意遷就舊韻書的地方，他所表現的，或者就是當時南方官話，不過平上去入四聲是否因聲母清濁的不同而有聲調的不同，就不得而知了。

　　§4.7　南曲盛行以後，自然也就有人作曲韻，不過他們都缺乏創作力，大家都拿周德清或卓從之的書作底本，再參照洪武正韻來改訂而已。

　　最初，明太祖的兒子朱權作“瓊林雅韻”，成化年間陳鐸作“菉斐軒詞林要韻”，正德年間王文璧作“中州音韻”，分韻都如周卓，添字增注或加反切而外，惟一的改變是取消平聲內“陰”與“陽”的劃分，不過王文璧的書到萬曆年間經所謂"橋李卜氏"者增校，平聲又恢復陰陽之分。總之，他們總不過是在中原音韻與洪武正韻之間打轉。

到明末范善臻作"中州全韻"，清乾隆年間王鵕作"中州音韻輯要"，平聲分陰陽之外，去聲也分陰陽；比王鵕稍後，沈乘麐作"曲韻驪珠"，又把入聲另立八韻，而與洪武正韻的系統不同；周昂作"增訂中州全韻"，上聲也分陰陽，這些人才能漸漸衝出中原與洪武的範圍，不過他們都是江蘇南部的人，所表現的應當是明清時期的吳音。

王鵕以後，分韻都比中原的十九類略多，然而都不出洪武的範圍，值得一提的是周昂新立的"知如"。那是從"支思"之內分出"知癡池"等字，又在"魚模"內分出"諸書如"等字合成的，比照上一章的蘇州韻母，可知那的確是語音的實錄。

§4.8 明朝以後，有幾部通俗字書，也是我們研究官話歷史值得注意的，最早而又最有名的，便是蘭茂（廷秀）的"韻略易通"，或簡稱"韻略"。

韻略分二十個韻，即：

東洪	江陽	眞文	山寒	端桓	先全	庚晴
侵尋	緘咸	廉纖	支辭	西微	居魚	呼模
皆來	蕭豪	戈何	家麻	遮蛇	幽樓

很明顯的，他是沿襲中原音韻與洪武正韻而來的。

每韻之內，凡例云："以早梅詩一首，凡二十字爲字母，標題於上；卽各韻平聲字爲子，叶調於下；得一字之平聲，其上聲去聲入聲一以貫之。"由此可知他的聲母是二十類，聲調是四類，不過就韻目與中原音韻不同的來看，平聲也可能分陰陽，共是五個聲調。

把聲母歸納爲若干類，每一類用一個字代表，並且編成一首詩，這是蘭氏的創獲，"早梅詩"云：

　　　東風破早梅，向暖一枝開，冰雪無人見，春從天上來。

這二十個字代表的聲母是：

p（冰）	p'（破）	m（梅）	f（風）	v（無）
t（東）	t'（天）	n（暖）		l（來）
ts（早）	ts'（從）		s（雪）	
tʃ（枝）	tʃ'（春）		ʃ（上）	ʒ（人）
k（見）	k'（開）	x（向）		
○（一）				

系統與中原音韻同。

　　在二十韻之內，入聲字是分別附在前十個陽聲韻之內的，系統如洪武正韻。這一點頗有人懷疑與實際語音不合。

　　蘭廷秀是雲南人，韻略作於明正統年間，當時他從征麓川，所以頗流行於山東一帶。

　　雲南叢書有"韻略易通"二卷，題"眞空本悟禪師集"，那是依蘭廷秀的韻略增改而成的，由他的"重韻"說，可見蘭氏的二十韻在西南有許多混併的現象。

　　§4.9 明朝崇禎年間，山東掖縣人畢拱辰作"韻略滙通"，據自序這部書是依據蘭廷秀的韻略易通分合刪補而成的。

　　（1）"東洪"與"庚晴"的字略有調動，（表現-uəŋ,-yəŋ與-uŋ,-iuŋ混。）

　　（2）"端桓"與"山寒"併爲"山寒"（表現中原的-on→-uan.）

　　（3）"緘咸"大部分併入"山寒"，少數齊齒音併入"先全"

　　（4）"廉纖"併於"先全"。　　　　　　　（表現 -m→-n.）

　　（5）"侵尋"併於"眞文"而名"眞侵"。

— 75 —

（6）分"西微"之讀 i 者入"居魚"，所餘名爲"灰微"。（-i與-y
合爲一韻，-ei分列。）

（7）入聲字仍然分附陽聲韻，不過系統大非蘭氏之舊。（表明
-p,-t,-k的系統眞是不存在了，如果仍有，入聲則爲？。）

（8）平聲分"上平"及"下平"，與中原音韻的"陰"與"陽"以及現
代的陰平與陽平相當。

清初，樊騰鳳作"五方元音"，也是改併"韻略易通"韻類只減到十
二：

　　　天人龍羊牛獒虎駝蛇馬豺地

聲母僅僅取消蘭氏的"無"(v-)；聲調則與畢拱辰同，不過入聲字
是分在陰陽韻內的。

從畢樊兩氏的書看，明末清初的官話系統已與現代相差無幾了。

§4.10　我們考訂早期官話的語音系統，還有一項很好的材料，
就是明朝天啓年間西方傳教士金尼閣 (Nicolas Trigault) 作的"西儒
耳目資"，西儒耳目資是用羅馬字拼漢字字音的書。金氏一共用了二
十多個符號，合成二十個 "字父"（卽聲母）與五十個 "字母"（卽韻
母）；此外，又有五個附加符號，表示"清"（陰平）、"濁"(陽平)、
上、去、入五個聲調，參看所注的字音，可知他表現的語音，大體與
上述韻略滙通相同。

金尼閣在西儒耳目資的自序裏曾說，在他之前，利瑪竇(Matteo
Ricci)、郭居靜 (Lazane Cattaneo)，龐廸我 (Diego de Pantoja)
已經有了著述，可惜我們現在能看到的只有"程氏墨苑"所載利瑪竇的
四篇注音文章。共四百多字，歸納起來，跟西儒耳目資是大同小異。

第五章　切韻系的韻書

§5.1 我們曾說：有了反切，漢字才有準確性較大的注音法，並且也是因為有了反切，漢字才有逐字注音的可能，現在探求古音旣以文字為主要的途徑，那麼六朝以後用反切注音的韻書，也就是時期最早的最直接的材料了。

反切，古人或稱為"反"，或稱為"翻"，或稱為"切"，都只是用兩字拼注一字之音的意思。先秦典籍中"不可"為"叵"，"而已"為"耳"，"之乎"為"諸"，"之焉"為"旃"等例，和現代北平人把"不用"說作"甭"，或蘇州人把"勿曾"說作"分"的音一樣，是兩個字音的順乎自然的結合，算不得反切。

有意的利用兩個字來拼注另一個字的音，據現在所知，是導源於東漢而盛行於六朝以後的。那時，正當佛經傳入中國，一般文士受印度拼音文字的影響，知道了分析字音的門徑，於是逐漸利用反切來代替不能精確又有時而窮的直音。六朝時，"音義"頗為盛行，而"音義"的特點之一就是用反切注音。從前人說反切始於孫炎的"爾雅音義"，固然是考之未精，不過我們也有理由相信，爾雅音義是應用反切最受人推崇的一部書。

六朝時，中國音韻學上還有一件大事，就是"四聲"的發現。從前人都說四聲創自沈約，那是大錯的。第一，據近來的考訂，沈約以前已有講四聲的人。第二，聲調的分別是每一個說中國話的人口語裏所具有的；並且我們知道，中國人說話分聲調，來源應比漢族的形成還要早（第十三章），豈是沈約或當時一般講四聲的人所能創造的呢？不過我們也得承認，四聲雖非沈約等所創，發現當時漢語有四個聲調的存在而與以表彰的，倒極可能就是六朝的文士。至於聲調之所以不在別的時候發現而恰恰發現於六朝，自然也有他的歷史背景。原來當時佛教徒"轉讀"佛經，據印度古時"聲明論"所謂"三聲"，而"聲明論"所謂"聲"，便是音調的高低。又據記載，當時知名的文士，差不多都和佛教徒往來。那麼他們藉此悟到自己語言裏聲調的存在，就是極自然的了。南史陸厥傳云：

> 時爲文章，吳興沈約，陳郡謝朓，琅邪王融，以氣類相推轂：
> 汝南周顒，善識聲韻。約等爲文皆用宮商，將平上去入四聲，
> 以此制韻，有平頭、上尾、蠭腰、鶴膝。五字之中，音韻悉異
> ；兩句之內，角徵不同；不可增減。世呼爲"永明體"。

據此，可知沈約等實在是利用四聲的知識，制定文辭格式，引起一般人的景仰，因而造成一時文學風尚的人。

文辭講求聲律既成一時的風尚，字音的釐訂也就不可或緩；恰在此時，反切大行，工具已備。於是，別四聲，分韻類，逐字注音的韻書，也就在中國應運而生了。

§5.2 說到韻書，自來都推李登的"聲類"爲鼻祖。"聲類"久已不傳。除去封演"聞見記"所謂"以五聲命字，不立諸部"，我們對於他竟毫無所知。"五聲"是不是音樂上的"宮"、"商"、"角"、"徵"、"羽"？他們跟聲調上的"平""上""去""入"有沒有關係；或者竟有，而是什麼關係？後人儘有許多揣測，總不免捕風捉影。

李登之後，正是所謂"音韻鋒出"的時候，近人鈎稽史籍，考知六朝時，作韻書的總有數十家之多。陸法言"切韻"序裏提到的幾家，大概是比較重要的。

呂　　靜：韻集	夏侯詠：韻略	陽休之：韻略
周思言：音韻	李季節：音譜	杜臺卿：韻略

　　然而這些書也是久已不在世間了，現在只能就唐寫本“刊謬補缺切韻”（看下節）韻目下的附注，考見他們分韻異同的一部份而已。

　　今傳最早的韻書，可以說是隋朝陸法言的“切韻”，切韻序云：

　　　　昔開皇初，有儀同劉臻等八人，同詣法言門宿。夜永酒闌，
　　　　論及音韻。以今聲調既自有別，諸家取捨亦復不同。·········
　　　　欲廣文路，自可清濁皆通；若賞知音，即須輕重有異。呂靜
　　　　韻集······杜臺卿韻略等，各有乖互，江東取韻與河北復殊。
　　　　因論南北是非，古今通塞。欲更捃選精切，除削疏緩，蕭顏
　　　　多所決定。魏著作謂法言曰：“向來論難，疑處悉盡，何不
　　　　隨口記之。我輩數人，定則定矣。”法言即燭下握筆略記綱
　　　　紀。博問英辯，殆得精華。於是更涉餘學，兼從薄宦，十餘
　　　　年間，不遑修集。今返初服，私訓諸弟子。凡有文藻，即須明
　　　　聲韻。屏居山野，交遊阻絕，疑惑之所，質問無從······遂取
　　　　諸家音韻，古今字書，以前所記者，定之爲切韻五卷······。

由他的敍述可知：

　　（1）切韻的制作是前有所承的。或者我們可以逕直的說，切韻是集六朝韻書大成的作品。

　　（2）陸法言等人“捃選精切，除削疏緩”的標準是顧到“南北是非，古今通塞”的。換句話說，他們分別部居，可能不是依據當時的某種方言，而是要能包羅古今方言的許多語音系統。

　　至於所謂劉臻等八人，據“廣韻”所載，是：

　　　　劉　臻　顏之推　魏　淵　盧思道　李　若　蕭　該　辛
　　　　德源　薛道衡

　　從前人總喜歡說切韻是“吳音”。其實陸法言並不是南方人；參加意見的八個人之中，除去蕭該，也都是北方學者。

§5.3 因爲切韻能集六朝韻書之大成，自他出世，六朝韻書都漸趨淹沒；又因爲他爲一般人所遵用，增修訂補的人也就漸漸的多起來；久而久之，陸氏原書反而少爲人見。從來講音韻的人，都稱道陸法言切韻，不過大家所看到的只是宋修"廣韻"轉錄的陸氏切韻序。直到近幾十年，我們才能看到唐寫本切韻殘卷五種；以及五代刊本殘卷一種。但是經過考訂，知道他們還不是陸氏原本。

根據各項記載以及今存殘卷，可知切韻的內容是：

（1）以平上去入分卷，平聲又分上下，共五卷。

（2）平聲上分二十六韻，平聲下二十八韻，上聲五十一韻，去聲五十六韻，入聲三十二韻，共一百九十三韻。

（3）所收字數在一萬二千左右。

唐代增訂切韻的，據廣韻卷首所載，已有郭知玄、關亮、薛峋、王仁煦、祝尙丘、孫愐、嚴寶文、裴務齊、陳道固諸人；唐書藝文志又錄有"李舟切韻"；見於他處著錄的還很多。然而我們現在可以考知的只有：

（1）王仁煦"刊謬補缺切韻"——幾年以前，大家只看到唐寫殘本兩種，一出燉煌，一出故宮。近來故宮又有一種寫本出世，可以說是全本。王仁煦自序云：

> 陸法言切韻，時俗共重，以爲典規，然苦字少，復闕字義，
> 可爲刊謬補缺切韻。

可見"刊謬補缺"的主旨是增字加注。陸氏原書的部目次序，他都沒有多大的變動，只是上聲與去聲各多分一個韻（參看 §5.6），共一百九十五韻而已。以上所說，僅指燉煌本與故宮新出全本而言。故宮殘本的韻次則差異很多，原委頗難考知。兩個故宮本還有一點與陸氏切韻不同的，就是下平聲的韻目序數與上平聲卿接，不自爲起迄。

（2）孫愐唐韻——現時僅存唐寫本殘葉一種。孫愐的唐韻序，宋修廣韻刊載，一向通行。王國維氏參照卡令之"式古堂書畫彙考"及魏了翁的"唐韻後序"考知：

（a）書名又稱"廣切韻"，又或略稱"切韻"或"廣韻"。

（b）書有開元本與天寶本，差別頗大。開元本部目次序大致與王仁煦刊謬補缺切韻同。天寶本分韻加密，平聲多出三韻，上去聲各多四韻，入聲多兩韻。（參看§5.6）

（c）下平聲韻目序數與上平聲銜接。

（康熙字典所謂"唐韻"的反切是徐鉉所注說文各字的反切，徐鉉所據韻書是不是孫愐的唐韻，大成問題。）

此外徐鍇"說文解字篆韻譜"所引"切韻"與夏竦"古文四聲韻"所引"唐切韻"都是唐韻的別名，與王氏所考又互有異同。

（3）李舟切韻——書佚，只有部次可以從徐鉉改訂的"說文解字篆韻譜"中考見。分韻參酌唐韻各本，特色在整理韻部的次序與平上去入各韻的配合，為後世遵用。

（4）故宮全本王仁煦刊謬補缺切韻，是最近幾年才出世的。以前，完整的切韻增訂本，以宋朝陳彭年邱雍等奉勅修輯的"大宋重修廣韻"為最早。所以在古音研究上，廣韻一向居於極重要的地位。陸氏切韻分一百九十三韻，廣韻增至二百零六，雖然多出十三韻，却不過是分韻寬嚴的問題，並非系統上有什麼歧異（參看§5.6）。廣韻韻部的次序，依李舟切韻，與切韻原書也儘不同，比較之下，可以看出那是陸氏疏漏的改正。至於韻書精華所在的反切，以廣韻與切韻殘卷，以及上述各種唐人韻書相比，也是大同小異。由此可知，我們一向用廣韻做考訂中古音的主要材料，竟沒有走上岔道。切韻與唐人韻書的殘本相繼出世，因爲不全，我們只用作參考資料，新出的全本王仁煦刊謬補缺切韻比廣韻早得多，價值是否在廣韻之上，現在還不能確定。

廣韻之後不久，宋丁度等又奉詔修了一部"集韻"，收集的字比廣韻多，切韻系韻書的規制也開始改變了。

§5.4 切韻系的韻書都依四聲分卷；不過因爲平聲又分"上"與"下"，所以共是五卷而不是四卷。平聲分上下，完全是字多，書冊需要分卷的緣故；絕對不是表示中古時代的平聲，有如中原音韻以後，有"陰平""陽平"之別。不過恰因近代的陰平，又有"上平聲"之稱，陽平又有"下平聲"之稱，竟有許多人把他們與廣韻的"上平""下平"混爲一談。那是大錯的。周德清是第一個說出平聲分陰陽的人；在中原音韻序裏就加以辨正說：

> 上平聲（陰平）非指一東至二十八山而言，下平聲（陽平）非指一先至二十七咸而言。前輩爲廣韻平聲多，分爲上下卷，非分其音也。殊不知平聲字字俱有上平下平之分，但有有音無字之別。

除此之外，我們更可以就切韻系韻書的本身，找出兩項事實來證明上下平的分卷與聲調無關。

（1）如上節所述，兩種故宮本的王仁煦刊謬補缺切韻與各本孫愐唐韻，下平聲韻目的序數都與上平聲啣接，不自爲起迄。

（2）無論那部書，把上下平聲的韻連接起來，那些韻都恰好能與上去入三聲的韻配合。（參看 §5.6）

由此看來，就聲調而言，中古時代的平聲，和上去入聲一樣，只是一個聲調，並無所謂"上、下"或"陰、陽"之分。

§5.5 韻書所分的"韻"，都可以說是各家制訂的詩文押韻的範圍。所以，每一韻所包括字並不一定都同屬一個韻母（就押韻而言，-uŋ與-iuŋ，或-a與-ua，都是可以合在一個韻裏面的）。自切韻至廣韻，諸家分韻都小有差異，然而立場似乎都在詩文用韻的寬嚴，與韻母系統無關。舉例言之：

（1）王仁煦比陸法言多兩個韻，一爲上聲的"广"，一爲去聲的"釅"。事實上，並不是"广"與"釅"所代表的韻母在切韻裏不存在；而是王韻"广"與"釅"兩韻的字，切韻分別合在"琰"韻與"艷"韻之內，系統上也沒有與"琰"、"豔"兩韻的字混同。

（2）孫愐以後，切韻的"眞"韻都分作"眞"與"諄"，"寒"韻都分作"寒"與"桓"，"歌"韻都分作"歌"與"戈"。雙方的差別是：陸氏把開合不闓的韻母併爲一個韻，而孫氏以後都使開合分立（參看第六章）。

（3）"湩、䍶"二字是與平聲"多"韻字相當的上聲字，但因只是兩個字，自切韻至廣韻都沒有讓他們獨立成韻，只是寄附在"腫"韻之內。自切韻至廣韻，平上去的韻數都參差不齊。各韻不能四聲俱全固然是主要原因，不過因字少而不自成一韻也有關係。

這裏可以附帶說明的，就是廣韻韻目之下所注的"獨用"或"同用"，又是唐以後放寬押韻尺度的表現，更與我們考訂中古音的系統無關。

切韻系韻書的韻與中原音韻一系曲韻的韻涵義不同，上一章已經說過了。因爲切韻系韻書把聲調的不同也認作韻的不同，所以無論是陸法言的一百九十三韻，或廣韻的二百零六韻，都不表示中古的韻類有二百左右之多。其實我們可以說：廣韻上平聲"一東"上聲"一董"與去聲"一送"是一個韻，入聲"一屋"也可以附入；下平聲"一先"，上聲"二十七銑"，去聲"三十二霰"是一個韻，入聲"十六屑"也可以附入……。這樣的配法，從陸法言起，雖然沒有哪一個修韻書的人明白說出；可是我們大致可以依照平上去入各韻的次序排比而得，偶爾有疑問，也可以參校別的材料確定。

看過第五章與第六章，我們更可以知道，凡音近的韻，韻書上也是分別排在一起的。李舟的韻次改訂，大多着眼於此。

§5.6 下面是廣韻二百零六韻的四聲配合表。廣韻以前諸家分韻的異同也分別注出，用作5.3節的詳細注脚。

平聲	上聲	去聲	入聲
一東	一董	一送	一屋
二冬		二宋	二沃

（上聲與冬宋沃相配的只"湩、㪿"二音，附入二腫。）

平聲	上聲	去聲	入聲
三鍾	二腫	三用	三燭
四江	三講	四絳	四覺
五支	四紙	五寘	
六脂	五旨	六至	
七之	六止	七志	
八微	七尾	八未	
九魚	八語	九御	
十虞	九麌	十遇	
十一模	十姥	十一暮	
十二齊	十一薺	十二霽	

（唐韻或本分齊韻"栘"字等另立"栘"韻。）

十三祭

		十四泰	
十三佳	十二蟹	十五卦	
十四皆	十三駭	十六怪	
		十七夬	
十五灰	十四賄	十八隊	
十六咍	十五海	十九代	
		二十廢	
十七眞	十六軫	二十一震	五質
十八諄	十七準	二十二稕	六術

（陸法言與王仁煦諄準稕術不與眞軫震質分韻，或本唐韻入聲無術，又或本有術又有"聿"韻。）

十九臻			七櫛

（上去聲字少，分別附入隱韻與震韻。）

二十文	十八吻	二十三問	八物
二十一欣(殷)	十九隱	二十四焮	九迄

（欣原稱"殷"，避宋諱改。）

二十二元	二十阮	二十五願	十月
二十三魂	二十一混	二十六恩	十一沒
二十四痕	二十二很	二十七恨	

（入聲僅"紇"等一音，附入沒韻。）

二十五寒	二十三旱	二十八翰	十二曷
二十六桓	二十四緩	二十九換	十三末

（陸法言王仁煦桓緩換末不與寒旱翰曷分韻。）

二十七刪	二十五潸	三十諫	十四鎋
二十八山	二十六產	三十一襇	十五黠

（入聲錯點兩韻顛倒，由來已久，本書作者考訂當改，詳見拙著"上古音韻表稿"。）

　一先　　　　二十七銑　　　三十二霰　　　十六屑

（一先以下是下平聲，王仁煦孫愐的序數與上平聲啣接。）

　二仙　　　　二十八獮　　　三十三線　　　十七薛

（或本唐韻仙與獮之後又有"宣"與"選"，去入二聲是否增韻不可知。）

　三蕭　　　　二十九篠　　　三十四嘯

　四宵　　　　三十小　　　　三十五笑

　五肴　　　　三十一巧　　　三十六效

　六豪　　　　三十二皓　　　三十七號

　七歌　　　　三十三哿　　　三十八箇

　八戈　　　　三十四果　　　三十九過

（陸法言王仁煦戈果過與歌哿箇不分韻。）

　九麻　　　　三十五馬　　　四十禡

　十陽　　　　三十六養　　　四十一漾　　十八藥

　十一唐　　　三十七蕩　　　四十二宕　　十九鐸

（此以下入聲的次序，李舟以前與以後頗多參差，看表末說明。）

　十二庚　　　三十八梗　　　四十三映(敬)二十陌

（"映"原名"敬"，避宋諱改。）

　十三耕　　　三十九耿　　　四十四諍　　二十一麥

　十四清　　　四十靜　　　　四十五勁　　二十二昔

　十五青　　　四十一迥　　　四十六徑　　二十三錫

| 十六蒸 | 四十二拯 | 四十七證 | 二十四職 |
| 十七登 | 四十三等 | 四十八嶝 | 二十五德 |

（蒸拯證與登等嶝，李舟以前在添忝㮇之後，咸豏陷之前；青迥徑之後遙接尤有宥。）

十八尤	四十四有	四十九宥
十九侯	四十五厚	五十候
二十幽	四十六黝	五十一幼
二十一侵	四十七寑	五十二沁	二十六緝
二十二覃	四十八感	五十三勘	二十七合
二十三談	四十九敢	五十四闞	二十八盍

（覃感勘與談敢闞，李舟以前在麻馬禡之後，陽養漾之前。）

二十四鹽	五十琰	五十五豔	二十九葉
二十五添	五十一忝	五十六㮇	三十帖
二十六咸	五十二豏	五十七陷	三十一洽
二十七銜	五十三檻	五十八鑑	三十二狎
二十八嚴	五十四儼	五十九釅	三十三業

（上聲儼去聲釅今廣韻各本分別在豏與陷之前，應該在檻與監之後才是，吳棫"韻補"所引還沒有倒。這兩韻陸氏切韻與琰豔不分。）

| 二十九凡 | 五十五范 | 六十梵 | 三十四乏 |

（切韻殘卷入聲薛韻以後的次序是：錫、昔、麥、陌、合、盍、洽、狎、葉、乏，與廣韻多不同，與本書平上去各韻也不相配。）

凡有入聲韻相配的平上去各韻，現時通稱陽聲韻；沒有入聲韻相配的，稱陰聲韻。

因有如上的關係，我們引稱廣韻韻目，往往舉平以該上去，有時更舉平以該上去入。

§5.7 切韻系韻書的各韻之內，同音的字排在一起，用小圈跟別的不同音的字隔開（但是偶爾也有因後加而沒有跟同音的字排在一處的），不按什麼次序，如中原音韻。但是他們比中原音韻多一個重要的節目，就是在同音字的第一個字下注反切。比較早一點的韻書稱某某"反"，晚一點的稱某某"切"。每一個反切所注的就是凡在那個小圈下面的字的音。例如廣韻上平聲一東韻"東"字圈下共有十七個字，"東"字末尾注的"德紅切"並不是"東"一個字的音，而是全體十七個字的音，"德紅切"後面更有"十七"兩字來指明這一點。至於某字有另一個讀法的，他下面又注"又……切"，更有少數還有直音作"又音"某。凡有"又"字的，自然是只指他所注的那一個字了。

反切所用的兩個字，通常稱爲"切語"或"反語"。表示聲母的第一個字稱爲"反切上字"，表示韻母的第二個字稱爲"反切下字"。廣韻共有三千多個反切，反切上字用了四百多個不同的字；反切下字，則二百零六韻所用，在一千以上。

就語音研究的立場而言，反切實在是切韻系韻書的精髓所在。因爲分韻只是詩文押韻的範圍；如果沒有反切，字的讀法還是不能考知。所以，全體反切上字的歸納，是我們知道中古聲母的唯一途徑；也只有歸納各韻的反切下字，中古究竟有多少個眞正的韻母，才能顯露出來。

第一個悟到利用反切以探求中古聲韻母系統的人是一百多年前的陳澧，"切韻考"就是他的成績的總表現。他研究反切的方法是：

切語之**法**，以二字爲一字之音，上字與所切之字雙聲，下字與
所切之字疊韻。……今考切語之法，皆由此而明之。

切語上字與所切之字爲雙聲，則切語上字同用者，互用者，遞
用者，聲必同類也。同用者如"多""都宗切""當""都郎切"，同
用"都"字也。互用者如"當""都郎切"，"都""當孤切"，"都"
"當"二字互用也。遞用者如"多""都宗切"，"都""當孤切，
"多"字用"都"字，"都"字用"當"字也。今據此系聯之，爲切語
上字四十類。……切語下字與所切之字爲疊韻，則切語下字同
用者，互用者，遞用者，韻必同類也，同用者如"東""德紅
切"，"公""古紅切"，同用"紅"字也。互用者如"公""古紅切"，
"紅""戶公切"，"紅""公"二字互用也。遞用者如"東""德紅
切"，"紅""戶公切"，"東"字用"紅"字，"紅"字用"公"字也。
今據此系聯之，爲每韻一類，二類，三類，四類。……

這是陳氏訂的基本系聯條例。下面是分析條例：

廣韻同音之字不分兩切語，此必陸氏舊例也。其兩切語下字同
類者，則上字必不同類。如"紅""戶公切"，"烘""呼東切"，
"公""東"韻同類，則"戶""呼"聲不同類。今分析切語上字不同
類者，據此定之也。上字同類者，下字必不同類。今分析每韻
二類，三類，四類者，據此定之也。

此外又有兩個補充條例：

切語上字既系聯爲同類矣，然有實同類而不能系聯者，以其切
語上字兩兩互用故也。如"多""得""都""當"四字，聲本同類；
"多""得何切"，"得""多則切"，"都""當孤切"，"當""都郎
切"；"多"與"得"，"當"與"都"兩兩互用，遂不能四字系聯矣。
今考廣韻，一字兩音者互注切語，其同一音之兩切語上字，

聲必同類。如一東"涷""德紅切"，又"都貢切；一送"涷""多貢
切"；"都貢""多貢"同一音，則"都""多"二字實同一類也。今
於切語上字不系聯而實同類者，據此以定之。

切語下字既系聯爲一類矣，然亦有實同類而不能系聯者，以其
切語下字兩兩互用故也。如"朱""俱""無""夫"四字韻本同類，
"朱"章俱切"，"俱""舉朱切"，"無""武夫切"，"夫""甫無
切"；"朱"與"俱"，"無"與"夫"兩兩互用，遂不能兩類系聯矣
。今考平上去入四韻相承者，其每韻分類亦多相承；切語下字
既不系聯，而相承之韻又分類，乃據以定其分類；否則雖不系
聯，實同類耳。

陳氏在切韻考自序中說，"惟以考據爲準，不以口耳爲憑"，現在
看這些條例，除去末兩項"實同類而不能系聯"一語在邏輯上有問題，
確實是精密而合乎情理的。

§5.8 如果反切是一種容易用得很精確的拼音法，又如果廣韻的
切語是經過一番澈底整理的，那麼只要應用兩條基本的系聯條例，陳
氏所得的"聲類"與"韻類"就應該全合，至少也應該極近乎中古聲韻母
的眞實類別了。可惜事實並不如此。第一，反切的原則是上字只取其聲
母而下字只取其韻母，但上字的韻母與下字的聲母仍然是不可避免的
夾在中間；既然他們存在，有時就不免使人誤入歧途，而有些不合常
軌的切語出現，如去聲三十二霰"縣"字"黃練切"，下平聲八戈"靴"
字"許戈切"。第二，我們說過；陸法言作切韻，從頭便是前有所承的；
而經唐至宋，諸家又莫非僅僅增訂。所以廣韻裏面還未免包含些時
代較早的切語，頗與切韻中心時代的實情不合，如去聲五十九鑑"覽"
"子鑑切"，去聲三十六效"罩""都教切"。就歸納反切而言，這些例外

切語，大焉者足以使不同的聲母或韻母得到系聯，小焉者也足以使聲母或韻母本不相同的字誤入某類。例如"鞾""許戈切"可使戈韻的三類韻母誤合爲兩類；又如"罩""都教切"雖不影響聲母的分類，（因爲"罩"不作反切上字用。）但"罩"與"都"聲母實不同類。第三，韻書的反切是一個個的造的，本來沒有注意到"系聯"；因此，實同類而因兩兩互用不得系聯的情形，也確是勢所不免，如此，誰能確定凡不能系聯的都不同類呢？

陳氏對於這些現象能瞭解到什麼程度，我們不知道。不過無論如何，他總是看到了。上文所謂分析條例以及兩個補充條例，都是針對上述種種而設的。他能想到這些，也是他的卓見。然而問題又來了，第一，以"聲同韻必不同"或"韻同聲必不同"爲出發點，來離析可以系聯的某類，而判別某某切語是錯的，如果不參考別的材料，就往往不能找到確實的對象，那麼，如果判斷錯了，類雖是分了，內容豈不還是錯的嗎？例如上聲五旨的切語下字"癸、誄、軌、洧、美、鄙"本來可以系聯。

癸（居誄切）→誄（力軌切）→軌（居洧切）→洧（榮美切）
　　→美（無鄙切）⇌鄙（方美切）

這裏面"癸"與"軌"上字同用"居"，聲母同，韻母當有分別，自無疑問。從此出發，我們可以說"癸"下字用"誄"錯了，因爲"誄"與"軌"系聯，而"軌"不與"癸"同類；但是同樣的，我們也可以說"誄"下字用"軌"錯了，因爲"誄"與"癸"系聯，而"癸"與"軌"不同類。依前一說，"癸"自成一類；依後一說，"癸"與"壘"（音同於"誄"）成一類；我們無法決定誰是誰非。或許竟另有一個可能，就是兩個都錯了，因爲反切上還可能有未經發現的錯誤。第二，有些不能系聯的兩類，是實在的因爲韻母不同，或僅是因爲"兩兩互用"，有時也難作決定。例如下平聲六豪的下字；"袍、毛、襃"爲一類，"刀、勞、曹、遭、牢"爲一類，不能系聯。陳氏因上聲三十二皓與去聲三十七號都只一類，就把他們合併了。但是我們不考慮"袍、毛、襃"所切的都是脣音字，豪韻脣音字韻母的讀法可能和別的字不同嗎？末了，廣韻又音全是抄錄前人的音切，例外比正切還多，更往往與正切矛盾，何取何從，陳氏往往訴諸主觀。例如他分析切語上字，如僅用基本系聯法，所得應比四十類多很多；如全部兼用補充條例，則不過三十上下；事實上，四十類並不是"惟以考證爲據"的結果。凡此種種，再加上有許多反切的錯誤是單從反切本身不能發現的，都足以影響陳氏的成就，又常常使他徘徊於自擬的幾個條例之間而步調不能一致。

固然，陳澧沒有看到廣韻以前的韻書，有時不免爲廣韻所誤；並且,他的考訂自然也還有不能盡如人意的地方；不過他不能達到理想，則是由反切的本質以及韻書的背景先天的就決定了。職是之故，陳氏之後，繼續他的工作的人雖然不少，卻也沒有誰能完全成功，也沒有任何兩個人得到相同的結果。所以，反切上下字的歸類，僅足以表現中古聲韻母類別的大概。根據這個，還要再用別的材料來補充，所得的結果才是近乎事實的中古聲韻母的系統。

§5.9 如果盡可能的分，廣韻的反切上字可依曾運乾氏訂爲五十一類。

博類：（類名取出現最多的字，以下均同。）

　　博　北　布　補　邊　伯　百　巴　晡

方類：

　　方　甫　府　必　彼　卑　兵　陂　幷　分　筆　畀
　　鄙　封

普類：

　　普　匹　滂　譬

芳類：

　　芳　敷　撫　孚　披　丕　妃　峯　拂

蒲薄：

　　蒲　薄　傍　步　部　白　裴　捕

符類：

　　符　扶　房　皮　毗　防　平　婢　便　附　縛　浮
　　馮　父　弼　苻

莫類：

　　莫　模　謨　摸　慕　母　矛

武類：

　　武　亡　彌　無　文　眉　靡　明　美　綿　巫　望
　　（以上各類，"博"與"方"，"普"與"芳"，"蒲"與"符"，
　　"莫"與"武"，界限都不是絕對清楚的。）

都類：

　　都　丁　多　當　得　德　多
　　（"多、得、德"與"丁、都、當、多"不系聯，陳氏據補充
　　條例併。）

他類：

　　他　吐　土　託　湯　天　通　台

徒類：

　　徒　杜　特　度　唐　同　陀　堂　田　地

奴類：

　　奴　乃　那　諾　內　妳

女類：

　　女 尼 拏 穠

　　（"奴""女"兩類依據又切可以系聯）

陟類：

　　陟 竹 知 張 中 猪 徵 追 卓 珍

丑類：

　　丑 敕 耻 癡 楮 褚 抽

直類：

　　直 除 丈 宅 持 柱 池 遲 治 場 佇 馳 墜

作類：

　　作 則 祖 臧

子類：

　　子 即 將 資 姊 遵 茲 借 醉

倉類：

　　倉 千 采 蒼 麤 麁 靑 醋

七類：

　　七 此 親 遷 取 雌 且

昨類：

　　昨 徂 才 在 藏 酢 前

疾類：

　　疾 慈 秦 自 匠 漸 情

蘇類：

　　蘇 先 桑 秦 速

息類：

　　息 相 私 思 斯 辛 司 雖 悉 寫 胥 須

（以上八類，"作"與"子"，"倉"與"七"，"昨"與"疾"，
"蘇"與"息"，界限都不十分清楚。）

徐類：

　　徐 似 祥 辭 詳 寺 辭 隨 旬 夕

側類：

　　側 莊 阻 鄒 簪 仄 爭

初類：

　　初 楚 測 叉 芻 廁 創 瘡

士類：

　　士 仕 鋤 鉏 牀 查 雛 助 豺 崇 勘 俟
　　（廣韻"俟""牀史切"屬本類，切韻殘卷與王仁昫刊謬補缺
　　切韻都是"漦史切"，"漦"又是"俟之切"，兩字自成一類，
　　不與其他的字系聯。）

所類：

　　所 山 疎 色 數 砂 沙 疏 生 史

之類：

　　之 職 章 諸 旨 止 脂 征 占 支 蓋

昌類：

　　昌 尺 充 赤 處 叱 春 姝

食類：

　　食 神 實 乘 示

式類：

　　式 書 失 舒 施 傷 識 賞 詩 始 試 矢
　　釋 商

時類：

時　常　市　是　承　視　署　氏　殊　寔　臣　殖
植　嘗　蜀　成

古類：

古　公　過　各　格　兼　姑　佳　乖

居類：

居　舉　九　俱　紀　几　規　吉　詭

苦類：

苦　口　康　枯　空　恪　牽　謙　楷　客　可

去類：

去　丘　區　墟　起　驅　羌　綺　欽　傾　窺　詰
祛　豈　曲　卿　棄　乞

（以上四類，"古"與"居"，"苦"與"去"，界限並不十分清
楚。）

渠類：

渠　其　巨　求　奇　璩　臼　衢　強　具　狂　跪

五類：

五　吾　研　俄

魚類：

魚　語　牛　宜　虞　疑　擬　愚　遇　危　玉

烏類：

烏　安　烟　鷖　愛　哀　握

於類：

於　乙　衣　伊　一　央　紆　憶　依　憂　謁　委　挹

呼類：

呼　火　荒　虎　海　呵　馨　花

許類：

　　許　虛　香　況　興　休　喜　朽　羲

　　（以上六類，"五"與"魚"，"烏"與"於"，"呼"與"許"，界

　　限並不十分清楚。）

胡類：

　　胡　戶　下　侯　何　黃　乎　護　懷　穫

于類：

　　于　王　雨　爲　羽　云　永　有　雲　筠　遠　韋

　　洧　榮　薳

以類：

　　以　羊　余　餘　與　弋　夷　予　翼　移　悅　營

盧類：

　　盧　郎　落　魯　來　洛　勒　賴　辣　練

力類：

　　力　良　呂　里　林　離　連　縷

　　（"盧"與"力"界限不十分清楚。）

而類：

　　而　如　人　汝　仍　兒　耳　儒

以下各類是陳氏不分的：

　　莫——武　　作——子　　倉——七　　昨——疾

　　蘇——息　　古——居　　苦——去　　五——魚

　　烏——於　　呼——許　　盧——力

因此他是四十類。

§5.10　改訂陳氏反切下字歸類的人，差不多都是心目中先有一

個自以爲是而實際並不完全的切韻韻母系統，然後拿反切下字來遷就自己的假想。那樣，非但過於主觀，有時更會抹煞陳氏已經發現了的若干事實。下面的歸類，大體仍依陳氏，只在必要時從考訂的立場予以改正。這也是儘量求分的意思。凡字加〔〕號而與別一類相重的，表示他那一類本可與相重的一類系聯，不過依分析條例當分。然而我們要注意，根據分析條例分類後，相關各類的內容有時是要參考別的材料重加釐訂的。

一東二類	一董一類	一送二類	一屋二類
①紅東公	孔董動惣蠓	①貢弄送涷	①谷卜祿
②弓戎中融		②仲鳳衆	②六竹逐福菊
宮終		〔貢〕	匊宿

（一送二類據"㟴""莫弄切"與"鶶""莫鳳切"分。）

二冬一類	（上聲併入腫韻）	二宋一類	二沃一類
冬宗		綜宋統	沃毒酷篤

三鍾一類	二腫二類	三用一類	三燭一類
容恭封鍾	①隴重（實爲	用頌	玉蜀欲足曲綠
凶庸	多上聲）		
	②隴勇拱踵奉		
	冗悚冢		

四江一類	三講一類	四絳一類	四覺一類
江雙	項講㺓	絳降巷	角岳覺

五支四類	四紙四類	五寘三類
①支移離知	①氏紙爾此	①義智寄賜馶
	豸侈	企
②宜羈奇	②綺倚彼〔委〕	②恚避〔義〕

③規隋隨〔爲〕③婢彌俾　　③僞睡瑞累

④爲垂危吹〔支〕④委累捶詭

　　　　　　毀髓靡

（五支"支""爲"兩類，陳氏據"垂""是爲切"與"提""是支切"分；"規""爲"兩類據""虧""去爲切"與"闚""去隨切"分。四紙"綺""委"兩類據"技""渠綺切"與"跪""渠委切"分。五寘"義""恚"兩類，據"恚""於避切"與"縊""於賜切"分。其實這幾韻聲同韻必不同的例還多，普遍的用起來，又有不同的結果。）

六脂三類　　　五旨三類　　　六至四類

①夷脂尼資飢　①几履姊雉視　①利至四冀二

　私　　　　　矢　　　　　器自

②追悲佳遺眉　②軌鄙美水洧　②〔利〕

　綏維　　　　誄壘

③〔追〕　　　③癸〔誄〕　　③類位遂醉愧

　　　　　　　　　　　　　秘媚備萃寐

　　　　　　　　　　　　④季悸

　（六脂"逵""渠追切"，"葵""渠追切"。切韻殘卷一作"渠佳切"，一作"渠惟切"，故知"追"類當分爲二。五旨"揆""求癸切"，"郎""暨軌切"，據此分"軌""癸"二類。六至"器""去冀切"，"棄""詰利切"，據此分"利"類爲二。但如把所有聲同韻必不同的例用起來，結果又與此不同。）

七之一類　　　六止一類　　　七志一類

　之其茲持而　里止紀士史　　吏記置志

　蕾　　　　　市理已擬

八微二類　　　七尾二類　　　八未二類

①希衣依　　①豈狶　　　①既豪
②非韋微歸　　②鬼偉尾匪　　②貴胃沸味未
　　　　　　　　　　　　　　畏

九魚一類　　八語一類　　　九御一類
　魚居諸余蒩　呂與舉許巨　　據倨恕御慮預
　　　　　　　渚　　　　　　署洳助去

十虞一類　　九麌一類　　　十遇一類
　俱朱無于輸　矩庚主雨武　　遇句戌注具
　俞夫逾誅隅　甫禹羽
　芻

　（廣韻十虞"俱"與"朱"，"無"與"夫"兩兩互用，實際不能系聯，
但王仁煦沒有這種互用情形。九麌自切韻以下都是"矩"與"羽"，
"庚"與"主"兩兩互用，不能系聯，王仁煦與切韻殘卷同，但依陳
氏補充條例可以合併。）

十一模一類　　十姥一類　　　十一暮一類
　胡都孤乎吳　　古戶魯補杜　　故誤祚暮
　吾姑烏

十二齊二類　　十一薺一類　　十二霽二類
　①奚雞稽兮迷　禮啓米弟　　　①計詣
　　鼷
　②攜圭　　　　　　　　　　　②惠桂

　　　　　　　　　　　　　　十三祭三類
　　　　　　　　　　　　　　　①例制祭憩弊
　　　　　　　　　　　　　　　　袂蔽罽
　　　　　　　　　　　　　　　②〔例〕

③芮銳歲稅

衛劌

（"藝""魚祭切"，"劌""牛例切"，據此"例"類應分爲二。）

十四泰二類

①蓋太帶大艾

貝

②外會最

十三佳二類	十二蟹二類	十五卦二類
①佳膎	①蟹買	①㿴鄶益
②媧蛙緺	②夥𠂤〔買〕	②卦〔夢〕

（十二蟹"𠂤""乖買切"，"解""佳買切"，據此分。十五卦"𠤏""方卦切"，"𡟫""方夢切"，據此分。）

十四皆二類	十三駭一類	十六怪二類
①皆諧	駭楷	①拜介界戒
②懷乖淮		〔怪〕
		②恠壞

（十六怪"誡""古拜切"，"怪"古壞切"，據此分。）

十七夬二類

①犗喝

②夬邁快話

十五灰一類	十四賄一類	十八隊一類
回恢杯灰胚	罪猥賄	對內佩妹
		隊輩繢

十六咍一類	十五海一類	十九代一類
來哀才開哉	亥改宰在乃	代漑耐愛概

結愒

二十廢一類
廢肺穢

十七眞十八諄共三類	十六軫十七準共三類	二十一震二十二稕共二類	五質六術共三類
①鄰眞人賓	①忍引軫盡	①乂覲晉遴振印	①質吉悉栗必七畢一日比
②巾銀	②殞敏	②閏順峻	②乙筆密
③倫勻遵迍脣綸句贇	③準允尹		③聿律邮

（陸法言與王仁煦眞軫震質不與諄準稕術分韻。廣韻雖分而反切下字有牽連，可見分得有問題。現在合併起來反清楚多了。入聲質韻廣韻反切有誤，"質""乙"兩類可以系聯。今據切韻殘卷分。）

十九臻一類			七櫛一類
臻詵			瑟櫛
二十文一類	十八吻一類	二十三問一類	八物一類
云分文	粉吻	問運	勿物弗
二十一欣(殷)一類	十九隱一類	二十四焮一類	九迄一類
斤欣	謹隱	靳焮	訖迄乞
二十二元二類	二十阮二類	二十五願二類	十月二類
①言軒	①偃幰	①建堰〔万〕	①竭謁歇許
②袁元煩	②遠阮晚	②願万販怨	②月伐越厥發

（二十五願"健""渠建切"，"圈""臼万切"，據此分。）

二十三魂一類　二十一混一類　二十六慁一類　十一沒二類
　昆渾骨奔魂　　本損忖衮　　　困悶寸　　　　①沒骨忽勃
　　　　　　　　　　　　　　　　　　　　　　②〔沒〕

（十一沒二類據"揾""戶骨切"與"紇"下沒切"分。）

二十四痕一類　二十二很一類　二十七恨一類
　痕根恩　　　　很懇　　　　　恨艮

二十五寒一類　二十三旱一類　二十八翰一類　十二曷一類
　干寒安　　　　旱但笴　　　　旰案贊按旦　　割葛達曷

二十六桓一類　二十四緩一類　二十九換一類　十三末一類
　官丸潘端　　　管伴滿纂　　　貫玩半亂　　　括活潑秳
　　　　　　　　緩旱（看注）　段換喚算

（寒旱翰曷與桓緩換末切韻不分韻，廣韻分而上聲緩韻仍用旱
韻的"旱"爲反切下字。）

二十七刪二類　二十五潸二類　三十諫二類　　十四鎋二類
　①姦顏　　　　①板䢞　　　　①晏諫澗　　　①鎋轄瞎
　②還關班頑　　②〔板〕綰鯇　②患慣　　　　②刮頦

（二十五潸"澗""下赧切"，"皖""戶板切"，據此分。）

二十八山二類　二十六產二類　三十一襇二類　十五黠二類
　①閑山閒瞷　　①限簡　　　　①莧襇　　　　①八黠
　②頑（看注）鰥　②綰（看注）　②幻辦　　　　②滑拔〔八〕

（廣韻"頑"在刪韻而山韻用"頑"字，陸法言王仁煦"頑"字都在
山韻。產韻用"綰"的僅一字，亦不與其他的字系聯，當係借用，
陸法言王仁煦產韻沒有這一類。黠韻"黠""胡八切"，"滑""戶
八切"，據此分。）

一先二類　　　二十七銑二類　三十二霰二類　十六屑二類

①前賢年堅　　①典珍繭峴　　①甸練佃電　　①結屑篾
　田先顚煙　　　　　　　　　麵

②玄涓　　　　②泫畎　　　　②縣〔練〕　　②決穴

（三十二霰"縣""黃練切"，"見"胡甸切"，據此分。）

二仙四類　　　二十八獮三類　三十三線五類　十七薛四類
　　　　　　　　　　　　　　　　　　（看注）

①連延然仙　　①善演兗淺　　①戰扇膳　　　①列薛熱滅
　　　　　　　寨蕐展辨　　　　　　　　　　別竭
　　　　　　　剪

②乾焉　　　　②兗轉緬篆　　②箭線面賤　　②〔列〕
　　　　　　　　　　　　　碾膳

③緣專川宣　　③〔兗〕　　　③戀眷捲卷　　③悅雪絕熱
　全　　　　　　　　　　　囀彥

④員圓攣權　　　　　　　　④絹掾釧　　　④劣輟
　　　　　　　　　　　　⑤見

　　（二十八獮"蜎""狂兗切"，"圈""渠篆切"，則"兗"類應分爲二。三十三線"徧""方見切"，"見"字不在本韻，恐怕是誤字。十七薛〔別〕"方別切"，"鷩""並列切"，則"列"類應分爲二。）

三蕭一類　　　二十九篠一類　三十四嘯一類
聊堯幺髟蕭　　了鳥皎皛　　　弔嘯叫

四宵二類　　　三十小二類　　三十五笑二類
①遙招昭霄　　①小沼兆少　　①照召少笑
　邀消焦　　　　　　　　　　妙肖要
②嬌喬鷮瀌　　②夭表矯〔兆〕②廟〔召〕

　　（三十小"褾""方小切"又"表""彼矯切"，"闄""於小切"又"夭"

"於兆切"，據此分 。 三十五笑"廟""眉召切"又"妙""彌笑切"，
"嶠""渠廟切"又"翹""巨要切"， 據此分。廣韻三十小"沼、少"
不與"兆、小"系聯，三十五"笑、 妙、 肖、 要"不與"照、召、
少"系聯，是兩兩互用之故，王仁昫全系聯，可證。）

五肴一類　　三十一巧一類　三十六效一類
　交肴茅嘲　　　巧絞爪飽　　　教孝皃稍

六豪一類　　三十二皓一類　三十七號一類
　刀勞袍毛　　　皓老浩早　　　到報導耗倒
　曹遭牢褒　　　抱道

　（六豪"袍、毛、褒"本不與其他的字系聯，陳氏依補充條例併
。）

七歌一類　　三十三哿一類　三十八箇一類
　何俄歌河　　　可我　　　　　箇佐賀個邏

八戈三類　　三十四果一類　三十九過一類
①禾戈波婆和　　果火　　　　　臥過貨唾
②伽迦
③靴䐔脮〔戈〕

　（八戈"靴"字今廣韻各本有"許胆切"與"許戈切"的不同。從前
者，本韻三類分明。如從後者，"靴"類可與"禾"類系聯。但切韻
殘卷無"䐔，脮"，"靴"字下注"無反語"，表示此字音讀不與本韻
其他字同。那麼"靴"就不能入"禾"類。而後來的"許戈切"是例外
的切語。）

九麻三類　　三十五馬三類　四十禡三類
①加牙巴霞　　①下雅買疋　　①駕訝嫁亞罵
②瓜華花　　　②瓦寡　　　　②化吳霸〔駕〕

③遮邪車嗟奢　③者也野冶姐　③夜謝
賒

（如四十禡"霸""必駕切"，"化""呼霸切"，"化""駕"兩類可以
系聯。但"嚇""呼訝切"與"化""呼霸切"聲同韻必異，所以仍應分
別。）

十陽二類　　　三十六養二類　四十一漾二類　十八藥二類

①良羊莊章陽　①兩丈獎掌養　①亮讓向樣　　①略約灼若勺
張　　　　　　　网昉　　　　　　　　　　　爵雀虐

②方王〔良〕　②往〔兩〕　　②放況妄訪〔亮〕②縛钁戄

（十陽"狂""巨王切"又"強""巨良切"，據此分。三十六養
"繈""居兩切"又"廣""居往切"據此分。四十一漾"況""許訪切"，
"訪""敷亮切"，兩類本來可以系聯；但"誑""居況切"又"彊""居
亮切"，則兩類實在又不能合。）

十一唐二類　　三十七蕩二類　四十二宕二類　十九鐸二類

①郎當岡剛　　①朗黨　　　　①浪宕　　　　①各落

②光旁黃　　　②晃廣　　　　②曠誑　　　　②郭博〔各〕

（十九鐸"各""古落切"，"郭""古博切"據此分。）

十二庚四類　　三十八梗四類　四十三映（敬）　二十陌三類
　　　　　　　　　　　　　　四類

①庚行〔盲〕　①梗杏冷打　　①孟更　　　　①格伯陌白

②橫盲　　　　②猛礦瞢〔杏〕②橫〔孟〕　　②獲〔伯〕虢
　　　　　　　　　　　　　　　　　　　　　〔白〕

③京卿驚　　　③影景丙〔永〕③敬慶　　　　③戟逆劇郤

④兵明榮　　　④永憬　　　　④病命

（十二庚"庚""橫"二類，據"行""戶庚切"與"橫""戶盲切"分；

三十八梗"梗""猛"兩類，據"梗"古杏切"與"礦""古猛切"分；
"影""永"兩類據"警""居影切"與"憬""俱永切"分。"猛""莫杏切"
或作"莫幸切"，"幸"在三十九耿，誤。四十三映"孟""橫"兩類
依"行""下更切"與"蝗""戶孟切"分。二十陌"格""獲"兩類，據
"轚""乙白切"與"啞""烏格切"，"垎""胡格切"與"嚄""胡伯切"分
。又上聲韻"梗、杏"不與"冷、打"系聯，而各家都不分。）

十三耕二類　　三十九耿一類　四十四諍一類　二十一麥二類
①耕莖〔萌〕　　幸耿　　　　　迸諍　　　　①革核厄摘責
　　　　　　　　　　　　　　　　　　　　　厊
②萌宏　　　　　　　　　　　　　　　　　　②獲麥摑

（十三耕兩類據"鸎""烏莖切"與"泓""烏宏切"分。）

十四清二類　　四十靜二類　　四十五勁一類　二十二昔二類
①盈貞成征　　①郢井整靜　　正政盛姓令　①益石隻亦
情幷　　　　　　　　　　　　　　　　　　積易辟迹炙
②營傾　　　　②頃潁　　　　　　　　　　②役〔隻〕

（二十二昔二類據"皵""七迹切"，"夐""七役切"分。）

十五青二類　　四十一迥二類　四十六徑一類　二十三錫二類
①經丁靈刑　　①挺鼎頂剄　　定徑佞　　　①歷擊激狄
　　　　　　　醒涬
②扃螢　　　　②迥潁　　　　　　　　　　②闃具鶪

十六蒸一類　　四十二拯一類　四十七證一類　二十四職二類
陵冰兢矜　　　拯庱　　　　　證孕應餕甋　①力職側卽
膺蒸乘仍升　　　　　　　　　　　　　　　翼極直逼
　　　　　　　　　　　　　　　　　　　　②〔逼〕

（二十四職"赩""許極切"又"洫""況逼切"，據此應分兩類。）

十七登二類	四十三等一類	四十八嶝一類	二十五德二類
①登滕棱增	等肯	鄧亙隥贈	①則得北德
崩朋恆			勒墨黑
②肱弘			②或國

十八尤一類	四十四有一類	四十九宥一類
鳩求由流尤	九久有柳	救祐又呪副
周秋州浮謀	酉否婦	僦溜富就

（十八尤"浮、謀"互用，不與其他字系聯，依據補充條例併。"愁""去秋切"與"丘""去鳩切"聲同，現在不據以分類，因為"愁"本來是幽韻字錯簡而來的。參看拙著"廣韻重紐試釋"。）

十九侯一類	四十五厚一類	五十候一類
侯鉤婁	后口厚苟	候奏豆遘漏
	垢斗	

二十幽一類	四十六黝一類	五十一幼一類
幽虯彪烋	黝糾	幼謬

二十一侵二類	四十七寑二類	五十二沁一類	二十六緝二類
①林尋心深	①荏甚稔枕	禁鴆蔭任譖	①入立及戢
針淫	朕凜		執汁
②金今音吟岑	②錦飲瘁		②急汲〔入〕

（平聲侵韻林類前三字與後三字本不系聯，陳氏據補充條例歸併。上聲寑韻王仁煦一類，去聲沁韻王仁煦二類："鴆、任、浸"與"禁、蔭、譖"不系聯。入聲緝韻兩類，據"挹""伊入切"與"邑""於汲切"分；王仁煦"入、執"為一類，"立、急、及、戢"為一類，不系聯。）

二十二覃一類	四十八感一類	五十三勘一類	二十七合一類

含南男　　　　感䄄唵　　　　紺暗　　　　　合答閤沓
二十三談一類　四十九敢一類　五十四闞一類　二十八盍一類
甘三酣談　　　敢覽　　　　　濫䁤瞰暫蹔　　盍臘榼
二十四鹽二類　五十琰二類　　五十五豔二類　二十九葉二類
①廉鹽占　　　①琰冉染斂漸　①豔贍　　　　①涉葉攝接
②淹炎〔廉〕　②檢險儉　　　②驗𡑞　　　　②魲〔葉〕

（二十四鹽兩類據"愿""一鹽切"與"淹""央廉切"分。二十九葉兩類據"魘""於葉切"與"敥""於魲切"分。）

二十五添一類　五十一忝一類　五十六㮇一類　三十帖一類
兼甜　　　　　忝點簟　　　　念店　　　　　協頰愜牒
二十六咸一類　五十二豏一類　五十七陷一類　三十一洽一類
咸讒　　　　　減斬豏　　　　陷鬜鰜　　　　洽夾図
二十七銜一類　五十三檻一類　八十五鑑一類　三十二狎一類
銜監　　　　　檻黤　　　　　鑑懺　　　　　甲狎
二十八嚴一類　五十四儼一類　五十九釅一類　三十三業一類
嚴鹻　　　　　广掩　　　　　釅〔欠〕　　　業怯刧
　　　　　　　　　　　　　　〔劍〕

（五十七釅"欠、劍"二字見梵韻。）

二十九凡一類　五十五范一類　六十梵二類　　三十四乏一類
凡芝〔咸〕　　犯錽　　　　　①泛梵　　　　法乏
　　　　　　　　　　　　　　②劍欠

（廣韻二十九凡"凡""符咸切","咸"非本韻字,王仁煦"符芝切","芝"在本韻。）

第六章　等　韻　圖

§6.1 在上一章，我們曾說到切韻是現存最早的逐字注音的字典；並且也曾討論到，根據今日所能看到的切韻以及他的各種增修本，我們如何去考訂隋唐時代的字音。不過，最後雖然列出一個反切上下字的歸類，我們還是說，因為反切有許多先天的缺陷，切語上下字的歸類，只能顯示中古聲韻系統的間架，而不是中古聲韻母的真正的類別。

其實，如果再進一步想，即使反切能做到上下字與所切之字聲韻母確同而應系聯者無不系聯的地步，單憑韻書去考訂古音，有許多切要的問題還是不得解決的。從他們產生的背景來看，韻書是為詩文的聲律而設的，因為如此，他的編制就止於依四聲分卷與卷內分韻。四聲固然就是中古時期的四個聲調，而韻呢？我們已經知道，只是可以押韻的韻母的類而不是真正的韻母。平上去入各韻的相配，固然可依他們的次序排比到得，然而每卷之內，各韻的關係又是什麼樣的呢？還有一點，分韻之後，韻書在各韻之內就再沒有什麼組織了。我們可以說，切韻系的韻書在編制上是完全忽略聲母與介音的。

陳澧說，反切是隋以前雙聲疊韻的樞紐，所以反切可以補韻書編排之不足。然而廣韻所用切語上字有四百多，下字則各韻所見，多者數十，少的也不只一個，不經過一番精密的歸納，誰又能猜想得出隋唐之際的聲類與韻類究竟有多少呢？再就我們所得的切語上下字的類來看；上字的幾十個類顯示得出他們相互之間的關係嗎？各韻下字在二類以上的，彼此的差別到底是"開合"還是"洪細"呢？總之，陸法言時代的語音知識只是分聲調，分韻類，以及以二字拼一字之音，所以，切韻系韻書所能給我們的啟示也就盡於上一章所述，至於表現語音的系統，既非他那個時代的人知識所及，也不是他們的願望，因爲韻書只是作詩作文的參考書。

　　如果反切的應用是我國人知道分析字音的開始，那麼我們可以說唐代中葉以後興起的"字母"與"等韻"就是我國人成系統的講語音的發端。所謂字母，就是得梵文與藏文字母的啓示而訂的聲母的類，每類用一個字作代表，同時又把各個類照所謂"五音"與"清濁"排比起來。所謂"等韻"，則是受佛經"轉唱"的影響，把韻書各韻比較異同，分作四個"等"，更進而依四等與四聲相配的關係，合若干韻母以爲一"轉"。聲母韻母與聲調既然都有了成系統的歸納，然後橫列字母，縱分四等，作成若干圖表，把韻書中的字分別塡入，所有的字音都可以在縱橫交錯的關係中求得——這便是"等韻圖"，他們的形成，是有佛典中講梵文拼音的"悉曇章"作前導的。

　　§6.2　今傳最早的等韻圖有鄭樵通志中的"七音略"與南宋紹興年間張麟之刊行的"韻鏡"。這兩種韻圖雖然都出於宋代，不過他們都前有所據。他們的底本，從下列三事可以看出，都是宋以前的作品。

　　（1）七音略的底本，鄭樵自己說是"七音韻鑑"，韻鏡的底本，張麟之說是"指微韻鏡"；提到他們，張麟之又說："……其來也遠，不可得而指名其人，故鄭先生但言梵僧傳之，華僧續之。……"

　　（2）張麟之韻鏡序下有注云："舊以翼祖諱敬，故爲韻鑑，今遷祧廟，復從本名。"所謂"翼祖"是指宋太祖的祖父，如果韻鏡作於宋人，起始就該避諱叫"韻鑑"，根本無所謂本名。現在本名既爲"韻鏡"，出於宋代之前，自無疑義。

　　（3）七音略把覃談咸銜鹽添嚴凡諸韻列在陽唐庚耕清青之前，韻鏡與七音略又把蒸登韻列在最後。由此可見他們根據的韻書實在比

廣韻早，而七音略所據更比李舟切韻早。（參看 §5.3,5.6）

七音略與韻鏡都分四十三“轉”，也就列爲四十三個圖，內容大同小異。他們的價值，比時期早更重要的，是完全保存切韻系韻書的系統。韻書中不同音切的字，在這兩種韻圖內都分居不同的地位，絕少遺漏，更沒有混淆的。所以他們確是正韻書之失以及補韻書之不足的絕好資料。

較早的韻圖，見於各種記載的還有好幾種，不過都早已不傳了。

§6.3 從前，大家都誤信“切韻指掌圖”是司馬光作的，同時又忽略了七音略與韻鏡的時代性，因此就把指掌圖奉爲韻圖的權輿。其實七音略與韻鏡而外，我們還能指出“四聲等子”比切韻指掌圖還要早一些，最明顯的證據是：

（1）指掌圖卷首某些“例”，顯然出於等子。

（2）刊行指掌圖的董南一（南宋嘉泰年間人）作後序，也襲用
　　　等子的序文。

等子作者爲誰，已經不可得知，序中提到遼僧行均的“龍龕手鑑”，所以總不會早於宋遼。他併早期韻圖的四十三轉爲十六“攝”（分二十個圖），而且有些地方也改變了切韻系韻書的系統。併轉爲攝，泯滅了許多韻的劃分，對於我們考訂中古音自然是不利的，不過也就因爲如此，我們倒知道了一些轉與轉之間的關係。（詳見 §6.8）

切韻指掌圖非但沿襲等子，連所謂司馬光自序，近經發現，都是僞託的，有些話竟抄自孫覿（南宋初人）的“切韻類例序”。不過他也不會是太晚的產品，因爲董南一是確有其人，而且與董氏同時的孫奕在“示兒編”中也已經引到今傳指掌圖中一個音讀與韻書不同的“不”字了。指掌圖分二十圖，與等子同；沒有用攝或轉的名稱，改變韻書系

統有甚於等子。就考訂中古音而言，他的價值只在幫助我們了解韻圖的組織。

"經史正音切韻指南"，或簡稱"切韻指南"，是元朝人劉鑑作的，體制源於等子而與金韓道昭的"五音集韻"（看 §8.4）關係頗深。切韻指南雖然離隋唐已遠，不過劉鑑是個深通等韻之學的人，他總集前人所作的韻圖說明，作成"門法玉鑰匙"，載指南卷末，是我們了解韻圖編排的好資料。指南比等子多四個圖，也比等子清楚些。

切韻指掌圖與切韻指南的"切韻"兩字，頗有人以爲就是指陸法言的切韻，其實不然。兩書中都明白說過，"切"指切語上字，"韻"指切語下字；"切韻"就是反切的別名。

§6.4 今傳等韻圖所列的字母都是三十六個，所以說到字母，習慣上就又稱爲"三十六字母"。三十六字母，向來以爲創自唐末沙門守溫，近來燉煌發現唐寫本"守溫韻學殘卷"，我們才知道守溫訂的字母只有三十個，照錄如下：

唇音	不芳並明
舌音	端透定泥是舌頭音
	知徹澄日是舌上音
牙音	見（君）溪羣來疑等字是也
齒音	精淸從是齒頭音
	審穿禪照是正齒音
喉音	心邪曉是喉中音淸
	匣喻影亦是喉中音濁

燉煌寫本中又有唐人"歸三十字母例"，每個字母之下，舉四個例字，可以做參考。

端	透	定	泥	審	穿	禪	日	心	邪	照
丁	汀	亭	寧	昇	稱	乘	仍	修	囚	周
當	湯	唐	囊	傷	昌	常	穰	相	詳	章
顚	天	田	年	申	嗔	神	弞	星	餳	征
故	添	甜	拈	深	覘	諶	任	宣	旋	專
精	清	從	喻	見	磎	羣	疑	曉	匣	影
煎	千	前	延	今	欽	琴	吟	馨	形	纓
將	槍	墻	羊	京	卿	擎	迎	呼	胡	烏
尖	僉	晉	鹽	犍	褰	褰	言	歡	桓	剜
津	親	秦	寅	居	祛	渠	鮫	袄	賢	煙
知	徹	澄	來	不	芳	並	明			
張	悵	長	良	邊	偏	便	綿			
衷	忡	蟲	隆	逋	鋪	蒲	模			
貞	悝	呈	冷	賓	繽	頻	民			
珍	繽	陳	隣	夫	敷	符	無			

　　這三十個字母，經過研究，知道是守溫參照梵文和藏文的字母擬出來的。元本"玉篇"卷首載有"切字要法"，不知出自何時何人，列出三十對雙聲字，系統大致相同，沒有用類名，或許更在守溫之前。

　　現今流傳的三十六字母，自然是經過後人增補過的。各韻圖所載，在次序和"五音""清濁"的名稱方面原都小有差異，後來逐漸統一如下式：

	全清	次清	全濁	次濁	全清	全濁
唇音：重唇	幫	滂	並	明		
輕唇	非	敷	奉	微		

舌音:	舌頭	端	透	定	泥		
	舌上	知	徹	澄	娘		
齒音:	齒頭	精	清	從		心	邪
	正齒	照	穿	牀		審	禪
牙音:		見	溪	羣	疑		
喉音:		影	曉	匣	喻(曉)	(匣)	
半舌:					來		
半齒:					日		

（喉音的排法有兩種：一是影曉匣喻，一是影喻曉匣。依前者
，曉是次清；依後者，則是全清。）

　自來所謂"五音"就是指"唇、舌、齒、牙、喉"的分別，（"半舌"
併入"舌音"，"半齒"併入"齒音"）。又所謂"七音"就是把"半舌"與
"半齒"單算。又有所謂"九音"，就是把"半舌"與"半齒"併稱"舌齒"，
又把"唇音"析為"重唇"與"輕唇"，"舌音"析為"舌頭"與"舌上"，
"齒音"析為"齒頭"與"正齒"。

　"全清"與"全濁"或即稱為"清"與"濁"。"次濁"又稱"清濁"或"不
清不濁"。"心""審"二母，或以為"次清"，"邪""禪"二母，或以為"次
濁"。然而無論如何他們總要和"精""清""從"或"照""穿""牀"混淆。
這是等韻家不能解決的一個問題。清儒江永在"音學辨微"裏把"心"
"審"稱為"又次清"，"邪""禪"稱為又次濁，才算把他們分開；名稱的
好壞自然是另一個問題。

　"五音"與"清濁"等名稱，有的好懂，有的不好懂，等韻家的解釋
都不清楚。用現代名詞來說，則：

重唇——雙唇音　　　　　　輕唇——唇齒音
舌頭——舌尖塞音　　　　　舌上——舌面塞音

齒頭——舌尖塞擦音　　　正齒——捲舌，舌尖面
　　　與擦音　　　　　　　　　　　混合或舌面的
　　　　　　　　　　　　　　　　　塞擦音與擦音

牙音——舌根音　　　　　喉音——喉音
半舌——舌尖邊音　　　　半齒——·性質不明，或卽
　　　　　　　　　　　　　　　　舌面鼻音

全清——不送氣的清音　　次清——送氣清音
全濁——濁塞或塞擦音　　次濁——流音（鼻音，
　　　　　　　　　　　　　　　　邊音等。）

又次清——清擦音　　　　又次濁——濁擦音

三十六字母與守溫三十字母的差別，可作如下的解說：

（1）守溫不分輕脣與重脣，所以"幫""滂""並""明"與"非"
"敷""奉""微""原來只是""不""芳""並""明"。"歸三十字母例"的例
字，正兼有後來的重脣與輕脣音。

（2）守溫沒有"娘"母，或者我們可以說，守溫的"泥"相當於後
來的"泥"與"娘"。

（3）守溫雖有"禪"無"牀"，不過"歸三十字母例"中"禪"下有
"乘、神"二字屬後來的牀母，"常、諶"二字屬後來的禪母。所以我們
可以說，守溫本來不分"牀"與"禪"。

有人以爲守溫始創字母時，受梵藏文的拘束，凡中土有而梵藏文
所無的都付闕如，所以比後來少了六個字母，這種說法是有問題的。
至於排列的不同，如守溫以"來"爲牙音，"心""邪"爲喉音等，顯然是
不如後來精密。

§6.5 字母與廣韻反切上字五十一類的關係如下：

不——幫、非——博類、方類

芳——滂、敷——普類、芳類

並——並、奉——蒲類、符類

明——明、微——莫類、武類

（注意：三十六字母"幫""非"兩母的界限與反切"博""方"兩類的界限不同。"滂""敷"與"普""芳"，"並""奉"與"蒲""符"，"明""微"與"莫""武"的關係都如此，詳見 §6.7）

端——都類　　透——他類　　定——徒類

　　泥——泥、娘——奴類、女類

（三十六字母"泥""娘"兩母的界限與反切"奴""女"兩類不同，詳下文。）

知——陟類　　徹——丑類　　澄——直類

精——作類、子類　　清——倉類、七類

　　從——昨類、疾類　心——蘇類、息類　邪——徐類

照——側類、之類　　穿——初類、昌類

　　牀——士類（除"俟"字）、食類　審——所類、式類

　　禪——士類（"俟"）、時類

（守溫不分"牀"與"禪"。）

見——古類、居類　　溪——苦類、去類

　　羣——渠類　　　疑——五類、魚類

　　影——烏類、於類　　喻——于類、以類

　　曉——呼類、許類　　匣——胡類

來——盧類、力類　　日——而類

這裏的參差，大致說，是屬於四個方面的：

（1）某些反切上字的類，如"作"與"子"……，"古"與"居"……，

"影"與"於"……，"盧"與"力"，本來只是可分而不能絕對分開。所以"作"與"子"在三十六字母只是一個"精"，"古"與"居"只是一個"見"，……。這自然都是分類標準的疏密問題而與系統無關。事實上，研究反切的人在這些類的分合上，意見已多有不同了。

（2）和守溫的"不""芳""並""明"比起來，反切的"博"與"方"，"普"與"芳"，"蒲"與"符"，"莫"與"武"，就如同剛才說過的"作""子"與"精"，"古""居"與"見"，……；至於三十六字母的"幫"與"非"，"滂"與"敷"，"並"與"奉"，"明"與"微"，則是後起的另一種的分別，代表那個時代與切韻時代語音系統的一種不同。

（3）反切"奴""女"兩類與守溫"泥"母的關係也是和"作""子"與"精"，"古""居"與"見"……一樣的；三十六字母的"泥""娘"之分是後來的一種純形式上的分別。

（4）"照""穿""牀""審""喩"各與兩類切語上字相當。那些切語上字的類，却是都可以分得十分清楚的。不過韻圖雖然把他們分別列入一個字母之下，却仍然分居於不同的等內，事實上並沒有混淆。例如"側"類字與"之"類字同在照母下，但是前者永遠排在二等的地位，後者永遠排在三等的地位；"于"類與"以"類同屬"喩"母，前者都在三等，後者都在四等。這種情形可以說是編排上的問題。

§6.6 早期韻圖對中古韻母的處理，概括的說，就是以"等"分韻，合四個"等"，再以四聲相配而成轉。

以等分韻的來源，現在尚無所知。燉煌發現的"守溫韻學殘卷"中有所謂"四等輕重例"，是我們的最早的材料，現在摘錄一部分如下：

平聲　　　　　　　　　　　上聲

高古豪反 交肴 嬌宵 澆蕭　　　　辭歌旱反 簡產 寒獮 璽銑

觀 古桓反 關刪 勬宣 涓先　　　　淹 烏敢反 黯檻 掩琰 魘琰

樓 落侯反 ○ 流尤 繆幽　　　　杲 古老反 姣巧 矯小 皎篠

去聲　　　　　　　　　　　　　　入聲

旰 古案反 諫諫 建願 見霰　　　　勒 郎德反 礐麥 力職 歷錫

但 徒旦反 綻襉 縺線 殿霰　　　　刻 苦德反 𥱼麥 隙陌 喫錫

　　這裏所分四行，順序就是"一等""二等""三等""四等"，一等的字注反切，二三四等只注韻目，可能是表示：只要根據一等字的音，加上等的變化，二三四等字的音就自然可得。有"○"的地方表示那裏無字。

　　由這樣的劃分，可知（1）"高、交、嬌、澆"，"觀、關、勬、涓"……都分屬幾個比韻還大的大韻類；（2）有些字在韻書是一個韻，而在此分列兩等，可知等的區分就是韻母的區分，不僅是韻的區分；（3）各類列出的四個字既屬一個大韻類，聲母聲調又都一樣，那麼他們的差異，即所謂"一等""二等""三等""四等"的不同，就只有在介音或主要元音的微細的方面；（4）"高""觀"……既同屬"一等"，"交""關"……既同屬"二等"，"嬌""勬"……既同屬"三等"，"澆""涓"……既同屬"四等"，他們在介音與主要元音的微細方面，又應當有相同或相似之處。由此看來，韻母的系統化的排比，可以說已經在此發軔了。

　　等的劃分既然成立，後來的韻圖再把平上去入各韻配合起來，合四等四聲，併二百零六韻以爲若干轉，就是順乎自然的事了。下面舉平以該上去入，列韻鏡四十三轉各等字的韻目，以明早期韻圖分等歸轉與韻書各韻的關係。

轉次 / 等	第　一	第　二	第　三
一	東	多	○
二	(東)(注一)	(鍾)	江
三	東	鍾	○
四	(東)(注一)	(鍾)	○

轉次 / 等	第四五(注三)	第六七	第　八
一	○	○	○
二	(支)	(脂)	(之)
三	支	脂	之
四	(支)	(脂)	(之)

轉次 / 等	第九十	第十一	第十二
一	○	○	模
二	○	(魚)	(虞)
三	微〔廢〕(注二)	魚	虞
四	○	(魚)	(虞)

轉次 / 等	第十三十四	第十五十六	第十七十八
一	咍，灰(注三)	泰	痕，魂
二	皆〔夬〕(注二)	佳	臻
三	咍齊〔祭〕(注四)	○	眞，諄
四	齊	(祭)	(眞，諄)

等＼轉次	第十九二十	第二十一二十二	第二十三二十四
一	○	○	寒，桓
二	○	山	刪
三	欣，文	元	仙
四	○	（仙）	先

等＼轉次	第二十五	第二十六	第二十七
一	豪	○	歌
二	肴	○	○
三	（宵）	○	○
四	蕭	宵	○

等＼轉次	第二十八	第二十九三十	第三十一三十二
一	戈	○	唐
二	○	麻	（陽）
三	戈	麻	陽
四	○	（麻）	（陽）

等＼轉次	第三十三三十四	第三十五三十六	第三十七
一	○	○	侯
二	庚	耕	（尤）
三	庚	清	尤
四	（清）	靑	（幽）（尤）（注五）

轉次　等	第 三 十 八	第 三 十 九	第 四 十
一	○	覃	談·
二	(侵)	咸	銜
三	侵	鹽	嚴
四	(侵)	添	鹽

轉次　等	第 四 十 一	第 四十二 四十三
一	○	登
二	○	(蒸)
三	凡	蒸
四	○	(蒸)

（注一）凡在二等與四等的韻目加（　）號的，表示那些韻原則上不該在那裏有字，現在有字，是因爲韻圖的編排關係擠過來的，詳見下一節。

（注二）去聲祭泰夬廢四韻沒有相配的平上入韻，韻鏡以祭韻字插入第十三、十四兩轉的空缺（參看注四）；泰韻插入第十五、十六兩轉的空缺；夬廢兩韻沒處安放，只好把廢韻字放在第九、十兩轉的入聲地位，夬韻字放在第十三、十四兩轉的入聲地位，注明"去聲寄此"。孫覿"內簡尺牘"說，楊中修的"切韻類例"分四十四圖，他比韻鏡和七音略都多一圖，可能就是安置這四個韻的。七音略廢韻字寄在第十五、十六兩轉的入聲地位。

（注三）一韻字分見兩轉的，是開口與合口的不同。凡並列兩個韻目而在中間加〔，〕的，也表示他們以開口與合口的關係分見兩轉。（參看下文。）

（注四）第十三轉平上聲三等只有少數字，見於咍齊兩韻，祭韻字乃得插入去聲，十四轉三等只祭韻有字。

（注五）第三十七轉四等，尤韻只有齒頭音與喩母字，其他是幽韻字。

韻鏡在各轉下都注明"開""合"或"開合"。大致說，"開"與"合"相當於近代的廣義的開口與合口（§2.4）。不過用七音略與四聲等子以後的韻圖來對照，可知裏面確有些錯誤，包括作者的誤用與傳抄失眞。至於"開合"，或者另有現在不能考知的意義，或者竟又是由"開"或"合"誤添而成的。

七音略不注開合而注"輕""重"等字樣，凡所謂：

重中重，重中重_{內重}，重中重_{內輕}，重中輕_{內重}，重中輕

相當於後代所謂"開口"；凡所謂：

輕中輕，輕中輕_{內輕}，輕中重，輕中重_{內輕}

相當於後代所謂"合口"。韻鏡的"開""合"或"開合"，或者可以依此改訂。

七音略與韻鏡各轉標目之首又分注"內"或"外"，爲方便起見，留到下一節再說。

§6.7 早期韻圖排比中古的韻母，結果已如上節所述。如以四十三轉的歸字與韻書作一番詳細的對照，可知那樣的排法，在好些地方是受韻圖格式的限制，不得不削足適履而成的。

使韻圖的格式不能適合於他的材料的第一個原因是三十六字母與韻書的聲母系統不全相合，其中最足以影響韻圖歸字的是照、穿、牀、審、禪、喻都分別相當於絕不相混的兩類反切上字（§6.5）。我們不知道反切的"側"類與"之"類，"初"類與"昌"類……"于"類與"以"類，到三十六字母的時期究竟混了沒有；不過無論如何，早期韻圖的原則是不能把韻書不同的音合併的，結果他們竟想出如下的辦法：

（1）"之""昌""食""式""時"類的字，只出現在三等韻（看§6.9），就把他們排在照穿牀審禪五母下三等的地位，這是自然的。

（2）"側""初""士""所"類的字，有出現於二等韻的（看§6.9），也有與"之""昌"……類同時出現於三等韻的。前者排在照穿牀審禪五母下二等無問題；後者則在此五母下要與同韻母的"之""昌"……類字衝突。恰巧凡在這種情形發生的時候，同轉都完全沒有二等音，於是他們就得以向外侵佔了正齒音下二等的地位。東、鍾、支、脂、之、魚、虞、陽、尤、侵、蒸諸韻無不如此。

（3）"于""以"兩類的字，都只出現在三等韻。韻圖總是以"于"類字排在"喻"母下三等的地位，而以"以"類字侵入四等。凡一二四等性的韻母，都不在喻母下有字，所以這樣做是不會有阻礙的。

字母的幫非兩系與反切"博""方"等類的系統不同，倒不影響韻圖的歸字，因爲：

方、芳、符、武 ｛在東三、鍾、微、虞、廢、文、元、陽、尤、凡韻 在東一和其他各韻的 ｝的——字母屬非敷奉微

博、普、蒲、莫 —————— 字母同屬幫、滂、並、明

所以事實上並無衝突的可能。除切韻指掌圖，非等四母也都是附於幫等四母下而不分行的。

使韻圖的格式不合於他的材料的第二個原因是齒頭音五母與正齒音五母併行排列。正齒音佔了齒音二等與三等的地位，已如上述；結果是齒頭音只好排在一等與四等的地位了。齒頭音不出現於二等韻；屬一等韻的排在一等無問題；屬四等韻的也可以順利的排在四等的地位；問題只在出現於三等韻的無法安排，因爲三等的地位已有正齒音"之""昌"……類字佔住了。對於這個問題，韻圖的解決方法是：

（1）凡同轉四等齒音無字的，就借用四等的地位，東、鍾、支、脂、之、魚、虞、眞、諄、麻、陽、尤、侵、蒸諸韻都是這麼做的。

（2）凡同轉四等齒音已經有字的，就改入相近的另一轉的四等，如祭仙清鹽諸韻。如果沒有相近的轉，甚至於只好專爲他們另立一個新轉，如宵韻。

舌頭音四母與舌上音四母韻圖也都併行排列。屬端透定泥的字總排在一等與四等，屬知徹澄娘的字都排在二等與三等。這樣並沒有什麼不良的影響發生，因爲恰巧端系字只出現於一等韻與四等韻，而知系字只出現於二等韻與三等韻。

除此之外，韻圖列等分轉，又有一件事值得注意的，就是：支脂眞諄祭仙宵諸韻都有一部分唇牙喉音字伸入四等；如同轉四等有空，便佔同轉四等的地位；如同轉四等已有眞正的四等字，則改入相近的轉，或另立一轉，與上述齒頭音的情形同。但是就反切看，這些字和同韻而韻圖排在三等的舌齒音實在是一類；並且，四聲等子與切韻指掌圖都有一個"辨廣通偏狹例"提到他們，說是"三等字通及四等也"，可見這種排法有問題。在這裏面，有些情形，如支韻的"卑、𤓰、陴、彌"，"祇"，"詑"之伸入四等，或者可以說是因爲本韻已有同聲母的"陂、鈹、皮、糜"，"奇"，"犧"佔住了三等，不得已而出此的。但如看到另一些情形，如祭韻的"蔽、瀎、弊、袂"，韻鏡第十三轉三等儘有地位空着，他們却排到第十五轉的四等（不能在第十三轉的四等，因爲那裏已有霽韻的"閉"等四字。），就會覺得那決不是單純的湊地位的問題了。如果拿各種韻圖，就上列各韻整個的校對一遍，又可以發現唇牙喉音之下，哪些字在三等和哪些字在四等，都大體一致而不亂，那更足以表示整個的措施是必有所謂的。所以現在擺在我們面前的問題是：在支、脂……諸韻，有些唇牙喉音字，他們確與三等有關係，而韻圖雖三等有空也把他們安放在四等，這是什麼意思呢？這不是顯示着：在等韻的四個等的型式下，納入三等之內的韻母，事實上還不只一個類型嗎？在支、脂……諸韻的脣牙喉音之中，只有一部份是和普通三等韻的字一樣，就是韻圖排入三等的字；但另外還有一部份，他們獨成一個小的類型，爲不使與普通的三等字混，韻圖竟不惜費許多周折，使他們"通"到四等去。由此可知，在韻圖四等的地位，上述喩母與齒頭音的字之外，又另有支、脂……諸韻的脣牙喉音也不是眞正的四等字。韻圖又把淸韻的脣牙喉音字完全排在四等而沒有一個是和本韻的舌齒音字一同排在三等的，這就是說，淸韻的脣牙喉音只有一類，而這一類是屬於支、脂……諸韻不與普通三等同的那個類型。

綜合以上，可知

（１）凡二等只是齒音有字而不獨成一韻的，那些字並不是眞正的二等字，而是來借地位的三等字，他們和同轉的三等字的關係，並不是韻母不同，而實在是聲母不同。

（２）凡在四等而不自己獨立成韻的，也都不是眞正的四等字，而是三等字因上述幾種關係改排而來的。

（３）根據上一條，凡三等有字要改入四等，却因本轉四等已有眞正的四等字佔住，只好排到相近的另一轉的，那兩轉的界限是不是恰如韻圖所示，就大生問題了。還有一點，因爲沒有相近的轉可以安插而另立一轉的，新立的那一轉又是實際上不該有的了。

§6.8 就考訂中古音的立場而言，四聲等子以後的韻圖給我們的幫助在併轉爲攝。

併轉爲攝的意義是：（１）統開合對待的兩轉爲一攝，開口與合口仍然分圖；（２）在同爲開口或同爲合口的範圍內，併相近的幾個轉爲一圖。於是在原則上，凡分開合的攝都有兩個圖，不分開合的（

他們稱爲"獨韻")，只有一個圖。

七音略與韻鏡還在韻圖發展的初期。"開""合"（或"輕""重"）的觀念不夠清楚，應用起來既有些不可理解的地方，兩書又不能一致，所以轉與轉之間的關係許多都成問題。四聲等子以後併轉爲攝，這個問題就自然的解決了。同時，如果我們膽大，更可以拿等子以後用得極一致的"開口""合口"與"獨韻"去矯正韻鏡的"開""合"與"開合"，以及七音略的"重"與"輕"。

把若干相近的轉合起來，自然要磨滅不少韻的區別。——如東多不分，支脂之微全混——對我們當前的工作是不利的，可是他也有另外一個作用，就是幫助我們認識一些不應分或分得有問題的轉。

所以，以等子以後的十六攝爲綱領，再參照上一節的討論的結果，我們覺得韻圖型的中古韻母系統是如下的：

通攝（不分開合）——韻鏡第一二兩轉

　　一等　　東董送屋，多〔湩〕宋沃

　　二等　　○○○○　　○○○○

　　三等　　東董送屋，鍾腫用燭

　　四等　　○○○○　　○○○○

　　注：(1)東、董、送、屋反切都分兩類，與此相應。

　　　　(2)〔湩〕寄入腫韻。

江攝（不分開合）——韻鏡第三轉

　　一等　　○○○○

　　二等　　江講絳覺

　　三等　　○○○○

　　四等　　○○○○

止攝——韻鏡第四至第十轉

一等	開	○○○	○○○	○○○	○○○
	合	○○○	○○○	○○○	○○○
二等	開	○○○	○○○	○○○	○○○
	合	○○○	○○○	○○○	○○○
三等	開	支紙寘(兩類)	脂旨至(兩類)	之止志	微尾未
	合	支紙寘(兩類)	脂旨至(兩類)		微尾未
四等	開	○○○	○○○	○○○	○○○
	合	○○○	○○○	○○○	○○○

注：支脂開合各兩類，由唇牙喉音分排三四兩等得知（參看上節），
　　反切這幾韻大致都是四類而界限不清（連開合）。

遇攝——韻鏡第十一，十二兩轉

一等	開	○○○	合	模姥暮
二等	開	○○○	合	○○○
三等	開	魚語御	合	虞麌遇
四等	開	○○○	合	○○○

蟹攝——韻鏡第十三至十六轉

一等	開	咍海代，○○泰	合	灰賄隊，○○泰
二等	開	皆駭怪，佳蟹卦	合	皆○怪，佳蟹卦，○○夬
三等	開	〔犪苣〕○，〔杉〕○	合	○○祭（兩類），○○廢
		○，○○祭（兩類）		
		，○○廢		
四等	開	齊薺霽	合	齊○霽

注：(1)泰皆佳夬廢齊反切分兩類；祭比兩類多，開合大體能枉應。
　　(2)〔犪〕寄入咍韻，〔苣〕寄入海韻，〔杉〕寄入齊韻，看下章。

臻攝——韻鏡第十七至二十轉

		開		合	
一等		開	痕很恨〔紇〕	合	魂混慁沒
二等		開	臻〇〇櫛	合	〇〇〇〇
三等		開	眞軫震質(兩類)，欣隱焮迄	合	諄準稕術（兩類），文吻問物
四等		開	〇〇〇〇	合	〇〇〇〇

注：眞諄等脣牙喉音有字分入四等，反切還有分四類的傾向。

山攝——韻鏡第二十一至二十四轉

一等	開	寒旱翰曷	合	桓緩換末
二等	開	刪潸諫鎋，山產襉黠	合	刪潸諫鎋，山產襉黠
三等	開	仙獮線薛（兩類），元阮願月	合	仙獮線薛（兩類），元阮願月
四等	開	先銑霰屑	合	先銑霰屑

注：⑴山刪元先等反切分兩類，大體相應。

　　⑵仙等脣牙喉音有字分入四等，反切也有分四類的傾向。

效攝——（不分開合）韻鏡第二十五，二十六轉

一等　豪晧號

二等　肴巧效

三等　宵小笑（兩類）

四等　蕭篠嘯

注：宵等脣牙喉音有字分入四等，反切也可以分成二類，與此相應。

果攝——韻鏡第二十七，二十八兩轉

一等	開	歌哿箇	合	戈果過
二等	開	〇〇〇	合	〇〇〇
三等	開	歌〇〇	合	戈〇〇

四等　開　〇〇〇　　　　合　〇〇〇

注：戈等反切可分三類，與此相應。早期韻圖開口三等無字。

假攝——韻鏡第二十九，三十兩轉

一等　開　〇〇〇　　　　合　〇〇〇

二等　開　麻馬禡　　　　合　麻馬禡

三等　開　麻馬禡　　　　合　〇〇〇

四算　開　〇〇〇　　　　合　〇〇〇

注：(1)麻等反切可分三類，與此相應。

　　(2)四聲等子與切韻指南都以假攝與果攝合圖（兩攝字不衝突），等子分標攝名而指掌圖全不分。

宕攝——韻鏡第三十一，三十二兩轉

一等　開　唐蕩宕鐸　　　合　唐蕩宕鐸

二等　開　〇〇〇〇　　　合　〇〇〇〇

三等　開　陽養漾藥　　　合　陽養漾藥

四等　開　〇〇〇〇　　　合　〇〇〇〇

注：(1)唐陽等反切都可分兩類，與此相應。

　　(2)等子與指掌圖都以宕攝江攝同圖，一部分字混。

梗攝——韻鏡第三十三至三十六轉

一等　開　〇〇〇〇　　　　　合　〇〇〇〇

二等　開　庚梗映陌，耕耿靜麥　合　庚梗映陌，耕〇〇麥

三等　開　庚梗映陌，清靜勁昔　合　庚梗映陌，清靜〇昔

四等　開　青迥徑錫　　　　　　合　青迥〇錫

注：庚等反切可分四類；耕、清、青等可分二類；與此相應。

曾攝——韻鏡第四十二，四十三兩轉

一等　開　登等嶝德　　　　合　登〇〇德

二等　開　〇〇〇〇　　　　合　〇〇〇〇

三等	開	蒸拯證職		合	○○○職
四等	開	○○○○		合	○○○○

注：⑴登等反切可分二類，職可分兩類，與此相應。

⑵等子與指掌圖都以曾攝與梗攝合圖，一部分字混。

流攝（不分開合）——韻鏡第三十七轉

一等　侯厚候

二等　○○○

三等　尤有宥，幽黝幼

四等　○○○

注：幽韻字韻匯都在四等，但實際都是三等字，說詳第七章。

深攝（不分開合）——韻鏡第三十八轉

一等　○○○○

二等　○○○○

三等　侵寢沁緝（兩類）

四等　○○○

注：侵緝兩韻影母有字分入四等，反切也可以分。

咸攝——韻鏡第三十九至四十一轉

一等	開	覃感勘合，談敢闞盍	合	○○○○
二等	開	咸豏陷洽，銜檻鑑狎	合	○○○○
三等	開	鹽琰豔葉（兩類），嚴儼釅業	合	凡范梵乏
四等	開	添忝㮇帖	合	○○○○

注：鹽等有影母字分入四等。

§6.9 就上述系統，我們可以把

東（韻圖排在一等的部分）、多、模、咍、灰、泰、痕、魂、寒、桓、豪、歌、戈（一等部分）、唐、登、侯、覃、談，以及和他們相配的上去入聲韻稱爲"一等韻"；

江、皆、佳、夬、臻、刪、山、肴、麻（二等部分）、庚（二等部分）、耕、咸、銜，以及和他們相配的上去入聲韻稱爲"二等韻"。

東（三等部分）、鍾、支、脂、之、微、魚、虞、祭、廢、眞、諄、欣、文、仙、元、宵、戈（三等部分）、麻（三等部分）、陽、庚（三等部分）、清、蒸、尤、幽、侵、鹽、嚴、凡，以及和他們相配的上去入聲韻稱爲"三等韻"。

齊、先、蕭、青、添，以及和他們相配的上去入聲韻稱爲"四等韻"。

凡一等韻的字韻圖都全部排在一等的地位；二等韻的字全部排在二等的地位；四等韻的字全部排在四等的地位；在三等韻中，只有微、廢、欣、文、元、嚴、凡以及戈與哈齊的三等部分全在三等，其他各韻，都受韻圖格式的影響，有些字侵入二等與四等的地位，如本章末挿表二所示。

等子與指南在各攝分注"內"或"外"。等子卷首有"辨內外轉例"，以通、止、遇、果、宕、曾、流、深八攝爲"內轉"，江、蟹、臻、山、效、假、梗、咸八攝爲外轉，與各攝所注的"內""外"全相合。內轉八攝中，果攝二等完全沒有字；其他各攝的二等也只有齒音有字，然而他們又全是來借地位的三等字，如表二（1）與（2），所以我們可以說內轉八攝實際上都沒有二等性的韻母。外轉八攝的情形恰恰相反，都有獨立的二等性的韻母，例如江攝江韻字都在二等；蟹攝有皆佳夬韻字，都不與三等的祭韻字發生關係。江、蟹、山、效、假、梗、咸七攝：二等在齒音之外，脣牙喉四音之下也都有字。臻攝二等臻韻雖然祗有齒音字，可是不與同攝三等的眞諄韻字混。

又從轉與攝的關係看，七音略韻鏡兩書所注的"內"與"外"和等子與指南所注的都恰恰相合。

指南各攝又分別注有"通""廣""侷""狹"，"通"與"廣"指三等韻唇牙喉音有字伸入四等的情形，如表二（2）與（3）所示。"侷"與"狹"則是沒有那種情形的，如表二（1）。凡同攝同時有眞正四等字的為"通"或"侷"；沒有眞正四等字的是"廣"與"狹"。等子有"辨廣通侷狹例"與指南的措置合。

三等精系字與喻母以類字伸入四等，是各攝中普通的現象，因此各韻圖都沒有特別加注的。

（表二）

（1）一般情形

聲類	一	二	三	四
唇音			（幫系字）	
舌音		（知系字）		
齒音	（精系字）	（照系側類字）	（照系之類字）	
牙音			（見系字）	
喉音			（影曉字）（于類字）	
半舌齒			（來日字）	

（2）支脂諄眞祭仙

聲類	一	二	三	四
唇音			三（幫系一部分字）	四（幫系另部分字）
舌音		（知系字）		
齒音	（精系字）	（照系側類字）	（照系之類字）	
牙音			三（此六字母一部分字）	四（此六字母另部分字）
喉音			（于類字）	
半舌齒			（來日字）	

（3）清

聲類	一	二	三	四
唇音			（幫系字）	
舌音		（知系字）		
齒音	（精系字）		（反切之系字）	
牙音			（見系字）	
喉音			（影曉字）	（于類字）
半舌齒			（來日字）	

（侵鹽幽見第七章）

§6.10　在本章之末，我們還要就便說明一項與韻圖關係很深的材料，所謂"等韻門法"。

原來韻圖的制作，是要利用三十六字母與四等四聲的系統，以代替韻書中繁細的切語，用簡單的圖表統括所有的字音。如果發展到理想的地步：使三十六字母與四等的劃分能與反切所代表的聲韻系統全相符合，又使他們的縱橫交錯的關係能與中古聲韻母的配合情形絲毫無間；那麼好了，韻書中數以千計而無組織的切語，的確是在一條簡單的原則下就可以包容無遺了。但是我們已經知道，等韻之學是自有來源的，三十六字母與四等只和韻書的反切系統大體相容而不全合，因為如此，韻圖歸字，就不得不在好些地方變更反切的關係來遷就圖中的位置，結果韻書中不同的字音雖都能在圖中各得不同的位置，然而彼此間的關係都與編排的原則多有不合了。那些非只一端事例，自然要逐項加以說明，才能使人明白。所以差不多與韻圖的流布的同時，就有這一類的條文，和討論"五音""字母""等第"……的文字一同出現，後來逐漸演變，乃獨立而得"門法"之名，指南卷末附載的"門法玉鑰匙"是集大成之作，以後明朝的和尚眞空又略有補充。

在等韻門法之中，"音和"總是第一條。音和是韻圖正則歸字法的說明；其他各條都是非正式歸字法的說明。

玉鑰匙音和門云：

> 音和者：謂切脚二字，上者爲切，下者爲韻；先將上一字歸知本母，於爲韻等內本母下便是所切之字。……

這裏"切脚"即是切語，第一個"切"字指反切上字，兩個"韻"字都指反切下字，末後一個"切"字是拼切的意思，全句的意思，意譯出來說是：反切上字與所切之字同在一個字母之下，反切下字與所切之字同列一個等內的，都是音和。

照理想，所有的字和他們的反切在韻圖上都應該是"音和"的關係，不過事實上都因三等韻字的特別排列，就發生以下各種情形：

（1）精系與喻母以類字旣一律伸入四等，支脂眞諄祭仙宵清也有一部脣牙喉音字伸入四等，或全在四等；他們的反切下字如是知系照系之類或其他韻圖排在三等的字，反切下字與所切之字就不在一個等內；或者反過來說，知系照系之類或其他韻圖排在三等字的字的反切下字是精系；喻母以類，或支脂……在四等的脣牙喉音字，反切下字與所切之字也不在一個等內。說明這些情形的門法是：

（a）"窠切"——以知系與照系之類字爲出發點，說明他們總是排在三等，反切下字用精系……字時，二者就不在一個等之內。

（b）"振救"——說明精系字總是排在四等，反切下字如用知系……字，二者也不在一個等內。

（c）"喻下憑切"——說明于類字總是在三等，以類字總是在四等。前者如用精系……字爲反切下字，後者如用知系……字爲反切下字，都不是音和。

（d）"通廣"——說明支脂……諸韻在四等的脣牙喉音字如用知系……字作反切下字，二者不在一個等內。

（e）"侷狹"——凡脣牙喉音字排在三等而同時有精系……字的韻，脣牙喉音如用精系……字，二者也不在一個等內。

（f）"通廣侷狹"（與上述"通廣"與"侷狹"不相干）——說明來母字（總在三等）用精系……字作反切下字的非音和情形。

（g）"日寄憑切"——有一部分說到日母字用精系……字作反切下字的非音和情形，另一部分說到別的事情，見下一章。

（2）照系側類字旣一律伸入二等，他們的反切下字如是本韻其他各種字，或者本韻其他各種字用他們作反切下字時，反切下字與所切之字也都不在一個等內而非音和了，說明前一項情形的是"正音憑切"，說明後一項情形的是"內外"。

韻圖中還有些非音和的現象，是由反切不合常軌以及韻圖的系統與反切不合造成的，下一章才能說到。

第七章　中　古　音　系

§7.1 在上兩章，我們已經把切韻系的韻書與唐以後產生的等韻圖，約略敍述，並且檢討過。現在就要進一步，參酌這兩項材料，來擬測中古時期的語音系統。這裏所謂"參酌"，具體的說，他的意義是：

（1）以韻書的反切爲主要的依據。韻書的產生比韻圖早，反切法雖導源於外國拼音文字，不過後來應用，却是在中國獨立發展的。自陸法言切韻至宋代廣韻，韻書的分韻雖經過一些變化，反切則大體保持原來的系統。

（2）韻圖產生比較遲，字母等第的劃分始終沒有脫離外來的格式；他們又都取材於韻書；所以只能作輔佐的資料。韻圖的最大用處在幫助我們組織反切，以及確認許多不合事實的切語。

以反切爲主，以韻圖爲輔，我們就不難把中古時期的音類分別求出，而認爲那是近於事實的。不過我們現在研究古語，並不以此爲滿足。把音的類別分清楚後，總還想推測他們的讀法。換言之，我們既要知道古語的音類，又要知道古語的音值。

探求古語的音值，紙上材料顯然是不夠用的。在這一方面，我們有另一條路可走，就是從現代活的語言中尋找古語的痕跡。現代漢語方言都是由古代漢語演變而來的。據一般語言研究的結果，語音的演變大致都有途徑可尋，方言的差異就是演變途徑不同的結果。那末，我們如把紙上材料所表現的古語音類擺在一端，把現代方言中各種音讀擺在另一端，以語言演變的通則作參考，豈不是可以替那些今音分別擬出一個共同的來源，而假設他們就是古音某某類的音值嗎？這是近代歷史語言學給我們開闢的一條大路。我們不能說，現時由此所得的結果都是事實，因爲資料還不夠完全，應用的技巧也還有改進的餘地。但是我們確信這是合理的作法，只要我們的工作不斷的有進展，結果總會漸漸的接近事實。

有人說，某方言中某些字的讀法就是古音；或者說，某方言保存古音最多；又或者說，某方言全部是古語的遺留。那些都是絕對不合事實的無稽之談。打個比方，某人有若干子孫，每個子孫都多多少少的有些地方像他的祖先；然而我們可以說某子孫的鼻子就是他祖先的鼻子，甚或說某人就是他的祖先復活嗎？大家不要忘記，語言是在一天一天的變的。

瑞典漢學家高本漢氏（Bernhard Karlgren）是利用近代語言學的方法研究古代漢語而有鉅大成就的第一個人。他的"中國音韻學研究"（Etudes sur la phonologie chinoise）是近年來中古音研究的基石。現在我們對中古音的認識自然又比高氏進步多了。那是很自然的，因爲（1）高氏所做的是開創工作，不可能盡善盡美；（2）他做那一項工作的時候，還未能充分利用到廣韻以前的韻書以及早期韻圖；（3）他所得的現代方言材料，詳於北方而略於南方；（4）關於語音的基本觀念，現時比起他那個時候來，也有相當大的進展。

以下所說，是經過若干學者修正過的高氏所擬的中古時期的聲韻母系統。本書是爲初學打根基用的，所以不預備一一說出哪裡是高氏的原案，或者哪裡是高氏原來如何而後來某人又如何修正。除非我們的說法與高氏差得太多。爲當前的目的，我們需要的只是一些最近情理的結果。

§7.2 中古的唇音聲母如下：

類名	擬音	廣韻反切上字	三十六字母
幫	p	博類，方類	幫（p），非（f 或 pf）
滂	p'	普類，芳類	滂（p'），敷（f' 或 pf'）
並	b'	蒲類，符類	並（b'），奉（v 或 bv'）
明	m	莫類，武類	明（m），微（ɱ）

反切"博""普""蒲""莫"四類與"方""芳""符""武"四類可分而不能
絕對分開，第五章講反切歸類的時候已經提到了。現在再和下列三事
對證，可知"博"與"方"，"普"與"芳"，"蒲"與"符"，"莫"與"武"，
都應該分別屬於一個聲母之下。

（1）大致說，"博"等只見於一二四等韻，"方"等只見於三等
韻，兩者不在同樣的韻母之前並存。

（2）在守溫字母中，唇音只有"不""芳""並""明"四類。

（3）三十六字母重唇音幫滂並明與輕唇音非敷奉微的分立是後
起的事，並且他們的分界和反切"博"與"方"……的分界完全不相干。
至於見於三等韻的"方""芳""符""武"等類字何以有自成一類的趨勢？
我們也很有理由可以相信，是由於韻母的某種特殊影響而然，詳見下
文韻母的討論。

三十六字母幫滂並明與非敷奉微的分別既與反切不相應，而在守
溫字母中唇音也只是四類，那麼重唇音與輕唇音的分立是中古後期才
產生，已不辨自明。我們要注意的是：反切"方""芳""符""武"四類既
分入重唇與輕唇兩系，重唇音與輕唇音就可以在三等韻並存，他們已
是非分不可的兩系聲母了。

重唇四母的現代讀法大致可以分成五派：

	幫	滂	並	明
(1)吳語	p	p'	b'	m

(2)官話、粵語	p	p'	p'(平)p(仄)	m
(3)客家	p	p'	p'	m
(4)福州	p	p'	p	m
(5)厦門	p	p'	p	b

在發音部位方面，大家是一致用雙唇音，我們可以假定古代也是這樣，而所謂 "重唇" 就是雙唇的意思。再看發音方式，幫母都是不送氣的清塞音，滂母都是送氣的清塞音，大概也就是古語的形態。明母除去閩南語是不送氣的濁塞音，都用鼻音；而閩南語的 b- 也可能是由 m- 變來的，所以明母在中古時期當是 m-。並母都是塞音，不過只有吳語用濁音，與幫滂兩母不同；其他方言都用清音，或送氣或不送氣，分別與幫滂兩母混了。在這種情形下，我們只能假定並母在中古是濁塞音，現代吳語仍能保持而其他方言全變作清音。至於送氣與否，因為方言中頗不一致，倒難作有力的推斷，照理想，說送氣消失而變不送氣的音總比說本不送氣而後加送氣好一些，所以我們擬訂並母的中古音是 b'-。

輕唇四母的現代音有以下幾派：

	非	敷	奉	微
(1)官話	f(x,h)	f(x,h)	f(x,h)	○
	f(x,h)	f(x,h)	f(x,h)	v

（西南官話中，有國語的 f- 變 x- 或 h- 的，微母有讀 ○- 與讀 v- 的不同，北方官話，下江官話或西南官話中都有。）

(2)廣州	f	f	f	m
(3)吳語	f	f	v	m,v
(4)客家	f	f	f	m,v
(5)福州	p,h	p',h	p,h	m,○

（吳語， 客家與福州微母字的不同可以說是讀音 與話音 的不同。）

(6)廈門　　　p,h　　　　p',h　　　　p,h　　　　b

（兩種閩語對非敷奉的讀法不同也可以說是讀音與 話音 的不同。）

非敷奉三母現代有雙唇音，唇齒音與喉音（或舌根）三種不同。兩種閩語話音的雙唇讀法應當是直接導源於反切而沒有經過三十六字母的那個階段。三十六字母既以這幾個聲母爲"輕唇"，那麼唇齒音的讀法已在那時產生了。凡輕唇音字都見於合口韻，所以 h-或 x- 都可以說是受韻母中 -u 的影響而由唇音變來的，微母本與明母爲一，字母又歸"輕唇"，他是唇齒鼻音當無疑義。現代的 m-或者直接來自反切，或者是由 ȵ- 所變； v- 由 ȵ- 來是自然的；〇- 則中間又經過 v- 的階段（ȵ-──→v-──→〇-）。

非母是"全清"與幫母同；敷母是"次清"與滂母同；奉母是全濁，與並母同，所以他們的古讀當是 f-,f'-,v-或 pf-,pf'-,bv'-。

反切輕重唇不分，幫滂並明與非敷奉微全讀重唇呢？還是全讀輕唇呢？因爲非等四母出現的韻母屬於一類，說他們是受韻母的影響由重唇變爲輕唇是順乎自然的。並且，閩語話音中非系字還多用重唇音，也可以做佐證。現在選用"幫""滂""並""明"四字作切韻時代四個唇音聲母的代表，就是以爲字母的重唇四母能代表中古早期的讀法，雖然他們的範圍已經比原來小了。

反切既不分輕重唇，從字母的立場看反切，就不免有輕唇音以重唇音爲反切上字或重唇音以輕唇音作反切上字的現象，前者如廣韻凡韻"芝""匹凡切"，後者如眞韻"彬""府巾切"，從前人不明白字母與反切在唇音方面的不同， 就以爲這些切語不是正常的， 因此把他們叫做"類隔"。又就韻圖歸字而言，凡在東三等，鍾、微、虞、文、元、陽、尤、凡諸韻的唇音都屬非敷奉微，其他各處的唇音都屬幫滂並明。遇到如上述的切語，在圖上也得不到音和的關係。因此"玉鑰匙"有"輕重交互"來說明，別的韻圖把這種現象也叫"類隔"。其實就反切本身看，"芝"與"匹"的聲母同是 p'-，"彬"與"府"的聲母同是 p-，都恰恰相合。

§7.3 中古的舌尖音聲母，反切與字母在塞音方面是一致的。

類名	擬音	廣韻反均上字	字母
端	t	都類	端
透	t'	他類	透
定	d'	徒類	定

屬於這幾個聲母的字，現代方言的讀法可分以下幾派：

	端	透	定
(1)官話、粵語	t	t'	t'（平）t（仄）
(2)客家	t	t'	t'
(3)閩語	t	t'	t
(4)吳語	t	t'	d'

所以我們很容易假定古代端是 t-，透是 t'- 定是 d'-，（參考上節，幫滂並的討論。）至於方言中偶爾有些不大尋常的音——如甘肅、安徽有些地方有 ts-,ts'- 出現，而都在舌尖元音 -ʅ 之前；又如四川西部有作 tɕ, tɕ'- 的都是在 i 之前——那就顯然是後來受韻母的影響而起的變化了。

說到舌尖鼻音；反切與三十六字母就不一致了。

類名	擬音	廣韻反切上字	三十六字母

| 泥 | n | 奴類，女類 | 泥，娘 |

我們要注意的是：

（1）反切的兩類並不是可以絕對分開的，並且"奴"類多見於一二四等韻，"女"類多見於三等韻，如唇音的"博"與"方"等（7.2節）

（2）三十六字母以"舌音"之一四等字屬端透定泥，二三等字屬知徹澄娘，端透定與知徹澄恰與反切相合，泥與娘則全不相干。

（3）守溫字母有泥無娘；頗有人疑心，三十六字母的娘是爲湊足舌上音的次濁空缺，人爲的補上去的。

再把反切的"奴"類與"女"類或三十六字母的泥母與娘母，合併起來，整個的看他們的現代讀法：

（1）所有的字全是 n-（如國語、福州）。

（2）所有的字全與來母字混爲 n- 或 l- （如南京）

（3）一二等韻的字是 n-，三、四等韻的字是 ȵ-（如蘇州、客家）。

（4）一二等韻的字是l-（如南京），三四等韻的字是 ȵ-或○-（一部分西南官話）。

我們也可以看出問題內的聲母只是由一個 n 變出來的。三四等韻的字在上列方言中都有介音 i 或 y，那麼舌面的 ȵ- 顯然是 n- 的顎化的結果；○- 又是經過 ȵ- 的階段再消失的。至於與來母混爲 l-的，又是另外一個問題，討論來母時再說。

塞音與鼻音之外，中古還有舌尖的塞擦音與擦音。

類名	擬音	廣韻反切上字	字母
精	ts	作類，子類	精
清	ts'	倉類，七類	清
從	dz'	昨類，疾類	從

| 心 | s | 蘇類，息類 | 心 |
| 邪 | z | 徐類 | 邪 |

精清從心四母反切的兩類也是不能絕對分開的(5.9節)；"作""倉"
"昨""蘇"等多見於一四等韻，"子""七""疾""息"等多見於三等韻，
（這幾個聲母全不與二等韻配），他們的關係和前述唇音四母以及泥
母的反切各分兩類一樣，邪母字只見於三等韻，所以反切只有一類。

這幾個聲母的現代讀法大致可分下列各派：

	精	清	從(平)	從(仄)	心	邪(平)	邪(仄)	
(1)	ts	ts'	z	z	s	z	z	（如蘇州）
(2)	ts	ts'	ts'	ts'	s	ts',s	ts',s	（如客家）
(3)	tſ	tſ'	tſ	tſ	s	s	s	（如福州）
(4)	tʃ	tʃ'	tʃ'	tʃ	ʃ	tʃ',ʃ	tʃ',ʃ	（如廣州）
(5)	{ts(洪)ts'(洪)ts'(洪)ts(洪) s(洪) ts',s(洪) s(洪)}							（如國語）
	{tɕ(細)tɕ'(細)tɕ(細)tɕ(細) ɕ(細) tɕ',ɕ(細) ɕ(細)}							

只要略作解釋，就可以決定他們的古讀當如上面所擬的。

（1）從邪兩母的分別在福州最清楚，在別的方言裡從母全是塞
擦音，邪母則多有擦音，也還略有分別。這兩個聲母的字，有些吳語
方言在z-之外，還兼有 dz- 音，他們可能是一個聲母的變值，與從邪
的分別不相干。

（2）凡細音讀 tɕ-，tɕ'-，ɕ- 的當是顎化的結果。

（3）閩粵語全帶舌面成分，甚或有些地方全是舌面音，這是與
下文所說舌面音合併的結果。

§7.4 擬訂中古的舌面音與舌尖面混合音聲母，是一個比較複雜
的問題。現在還是先把結果列出來，然後進行討論：

類名	擬音	廣韻反切上字	三十六字母

知	ȶ	陟類	知	
徹	ȶʻ	丑類	徹	
澄	ȡʻ	直類	澄	
章（照三）	tɕ	之類	照 ⎫	
昌（穿三）	tɕʻ	昌類	穿 ⎪	
船（牀三）	dʑʻ	食類	牀 ⎬ （韻圖置三等）	
書（審三）	ɕ	式類	審 ⎪	
禪	ʑ	時類	禪 ⎭	
莊（照二）	tʃ	側類	照 ⎫	
初（穿二）	tʃʻ	初類	穿 ⎪	
崇（牀二）	dʒʻ	士類	牀 ⎬ （韻圖置二等）	
生（審二）	ʃ	所類	審 ⎪	
俟（禪二）	ʒ	俟類	禪 ⎭	

首先我們要提出幾個類的問題

（1）"俟"與"士"廣韻反切本來可以系聯，平聲之韻，"漦""俟之切"；又上聲止韻，"俟""牀史切"，牀屬士類，所以素來講中古音的人都把"漦""俟"兩字歸入"崇"母之內，但是有一點可疑的，就是止韻又有"士""鉏里切"也屬崇母，與"俟"無從分別，並且有些韻圖又把"士"列在牀母之下而"俟"列在禪母之下。對照切韻殘卷與王仁煦刊謬補缺切韻，知道"俟"的反切上字不是"牀"而是"漦"，原來"漦""俟"兩字互切，不與其他反切上字系聯，那麼我們最好說是這兩個字自己有個獨立的聲母了，陳澧切韻考引徐鍇的說文反切，證明"士"與"俟"是一個音，也有見地，不過那應當是中古後期的變化了。

（2）三十六字母的牀與禪在守溫字母中只是一個"禪"，有人疑心三十六字母正齒音中禪牀之分是人爲的模倣齒頭音的邪從之分而來的。法國漢學家馬伯樂氏（H. Maspero）更引證對音，以爲唐代牀與禪不分，不過廣韻反切"食""時"兩類沒有混亂的痕跡，（王仁煦刊謬補缺切韻同）所以我們只好暫時仍分。

（3）章以下五類與莊以下五類反切分別得清楚，字母雖併爲照等五母，可是韻圖仍使分居二等與三等，事實上並沒有混，這在第六章已經說過了。

關於舌上音知徹澄與正齒音照穿牀的分別；我們能得的線索，主要是在五音與字母的排法。舌上與舌頭同屬舌音，正齒與齒頭同屬齒音；韻圖更以知與端，徹與透，澄與定，照與精，穿與清，牀與從，審與心，禪與邪，同行排列，舌頭音是塞音，齒頭音是塞擦音與擦音，已在上節說過。那麼現在就可以推斷：知徹澄也是塞音；照穿牀審禪也是塞擦音與擦音；並且清濁與送氣等也都兩兩呼應。

現代方言可以證實這一點的似乎只有閩語。大致是知系字讀t-, t'-（與端透定混），而照系字讀 tʃ-, tʃ'-, s-（與精清等混）。例如：

	知	暢	傳	旨	川	神
福州	ti	t'yoŋ	tyoŋ	tʃi	tʃ'yoŋ	ʃiŋ
廈門	ti	t'iaŋ	tuan	tʃi	tʃ'uan	ʃiŋ

其他方言，知與照（尤其照三），差不多都混而爲一了，例如上列各字在

	知	暢	傳	旨	川	神
國語	tʂï	tʂ'aŋ	tʂ'uan	tʂï	tʂ'uan	ʂən
廣州	tʃi	tʃ'œŋ	tʃ'yn	tʃi	tʃ'yn	ʃin

至於他們的發音部位，我們可以觀察精與知照能分的方言：

（1）知照系字大致是 tʂ-, tʂ'-, ʂ-；精系字是 ts-, ts', s-（細音變 tɕ-, tɕ'-, ɕ-的另作別論）——如國語。

（2）知系與照三系（"章"等）大致是 tʂ-, tʂ'-, ʂ- ，照二系（"莊"等）是 ts-, ts'-, s-，與精系混——如蘇州。

（3）知系與照三系大致是 tʂ- tʂʻ- ʂ- ；照二系在二等韻的也是 tʂ-, tʂʻ-, ʂ-，只是在三等韻的是 ts-, tsʻ-, s-，與精系混——如南京。

（4）系統如以上三派，不過讀法是 tʃ-, tʃʻ-, ʃ- 或 tɕ-, tɕʻ-, ɕ- 與 ts-, tsʻ-, s- ——如客家與許多別的方言。

（還有些方言如西安把一部分知照系字讀作唇音，他們都是合口字，顯然由-u-的影響而來。）

由此看來，知照系聲母總不出捲舌音，舌尖面混合音或舌面音。

在這裏面，捲舌音應該是最不可能的一個，因為這些聲母都出現於三等韻，而由下文可知，三等韻都有一個特別顯著的介音 j 說他會與捲舌音相配是很不自然的，至於在舌尖面混合音與舌面音中選擇，同時也就可以考慮照二與照三兩系如何分別的問題。上述現代方言顯示着照二系是比較接近精系的，因此我們可以假定：莊、初、崇、生、俟是舌尖面混合音；章、昌、船、書、禪是舌面音，知、徹、澄與章、昌等雖然多一致的情形，也可以假定爲舌面塞音，這幾個聲母的中古音就可大致這樣訂了。他們的演變爲現代的捲舌音或舌尖音，經過當如下式：

知系 t-,tʻ-,d̥ʻ-→tɕ-,tɕʻ-,d̥ʑʻ- ⎫　　　（表三）
照三系　　　　tɕ-,tɕʻ-,d̥ʑʻ-,ɕ-,z- ⎬
　　　　　　　　　　　　　　　⎭

　　　　┌→tʃ-,tʃʻ-,dʒʻ-,ʃ-,ʒ-
照二系　│ tʃ-,tʃʻ-,dʒʻ-,ʃ-,ʒ-⎫ tʂ-,tʂʻ-,(dʐʻ)ʂ-,(ʐ-),
　　　　　　　　　　　　　　⎩ ts-,tsʻ-,(dzʻ-)s-,z- 。

閩語知系字爲 t-,tʻ-，可能是超越中古的讀法，因爲在切韻以前，端知兩系是不分的。（詳見第十一章）

韻書中有些知系字例外用了端系字作反切上字，如廣韻去聲效韻"罩""都教切"；又有些莊系字例外用了精系字作反切上字，如去聲鑑韻"覽""子鑑切"相反的例字也可以碰到，不過極少，他們的產生自有歷史背景，且不必說（詳見第十一章）現在要說的是：如前者的例外切語，宋以後有"類隔"之稱；如後者，有人也稱爲"類隔"，有人則稱爲"精照互用"。又就韻圖的歸字而言，他們也不是"音和"，所以等韻門法中也有"類隔"與"精照互用"兩條。

§7.5 中古的舌根音與喉音聲母如下：

類名	擬音	廣韻反切上字	字母
見	k	古類、居類	見
溪	k'	苦類、去類	溪
羣	g'	渠類	羣
疑	ŋ	五類、魚類	疑
影	ʔ	烏類、於類	影
曉	x(h)	呼類、許類	曉
匣	ɣ(ɦ)	胡類	匣
云(爲、于、喩三)ɣ(j)		于類	喩(韻圖置於三等)
以（喩、喩四）	○	以類	喩(韻圖置於四等)

見溪疑影曉的反切上字各有兩類，如唇音四母與泥母。"古""苦""五""烏""呼"等多見於一二四等韻，"居""去""魚""於""許"等多見於三等韻；並且又都不能絕對分開。羣母只見於三等韻，匣母只見於一二四等韻，所以反切都只有一類。

字母的喩也與兩類反切上字相當，情形就完全不同了，第一是于類與以類在韻書裏都分得很嚴，一點可以系聯的痕跡都沒有，第二是韻圖雖然把他們分列三等與四等，可是實際上"以"類也是三等韻的字，與"于"類字韻母全同。所以，除去認爲反切的兩類就是代表中古兩個不同的聲母，我們不能作任何別的推斷：

見、溪、羣的現代讀法有以下幾派：

	見	溪	羣（平聲）	羣（仄聲）	
（１）	k	kʻ	k	k	（閩語大致如此）
（２）	k	kʻ,h,f	kʻ	k	（粵語大致如此）
（３）	k	kʻ,h,f	kʻ	kʻ	（客家大致如此）
（４）	k,tɕ	kʻ,tɕʻ	kʻ,tɕʻ	k,tɕ	（官話大致如此）
（５）	k,tɕ	kʻ,tɕʻ	gʻ,dʐ	gʻ,dʐʻ	（吳語大致如此）

溪母字在粵語與客家讀 h- 的限於某些開口音，讀 f- 的是某些合口音；都可以說是後起的變化，f- 則中間還應該有個 h- 的階段——kʻ(u)——➔h(u)——➔fu-（參看下文曉匣二母）官話與吳語的舌根音總在洪音韻母之前，舌面音總是在細音韻母之後；所以舌面音應當是受 i 與 y 的影響而得的結果，由此看來，中古時代見母是k-，溪母是kʻ-，羣母是 gʻ-，都很容易決定。

疑母的現代讀法有以下幾派：

（１）全部爲 ŋ- ——如福州。

（２）全部爲 g-（或 g- 的變值 ŋ-）——如廈門。

（３）洪音爲 ŋ-，細音爲 n̠- ——如蘇州、梅縣客家。

（４）開口音爲 ŋ-；合口音、齊齒音、撮口音爲 ○- ——有些下江官話與西南官話方言。

（５）全部是 ○- ——如國語。

字母以疑母與見溪羣同列爲"牙音"，並以爲"次濁"，所以他的古讀是 ŋ- 當無疑義。廈門的 g- 本來就相當於別的方言的 ŋ- （3.6節）；蘇州等地的 n̠-，是受韻母中 i 與 y 的影響而來的；官話在合齊撮音之前的消失，是韻母中高元音的影響；國語則是全部消失。有種種痕跡可以說明開口音 ŋ-母的消失是最後的，還有些方言開口音聲母變 n-；

下文討論影母的時候再說。

曉母與匣母中古讀擦音是很明顯的；不過是舌根擦音或喉擦音，就難以決定了，這兩個聲母的現代讀音可以表現如下：

	曉	匣
（1）	h	○ h——閩語。
（2）	f（合）h（開）	v（合），h（開）——客家
（3）	f（合）h（開）	h（開口及一部合口），○（一部合口）——粵語。
（4）	h(洪音)，ɕ(細音)	ɦ ——吳語。
（5）		f（主要元音u），x（開口及介音u） ɕ（齊、撮）——一部分西南官話。
（6）		f[Φ]（合口），x（開口） ɕ（齊撮）——一部分西南官話。
（7）		x（洪音）ɕ（細音）——多數官話。

曉是清音而匣是濁音，吳語表現得最清楚；閩粵語中匣母有一些消失，而曉母完全沒有，也可以說是留了一點痕跡，現代的唇音都產生於合口字，那麼 f 或 Φ 後起，自無可疑，舌面音都有細音韻母，說 ɕ 是因 i 與 y 而顎化的結果，也是極自然的，依現代方言，假定這兩個聲母在中古時期是 h- 與 ɦ- 或者是 x- 與 ɣ- 可能性都是一樣的。字母一向把曉與匣列入 "喉音"，不能據以推斷中古是 h- 與 ɦ 因為現代官話的 x- 還有人以為是喉音。高本漢氏以為曉與匣中古當是 x- 與 ɣ-，理由也不夠充足，不過習用已久，以後姑且照他寫。

最後我們來說影與兩個喻母。在閩、粵客家，吳語以及許多北方官話，影母字大致都沒有聲母；在下江官話與西南官話他們大致是開口音與疑母字混為 ŋ-，合齊撮都沒有聲母；有少數的北方官話則以上述的 ŋ- 為 n-，以母（喻四）可以說在所有的方言裏都沒有聲母。

云母（喻三）則有些字在閩語爲 h- 以外，都與以母字混了。

云母在切韻以前本是匣母的一部分（詳見第十二章），所以閩語的 h- 可以說是超越中古的讀法，和端透定之讀 t-，t'- 一樣（7.4 節），除此之外，我們就可以初步假設一個比較晚的階段，說這三個聲母的字原來都沒有起首的輔音，下江官話與西南官話開口音的 ŋ- 可以解釋爲後加的，開口韻的元音，最多是半高的。可是在一個字的開頭，我們往往需要器官緊縮。在這種情形之下，字首添加一個 ŋ- 是很容易的（半高以下的元音時聲帶的作用比較顯著，離喉頭最近的是舌根，而在舌根音中，ŋ 的用力不如 k 或 g 那樣強）。至於有些北方官話中的 n- 自然是再由 ŋ- 變去的。

然而我們決不能說這三個聲母在中古都是 ○-，影母在一二三四等韻都有字，而且在三等韻的反切上字有自成一類的傾向；以母與云母也都只在三等韻出現，所以，他們在聲母上必然有所不同。有一項重要的線索足以幫助我們第一步分別影與兩個喻的，就是聲調的變化。由 7.12 節可知中古的四個聲調各因聲母清濁的不同，都分別有兩個不同的演變之道。現在姑且以平聲字爲例：凡中古聲母是清音的，各方音都是陰平調，凡中古聲母是濁音的，他們都是陽平調。影母字與兩個喻母字怎樣呢？影屬於前一派，與幫、滂、端、透…同；兩個喻母都屬於後一派，與並、明、定、泥…同，於是我們可以再進一步推斷，影母字在中古都是以喉塞音 ʔ- 起首的，ʔ- 是清音，所以聲調變化與幫滂等母字同；兩個喻母字的起首都是濁音，所以在聲調變化上他們都走了並明等母字的路。

分別云以兩類現在唯一的線索是切韻以前云母字與匣母字反切不分，同屬一個聲母。中古時期，匣母字只見於一二四等韻，云母只見於三等韻，凡三等韻字的聲母都受介音 -j- 的影響而顎化。（7.9

節），那麼切韻以後云匣反切之分就可能是顎化的 ɣ- 與不顎化的 ɣ- 在聽覺上比別的聲母清楚的原故，我們可以根據這一點，暫時把云匣兩類認作一個聲母，和幫見諸母反切的兩類一樣。爲表明他的特性，單獨標寫云母時，隨時都把介音 j 附在 ɣ- 後。

說到這裏，以母就可以順利的擬訂爲 ○- 了。

云母字把顎化的 ɣ- 失落，而與以母字混，當是中古時期不很晚的事，字母合云與以爲喻，固然是最清楚的表現，而聲調的變化，也同時可以顯示，因爲由中古到現代，上聲全濁字和次濁字往往不同（7.12節），而云以兩母字現代各方言中都是同走次濁的道路。

§7.6 現在只有兩個中古聲母沒有說了。

類名	擬音	廣韻反切上字	字母
來	l	盧類，力類	來
日	n̠	而類	日

來母反切上字盧類多見於一二四等韵，力類多見於三等韻，與幫見諸母同。字母以來母爲"半舌"。現代方言多作 l- 或與泥母字混爲一個 n-，l- 變異不定的音，現在假定中古他們是舌尖邊音是自然的事，l- 如加鼻化作用，自然容易和 n- 混了。

日母字的現代讀法分幾派：

（1）除"兒、耳、二"等字爲 ○-，都是濁擦音 ʐ- 或 z- ——如國語與一部分官話方言。

（2）一部分是 ○-，其他是鼻音 n-（或 l-）——一部分官話方言，一部分閩語。

（3）大致全是舌面鼻音 n̠- ——客家，一部分吳語。

（4）除少數字是 ○-，多與從邪床禪等母字混爲 z- 與 dzʻ- ——

一部分吳語。

（5）全部是 ○- ——如廣州。

（6）差不多全是 dʑ- ——一部分閩語。

除去失落的情形，我們可以從兩條路線追尋日母的古讀：一是濁擦音，一是鼻音，字母以日母為"次濁"；日母字的聲調變化也與明、泥、來等次濁聲母字同，上聲字在現在多數方言與全清次清同屬一個聲調，所以他在中古不可能是濁擦音，因為濁擦音是"全濁"，而上聲全濁現代多與去聲混，假定日母原來是鼻音，又因為字母以為"半齒"的緣故訂為舌面鼻音，在聲調變化上是戀說得通的；與現代鼻音的讀法更相合；現代擦音的演進過程，也可以設想為 ȵ-——→ʑ-——→ʐ-——→z-。不過我們應當注意一點，就是當 ȵ-——→ʑ- 時，原來讀 ʑ- 的禪母該已經變作別的音了。

對於現代塞擦音的讀法，我們應當知道：

（1）一部分吳語的 dʑ'- 多是與 z- 不能分開的音的單位；

（2）一部分閩語的 dʑ- 則是 ȵ- 的變值。

現時通行的高本漢擬音以日母為"鼻塞擦音 nʑ"，牽強難用。

§7.7 研究古代韻母，最好先從韻尾着手，中古韻母的最大的類是攝，分攝的主要條件應當是主要元音的相近與韻尾的相同；而韻尾的痕跡，從現代方言可以很容易的尋找出來。

凡止、遇、蟹、效、果、假、流七攝的字，現代方言都是一致的沒有任何韻尾輔音。我們可以假定中古時期原來也都是"開尾韻"，否則不會有這樣整齊的演變結果。

其他九攝的情形如下：

平上去各韵

	通	江	宕	梗	曾	臻	山	咸	深
（1）	-ŋ	-ŋ	-ŋ	-ŋ	-ŋ	-n	-n	-n	-n

（北方官話大致如此）

	通	江	宕	梗	曾	臻	山	咸	深
（2）	-ŋ	-ŋ	-ŋ	-n	-n	-n	-n	-n	-n

（西南官話大致如此）

	通	江	宕	梗	曾	臻	山	咸	深
（3）	-ŋ	-ŋ(õ)	-ŋ,(õ)	-n(-ŋ)	-n(-ŋ)	-n(-ŋ)	-ŋ(õ)	-ŋ(õ)	-n(ŋ)

（下江官話）

	通	江	宕	梗	曾	臻	山	咸	深
（4）	-ŋ	-ŋ	-ŋ	-n(-ŋ)	-n(-ŋ)	-n(-ŋ)	○	○	-n(ŋ)

（吳語大致如此）

	通	江	宕	梗	曾	臻	山	咸	深
（5）	-ŋ	-ŋ	-ŋ	-ŋ	-ŋ	-ŋ	-ŋ	-ŋ	-ŋ

（福州）

	通	江	宕	梗	曾	臻	山	咸	深
（6）	-ŋ	-ŋ	-ŋ	-ŋ	-n	-n	-n	-m	-m

（客家）

	通	江	宕	梗	曾	臻	山	咸	深
（7）	-ŋ	-ŋ	-ŋ	-ŋ	-ŋ	-n	-n	-m	-m

（粵語閩南字音）

入聲韻

	通	江	宕	梗	曾	臻	山	咸	深
（1）	○	○	○	◉	○	○	○	○	○

（北方官話除山西一帶，西南官話，一部分下江官話）

	通	江	宕	梗	曾	臻	山	咸	深
（2）	-ʔ	-ʔ	-ʔ	-ʔ	-ʔ	-ʔ	-ʔ	-ʔ	-ʔ

（山西一帶北方官話，一部分下江官話，吳語）

	通	江	宕	梗	曾	臻	山	咸	深
（3）	-k	-k	-k	-k	-k	-k	-k	-k	-k

（如福州）

	通	江	宕	梗	曾	臻	山	咸	深
（4）	-k	-k	-k	-k	-t	-t	-t	-p	-p

（如客家）

（5）　-k　-k　-k　-k　-k　-t　-t　-p　-p

（粵語閩南字音）

由此，我們可以假定：

（1）通、江、宕、梗、曾五攝的平上去各韻字原有 -ŋ 尾，入聲各韻字原有 -k 尾；

（2）山、臻兩攝的平上去各韻字原有 -n 尾，入聲各韻字原有 -t 尾；

（3）咸、深兩攝的平上去各韻字原有 -m 尾，入聲各韻字原有 -p 尾。

這些韻尾到現代，在粵語等仍能全部保存，其他方言都或多或少的分別有所合併，或者消失而留下一點痕跡（舒聲的元音鼻化，入聲變 -ʔ）甚或完全消失。

有韻尾輔音的九攝，平上去各韻字的韻尾是鼻音，入聲各韻字的韻尾是同部位的塞音。沒有韻尾輔音的七攝，都只有平上去韻而沒有入聲韻。根據有無韻尾輔音與輔音的性質，我們把：

沒有任何韻尾輔音的韻通名爲"陰聲韻"；

凡韻尾輔音是鼻音的通名爲"陽聲韻"；

凡韻尾輔音是塞音的通名爲"入聲韻"。

陰聲韻與陽聲韻都有平上去三個調，入聲韻只有入聲調，所以前者又合稱爲"舒聲"。

§7.8　十六個韻攝之中，凡韻圖分爲兩圖的都是開口與合口的不同；並且我們也已經說過，韻圖上的開與合，和近代現代音的廣義的開與合大致是一樣的（6.6節），關於這一點，現在只要從幾個攝中取開口與合口不同而聲母等相同的字爲例，略舉幾個方言的讀法，就可以證實了。

	國語	蘇州	廣州	客家	福州	廈門
基（止開）	tɕi	tɕi	kei	ki	ki	ki
歸（止合）	kuei	kue	kuai	kui	kui	kui
該（蟹開）	kai	ke	koi	koi	kai	kai
瑰（蟹合）	kuei	kue	kuai	kui	kuoi	kui
根（臻開）	kən	kən	kɐn	ken	kouŋ	kin kun
棍（臻合）	kuən	kuən	kuɐn	kun	kouŋ	kun
干（山開）	kan	kө	kon	kon	kaŋ	kan
官（山合）	kuan	kuө	kun	kuon	kuaŋ	kuan
哥（果開）	kɤ	kəu	ko	ko	kɔ	ko
鍋（果合）	kuo	kəu	uo	ko	kuo	ko
加（假開）	tɕia	ka	ka	ka	ka	ka
瓜（假合）	kua	ko	kua	kua	kua	kue
剛（宕開）	kaŋ	kɑŋ	koŋ	koŋ	kouŋ	koŋ
光（宕合）	kuaŋ	kuɑŋ	kuɔŋ	kuoŋ	kuoŋ	koŋ
行（梗開）	ɕiŋ	haŋ	haŋ	haŋ hen	hɛiŋ	hiəŋ haŋ
橫（梗合）	xəŋ	ɦuaŋ	huaŋ	vaŋ	huaŋ	huĭ

　　標寫中古合口韻母的介音，一向都依高本漢氏，一等韻爲 -u-，二三四等韻爲 -w-。現在我們覺得那麼擬訂在理論上和實際應用上都有困難，以後我們一律寫作 -u-，以求與現代音的標寫一致。

　　現在有一個問題要就便這裏提出的，就是：反切碰到唇音字時——無論是唇音字作別的字的反切下字，或者是唇音字用別的字作反切下字——在開合方面往往有混亂的現象。例如廣韻下平聲十陽韻的字分入宕攝的開口與合口而反切下字却可以系聯。關鍵就在合口的"王"用唇音的"方"作反切下字，而"方"的反切下字又是開口的"良"。如這樣的現象，我們說是反切的錯誤，因爲現代方言可以證實韻圖的措施。並且，就反切本身而言，在多數情形之下，我們也可以利用"聲同韻必不同"的原則與以改正（5.7節）。

爲什麼一遇到唇音字反切就容易把開合的系統混亂了？高本漢氏有一個極合情理的解釋。他說：中古唇音的讀法大概是屬於"軟"的一派，就是說，兩唇放開的時候，動作比較緩慢；既然如此，聲母之後往往會帶個近乎〔w〕的音，於是作反切的人有時就會在這種似是而非的合口音與眞的合口韻之間猶疑不定了。

那麼例如上述陽韻的"方"字，他到底是開口還是合口呢？要澈底把所有的這一類的字都弄清楚，的確很不容易，所好的是，就韻書看，沒有哪一韻有開合兩類唇音字對立；又在各韻圖，唇音字之歸開或歸合雖有不一致之處，可是無論何書何攝，各韻的唇音字不是全在開口就是全在合口，絕對沒有在開合兩圖分立的。所以我們可以得到一個結論，就是中古各韻的唇音字都只有開或合一類，不像別的字，一韻之內可以同時有開又有合。

§7.9　現在我們要說到"等"十六個韻攝，每一個都分四個等，開合口均同。由此可知，在韻尾輔音如何與介音 -u- 的有無之外，韻圖又把中古韻母綜合的分成四種類型，卽所謂一等、二等、三等與四等。等的差別是怎樣的？等韻書上從來沒有說明。（至少是現傳的材料都沒有）。清儒江永在"音學辨微"中會說：一等洪大，二等次大，三四等細，而四等尤細。什麼是"洪大"？什麼又是"細"呢？要解決這個問題，還是要從觀察現代方言入手。

篇幅與時間都不容許我們作詳細的討論；下面列舉的只是幾個有啓發性的例子。

（1）蟹攝開口牙喉音字在國語：

一等——ai——該 kai，害 xai，哀 ai。

二等——ai, ie（←iai）——皆 tɕie，楷 kʻai，鞋 ɕie，

矮 ai。

三四等——藝 i，計 tɕi，縊 i。

（2）山攝合口牙喉音字在蘇州：

一等——ue——官 kue，換 ɦue，碗 ue。

二等——ue——關 kue，還 ɦue，彎 ue。

三四等——ie——捲 tɕie，玄 ɦie，淵 ie。

（3）效攝字在福州：

一等—— ɔ ——高 kɔ，好 hɔ，刀 tɔ，草 tsʻɔ，保 pɔ。

二等——au, a——交 kau, ka，孝 hau, ha，炒 tsʻa，

飽pau, pa。

三四等——ieu——橋 kieu，妖 ieu，朝 tieu，燒 sieu，

表pieu，叫 kieu，曉 hieu，聊 lieu，

蕭sieu。

（4）山攝開口牙喉音字在客家：

一等——on——干 kon，寒 hon，安 on。

二等——an——眼 ŋan，限 han。

三四等——ien——件 kʻien，延 ien，肩 kien，賢 hien。

由此，我們可以初步推斷：

（1）一等韻與二等韻原來都沒有介音 i，三等韻與四等韻原來都有介音 i。三等知莊章系字官話吳語都有失去介音 i 的，那是受聲母硬化的影響。

（2）一等韻的元音部位都比較偏後 ；二等韻的元音都比 較偏前，所以有時會產生新的介音 i，如上舉國語的例。

（3）三四等韻的元音又都比較接近前高元音。至於三等韻與四等韻的區別何在，我們在現代方言中都還沒有能夠找到痕跡，現在只好從以前常常提到的一項現象去推測，本章前幾節討論聲母的時候，我們曾說，幫、精、見諸系以及影、曉、泥、來諸母的反切上字都有分爲兩類的趨勢，一類常見於一二四等韻，一類常見於三等韻。當時，我們也曾略作推測，以爲凡見於三等韻的，可能是受到韻母的某種影響，因此與見於一二四等韻的在音質上略有差異（7.2節），那麼三等韻有什麼特殊的地方，可以使與他配合的聲母發生獨異的變化，而那獨異的變化又是什麼呢？由於牙喉音聲母在官話以及吳語多是在一二等韻，保持原來的 k-, k'-, x- 等音，而在三四等韻變爲舌面的 tɕ-, tɕ'-, ɕ-，可知那些聲母的獨異變化可能是顎化，又由於上述諸母的反切上字見於四等韻的並不與見於三等韻的合爲一類，而是相反的與見於一二等韻的合爲一類，可知問題內各聲母在中古時期有顎化現象的，還只限於在三等韻的那一部分。那麼三等韻與四等韻的分別已經有個端緒可尋了，就是前者影響聲母顎化而後者則否。由此，我們就可以暫時假定：三等韻的介音是一個輔音性的-j-，四等韻的介音則是元音性的 -i-。輔音性的 -j- 舌位較高，中古時已使聲母顎化，元音性的 -i- 舌位較低，後來才使聲母顎化，高本漢氏更以爲四等韻的元音應比三等韻的元音更高一些，理由是元音性的介音 -i- 可能使它如此。我們看，四等韻在韻書上都獨立成韻，如說他們和三等韻的分別只在介音，（有如英語 ear 之與 year）的確還有些勉強，所以高氏的推測雖不免空洞，却可以從這裏得到支持。

總結以上，如果某攝的主要元音是較低的元音，他的開合四等當如下式：

一　　二　　三　　四

開	ɑ	a	jæ	iɛ
合	uɑ	ua	juæ	iuɛ

以上是就四等俱全的情形說的，根據第六章，我們知道半數的攝是沒有二等韻同時也沒有四等韻的，在那種情形下，只要假定一等韻沒有介音 j 而三等韻有介音 j 就可以區別了。

一	二	三	四
u		ju	

一三等同韻的情形，也足以支持這一說；不過一三等不同韻也不是說他們的元音就不一樣，如元音不同，決不會合爲一韻，如元音相同，却可以因爲別的原因分韻。

§7.10 把等的問題解決之後，我們接着要問，同等之內還有不同的韻——如通攝一等的東與冬，蟹攝二等的皆、佳與夬；山攝三等的仙與元又如何解決。

在一等與二等，高本漢氏以爲下列各重韻（舉平以該上去入），都是主要元音長與短的不同。

	蟹攝	山攝	咸攝
一等	泰：咍		談：覃
二等	佳、夬：皆	刪：山	銜：咸

其他通攝的東與冬，梗攝的庚與耕等等都是音色上還有不同。

一向大家採用他這個說法，最近我們發現他所用的線索都是靠不住的，並且另據下列兩項事實：

（1）在蘇州話與廣州話中，泰韻字與咍韻字大體上還能分；前者蘇州爲 -ɑ，廣州話 -ai；後者蘇州爲 -e，廣州爲 -oi。

（2）覃談兩韻的舌頭音與齒頭音字，吳語方言中還有不少能分的，例如蘇州前者爲 θ，後者爲 -e；諸暨前者爲 -ɤ，後者爲 -æ。

　　再參考這些韻的上古來源（看第十一章），我們可以說，這些韻的不同也應該在元音的音色方面，至於如何不同，爲方便起見，下面分攝討論時再說。

　　見於三等的重韻最多，問題也最複雜，並且從根本說，我們現在很值得把所有的三等性的韻母作一次全盤性的檢討。

　　首先，以韻書的韻爲單位，我們可以就他們的內容以及韻圖的排法，把三等韻分作兩大類：

　　（1）只有唇牙喉音字，而且韻圖全部排在三等的──微、廢、欣、文、元、嚴、凡。

　　（2）其他各韻。

拿第一類各韻和同攝三等韻比照起來（如微與支、脂、之；廢與祭……）看他們的演變，有一點值得注意的，就是唇音字在前者都變輕唇，而在後者則全保持重唇。所有三等韻的介音既都是 -j-，第一類韻當在元音方面有個共同的特徵足以使唇音變化，自無疑義。由於元韻在韻書裏都是和痕魂兩韻列在一處，後來又入山攝，而痕魂的元音是 ə，山攝則是低元音（見下節），我們可以假定元韻的元音是中間性的 ɐ，更進一步又可以推測，凡第一類的韻和同攝三等韻比起來，主要元音總偏於央的部位。

　　其次，我們可以把第二類的韻分爲三組：

　　（a）唇牙喉音韻圖分見三等與四等的──支、脂、眞、諄、祭、仙、宵。

　　（b）唇牙喉音韻圖都排入四等的──清、幽。（幽不是四等韻見.7.11節）

　　（c）以母字外再沒有唇牙喉音字入四等的──東、鍾、之、魚、虞、麻、陽、庚、蒸、尤、戈、咍、侵、鹽。（末兩韻都有影母字入四等，現在不歸入 a 組，理由見 7 .11節。）

末一組雖然有齒音與喻母字伸入二等與四等，不過那都是韻圖排列法的問題，與韻母的性質無關，所以他們可以說是正常的三等韻。

（a)組各韻的唇牙喉音有對立的現象，非但在韻圖上非常顯明，從反切看，他們也都有一定要分的痕跡（5.10節），現在的問題是哪一類唇牙喉音與本韻的舌齒音是一類，哪一類唇牙喉自成一類？根據眞宵兩韻反切下字的系聯以及多韻字的高麗譯音，再參看淸韻的情形，所得的答案恰恰與韻圖的表面相反，就是說：韻圖排在四等的唇牙喉音與本韻舌齒音是一類，韻圖排在三等的唇牙喉音自成一類，從現在起，我們把前者稱作某韻" 1 "類，後者稱作某韻" 2 "類，他們的分別所在，現在還可以從唐代的"慧琳一切經音義"宋末元初的 "古今韻會舉要" 以及高麗譯音得到一些啓示，那是，1 類多與四等韻合流，2 類多與上述純三等韻合流，然而我們到底不能根據這一點再作明確的擬測了。因爲從根本說，我們區分三等韻與四等韻，線索已經是不淸楚的。暫時，我們在 2 類的元音上加個〔ˇ〕號，他的定義是：近於偏央的三等元音。

把(b)組的淸韻字與同攝三等的庚韻字合起來看，他們的關係就和(a)組各韻的1類與2類一樣，唯一的差別是庚韻除唇牙喉外另有莊系字屬二等韻，把幽與尤合併起來，也可以得到大體同樣的關係，所差的只是舌齒音與三等的唇牙喉音是一類，而四等的唇牙喉音自成一類。

總結以上，三等韻母當有四個類型，爲稱述方便，以下就與以"甲""乙""丙""丁"的名稱：

甲類——純三等而唇音後來變輕唇音的——微、廢、（欣）文、

元、（嚴）凡——主要元音偏央。

乙類——純三等而唇音後來保持重唇的——支、脂、眞、諄、

　　　　祭、仙、宵的脣牙喉音韻圖置於三等的（我們稱之爲這
　　　　幾韻的"2類"）——主要元音近於甲類。

丙類——普通三等韻——東、鍾、之、魚、虞、麻、陽、庚、蒸
　　　　、尤、戈、哈、侵、鹽——普通三等元音。

丁類——脣牙喉音韻圖入四等的——支、脂、眞、諄、祭、仙、
　　　　宵的舌齒音與韻圖置於四等的脣牙喉音（我們稱之爲這
　　　　幾韻的"1類"），以及清韻與幽韻——主要元音的性質
　　　　或者與丙類一樣。

　　根據這個分類，各攝三等之內的重韻如何不同，原則上都可以決
定了。

　　§7.11　根據上面的原則，現在可以分攝擬訂各個韻母了。

　　　（1）通　攝

一等 $\left\{ \begin{array}{l} \text{東董迭（反切"紅""孔""貢"類）——-u\eta,} \\ \quad\text{屋（反切"谷"類）——-uk} \\ \text{多腫（反切"湩"類）宋——-uo\eta,\quad 沃——-uok} \end{array} \right.$

三等 $\left\{ \begin{array}{l} \text{東迭（反切"弓""仲"類）——-ju\eta} \\ \quad\text{屋（反切"六"類——-juk} \\ \text{鍾腫（反切"隴"類）用——-juo\eta,\quad 燭——-juok} \end{array} \right.$

　　韻書的東董迭屋，反切各分兩類，與韻圖一三兩等的劃分相合。
早期韻圖以東韻兩類自爲一轉，冬與鍾合爲一轉，東與冬鍾在現代各
方言差不多都混了，大致說，不是合爲 -u\eta,-i\u\eta（或 -yu\eta）就是合
爲-o\eta,-io\eta，只在日本譯音、高麗譯音、福州以及溫州音中還有些東
三等字與鍾韻字有不同的讀法，顯示東的主要元音爲 u，冬鍾的主要
元音爲 o，鍾韻字在音韻演變方面有許多與虞韻字平行的現象，而虞
韻是合口音，所以我們也把冬鍾都認爲合口。

（2）江攝

二等——江講絳—— -ɔŋ， 覺—— -ɔk

江攝眞是一個最簡單的攝，不分開合，各韻的反切下字都只有一類，韻圖上完全是二等。

從許多韻書以外的材料，可知，江攝字老早就和宕攝字混了，又因宕攝只有一等與三等而江攝只有二等，有些韻圖就把他 們 倂 圖 排 列。

現代方言也沒有能分別江與宕的了，從下文可知，宕攝的主要元音當是 ɑ，那麼江攝應該是什麼呢？江韻在韻書中總是緊接着東多鍾，並且從先秦韻語與諧聲字看，江韻字在上古時期也是確實接近於東多鍾的。由此可知，中古早期江講絳覺的元音當是近於 u, o 而後來容易與 ɑ 混的，所以現在擬作 ɔ。

在許多方言，尤其是官話江韻的唇牙喉字總是開口音（-aŋ, -iaŋ），舌齒音字總是合口（-uaŋ），那種區分是後起的， 與宕攝三等的莊系字有關係，下文再說。

（3）止攝

這一攝只有三等，分開合：

	開 口	合 口
三等	支紙寘（1類）—— -je	支紙寘（1類）—— -jue
	支紙寘（2類）—— -jě	支紙寘（2類）—— -juě
	（以上反切"支""宜""氏""綺""婢""義""恚"類）	（以上反切"規""爲""委""偽"類）
	脂旨至（1類）—— -jei	脂旨至（1類）—— -juei
	脂旨至（2類）—— -jěi	脂旨至（2類）—— -juěi
	（以上反切"夷""几""利"	（以上反切"追""軌""癸"

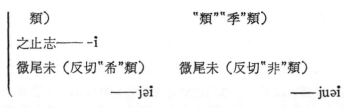

類）　　　　　　　　"類""季"類）

之止志—— -i

微尾未（反切"希"類）　　微尾未（反切"非"類）

　　　　　　　——jəi　　　　　　　——juəi

支脂兩韻分開合口與1.2兩類，反切只能顯示出一個輪廓而界限非常不清楚，現在劃分的標準是照韻圖與7.9節。

（1）凡在四等的脣牙喉音與舌齒音字屬1類，在三等的脣牙喉音屬2類。

（2）支脂之三韻的脣音字依韻鏡全作開口，微韻字作合口。

凡與以上不合的反切暫時都可以算作例外。

止攝包含這許多韻母，可是到現代，他們差不多都混了。從大體說，他們都顯示着原來主要元音是 i。不過這個共同的 i，無疑的只能早到宋後的韻圖時代。

然而我們如何分別切韻時代的支、脂、之與微呢？支韻字福州有些讀作 -ie，廈門也有些讀 -ia，都與脂之微的字只讀 i 有別，這一點可以幫助我們解決支韻字的讀法，不過我們應當想得到，中古 -je 的 e 一定舌位很高，所以後來容易被 -j- 吸收而變作多數方言的單元音 i。此外微韻開口牙喉音字在閩南語有些讀作合口音——如"幾" kui—— 顯示着這是由複元音變來的， 日本譯音的吳音又有些字韻母作 -e， 由這兩點， 再加上微韻屬於甲類三等韻一點。我們可以假定微韻是 jəi，至於脂與之方言中實在沒有任何線索可供推求，脂韻的韻母有1類與2類之分，2類韻母屬乙類三等韻，音近於甲類，那麼脂韻2類會不會是 -jěi，而1類會不會是 -jei 呢？如此說，眞正以單元音 -i 作韻母的只有之韻字了。支韻也有兩類，1類可以就寫作 -je，2類寫作 -jě（7.9節）。

關於各韻母的標音，有一點要說明的，就是：遇主要元音是 -i 時三等韻母必有的介音 -j- 都略去。

或有人要問：上面的擬音能解說支脂之微之所以合爲一攝嗎？那麼，我們可以說，止攝的成立是中古時期極晚的事，而我們現在擬訂的是中古中心時期的音，韻鏡與七音略不是還把這幾韻分作不同的轉嗎？

（4）遇攝

	開　口	合　口
一等		模姥暮——uo
三等	魚語御——jo	虞麌遇——juo

韻鏡以魚爲一轉，注"開"；模與虞合爲一轉，注"開合"。七音略分轉同，從所注的"輕""重"，可知韻鏡的"開合"當是"合"。

遇攝字的現代讀法不出 u, o, y 以及由他們變化而生的複元音 ou, œy 等，所以我們不難想像中古時期當有個圓唇的後高元音，（客家話與吳語有把精莊系字讀開口的 i 或 ï 的，自然是受聲母影響後起的結果。）然而他不是 u 而應當是 o，因爲 u 不能再分開合；o 則可以加介音 u，又可以不加。

（5）蟹攝

	開　口	合　口
一等	咍海代—— -Ai	灰賄隊—— -uAi
	泰(反切"蓋"類)—— -ɑi	泰(反切"外"類)—— -uɑi
二等	皆駭夬(反切"皆""駭""拜"類)—— -ɐi	皆夬(反切"懷""怪"類)—— -iɐu
	佳蟹卦(反切"佳""蟹""辮"類)—— -æi	佳蟹卦(反切"媧""夥""卦"類)—— -uæi
	夬(反切"犗"類)—— -ai	夬(反切"夬"類)—— -uai

三等
〔移〕〔蒤〕祭（1類）〕反切 {-jæi　祭（1類）〕（反切 {-juæi
祭（2類）〕"例"類 {-jǎi　祭（2類）〕"芮"類 {-juǎi
廢（反切"肺"〔借合口〕）　廢（本韻全體反切下字）
—— -jɐi　　　　　　　—— -juɐi

四等　齊薺霽（反切"奚""禮""計"類）　齊霽（反切"攜""惠"類）
—— -iɛi　　　　　　　—— -iuɛi

關於反切，現在有幾點要說的：

（1）凡分見開口與合口的韻，脣音字除外，反切都能與韻圖相應，可是一遇到脣音字，往往就有糾葛，現在我把一等韻與三等廢韻的脣音全認作合口，其餘各韻的脣音全認作開口，反切有不合的都視作例外（咍與灰的脣音字除廣韻後加字外不衝突）。

（2）祭韻的1類與2類反切已混，只在開口還有可分的痕跡（5.10節），現在的劃分，根據7.9節。

（3）廢韻開口只有"刈"一個音，借用合口的"肺"爲反切下字。

此外還有一個類的問題，廣韻咍海兩韻有少數昌母以及以母字；齊韻又有禪母與日母字，這都是特殊的現象，因爲一等韻與四等韻照例不與這些聲母配，根據韻圖以及等韻門法中的"寄韻憑切"與"日寄憑切"兩條，可知他們當是與祭韻相當的平上聲字，因字少分別寄入咍海齊三韻，而借用那幾韻的反切下字，寄入齊韻的"移"等或本唐韻自成一韻（5.6節），集韻又入咍韻，都可供參考。

現代方言顯示蟹攝當是複元音有 i 韻尾，主要元音是〔a〕類元音。我們不難依照7.8、7.9兩節，以一等韻爲 -ɑi, -uɑi；二等韻爲 -ai, -uai；三等甲類韻（廢）爲 -jɐi, -juɐi；三等乙類韻（祭2）爲 -jǎi, -juǎi；三等丁類韻（祭1）爲 -jæi, juæi；四等韻(齊)

爲 -iɛi， -iuɛi。一二等韻方言中有單元音 -e 與 -ɑ 的讀法（如吳語）總看起來，自然是後起的變化，三四等字福州讀 ie， 則是韻尾 -i 受介音 -i- 異化的結果。至於官話吳語三四等字與止攝混，則是主要元音被介音與韻尾吸收了。

至於一二等的重韻如何分別，在7.9節，我們曾說高本漢氏以元音的長短來分別咍皆與泰佳夬爲不可靠，並且又曾依據一些方言的現象，說他們的分別應當仍是元音的音色，現在從他們的來源看，咍皆佳在上古與 ə,e 等元音關係深，泰夬則與 a,ɑ 等關係深，所以把咍擬作 -Ai，皆擬作 -ɐi，佳作 -æi，泰作 -ɑi，夬作 -ai，皆與佳的分別是參照早期韻圖，他們把咍與皆排在一轉，佳在另一轉。

（6）臻攝

	開 口		合 口	
一等	痕很恨——-ən,[紇]——-ət.		魂混恩——-uən,沒——-uət	
二等	臻 ——-(j)en,	櫛一 -(j)et.		

三等
眞軫震（1類）	質（1類）	諄準稕（1類）	術（1類）
（反切"鄰""忍""双"類）—	（反切"質""乙"類）—	（反切"倫""準""閏"類）	（反切"聿"類）
- jen,	-jet.	— -juen,	-juet.
眞軫震（2類）	質（2類）	諄準稕（2類）	術（2類）
（反切"巾""忍""双"類）	（反切"質""乙"類）	（反切"倫""準""殞""閏"類）	（反切"聿"類）
— -jĕn,	— -jĕt,	— -juĕn,	— -juĕt.
欣隱焮—— -jən,	迄— jət.	文吻問— -juən,	物— -juət.

首先有幾個類的問題要說明。

（1）在早期韻圖痕魂欣文是一個系統，臻眞諄是一個系統，所以我們以爲前者同主要元音，後者另有一個相近的主要元音。

（2）二等臻櫛兩韻只有莊系字，而同轉的三等眞質兩韻都沒有莊系字，並且眞與質的上、去聲軫與震又都有莊系字，而臻與質恰恰沒有相當的上去聲韻，由此可知臻與櫛實在可以併入眞與質的，韻書把他們獨立成韻，恐怕是介音 j 比較不顯著的緣故。

（3）眞軫震質與諄準稕術自陸法言至王仁煦都不分韻，廣韻雖分，在開合方面，反切下字仍有混用的，不僅唇音字爲然，各韻的1.2兩類，反切也只有平聲眞韻還分得清楚，別處都多少有些混亂了。關於開合，現在依韻圖與唇音字爲開口，關於1.2兩類則依7.9節。

（4）痕韻入聲只有"紇"一音，寄入沒韻，借"沒"爲反切下字。

臻攝的韻尾，舒聲當是 -n，入聲當是 -t，前面（7.6節）已經說過。至於元音，現代不外 ə,e,ɐ,i（開口）與 u,o,y,ou（合口）幾種，就開口說 ɐ 只見於粵語，i 只是見於三等字，所以我們應當以 ə 與 e 代表古讀，合口字現代讀 u,o,y,ou 的，則以爲介音 u 發展的結果，（福州一等開口字也讀 -ou-，可以說是併入合口後才如此的。）欣與文屬甲類三等韻，所以連他們與痕魂都用ə，臻眞諄自然就用e了。

（7）山攝

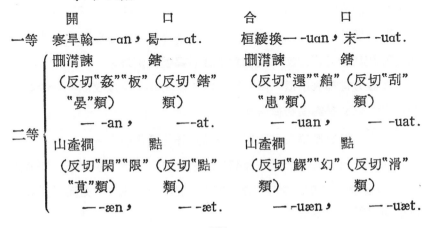

	開	口	合	口
一等	寒旱翰—— -an，	曷—— -at.	桓緩換—— -uan，	末—— -uat.
二等	刪潸諫 （反切"姦""板" "晏"類） —— -an，	鎋 （反切"鎋" 類） —— -at.	刪潸諫 （反切"還""綰" "患"類） —— -uan，	鎋 （反切"刮" 類） —— -uat.
	山產襉 （反切"閑""限" "莧"類） —— -æn，	黠 （反切"黠" 類） —— -æt.	山產襉 （反切"鰥""幻" 類） —— -uæn，	黠 （反切"滑" 類） —— -uæt.

	仙獼線（1類） — -jæn.	薛（1類） — -jæt.	仙獼線（1類） — -juæn，	薛（1類） — -juæt.
	仙獼線（2類） — -jăn，	薛（2類） — -jăt.	仙獼線（2類） — -juăn，	薛（2類） — -juăt.
三等	（以上反切"連" "乾""善""戰" "箭"類）	（以上反切 "列"類）	（以上反切"緣" "圓""戀""絹" 類）	（以上反切" 悅""劣"類）
	元阮願 （反切"言""偃" "建"類） — -jɐn，	月 （反切"竭" 類） — -jɐt.	元阮願 （反切"袁""遠" "願"類） — -juɐn，	月 （反切"月" 類） — -juɐt.

四等　先銑霰　　　　　屑　　　　先銑霰　　　　屑
　　　（反切"前""典"　（反切"結"）（反切"玄""泫"　（反切"決"
　　　"甸"類）　　　　類）　　　　"縣"類）　　　類）
　　　—-iɛn，　　　　—-iɛt.　　—-iuɛn，　　—-iuɛt·

　　反切遇見唇音字往往在開合口之間起糾葛，連已經分韻的寒與桓
都不免，山刪兩韻的合口廣韻也混用，仙韻1類與2類不能分──這
些都是我們應當注意的。

　　關於唇音字，今以一等與三等元韻爲合口，其他爲開口，仙獼線
韻的1,2兩類，依7.9節，反切有不合的都視作例外。

　　多數方言都表示這一攝的字當有 a 類元音，所以我們不難作如上
的擬訂，只有幾點要略微解釋：

　　（1）舒聲吳語失去韻尾，所以元音的變化也大。

　　（2）如客家把舒聲一等開口的牙喉音字"干""寒""安"等讀作
-on，官話把同上的入聲字"割""喝"等讀作 -o 或 -ɤ 是元音受聲母
影響而軟顎化的結果。

（3）粵語三四等開口字的元音是 -i-，合口一二三四等字的元音多數是 -u，-y-，可以說是介音發展吞沒了主要元音。

（4）許多官話方言三四等的元音都是e，顯然是介音的影響了。

此外，刪與山的分別，方言中本來沒有任何痕跡，因爲韻書上刪靠近寒桓而山靠近先仙，所以暫作a與æ的分別。這兩韻的字在上古的情形也可以幫助我們作如此的假定，因爲刪僅與寒桓元等韻的字押韻或諧聲，山則多與眞、痕、蒸、登等韻字接觸。

（8）效攝

一等——豪皓號—— -ɑu

二等——肴巧效—— -au

三等 {宵小笑（1類）——反切"遙""小""照"類—— -jæu
宵小笑（2類）——反切"嬌""夭""廟"類—— -jæu

四等——蕭篠嘯—— -iɛu

宵韻1，2兩類反切與韻圖完全相應，小笑兩韻，如完全依"聲同韻必不同"的法則去分，也與韻圖相合，這是反切在1，2兩類的分別上表現得最清楚的一處。

本攝當有〔a〕類主要元音以及 u 韻尾，就多數方言很容易看出，廣州一等字讀 -ou，是 ɑ 被 u 提高了，閩語一等字爲單元音 ɔ，或許是複元音的單音化，或許是 ɑu 變 ɔu 再失韻尾，閩語音又有此二等字是單元音 -a，那就顯然是韻尾的消失。

（9）果攝

	開　　　口	合　　　口
一等	歌哿箇— -ɑ	戈（反切"禾"類）果過— -uɑ
三等	歌（反切"伽"類）— -jɑ	戈（反切"靴"類）— -juɑ

較早的韻書還沒有"伽"類字，早期韻圖果攝開口也沒有三等，

"伽"類字後起，而且都是翻譯佛經的用語，"䩵"類只有"䩵"是個平常一點的字，所以他自己就借用一等的"戈"作反切下字，等韻門法中有"就形"一條說到他。

從多數現代方言看，這一攝總像有個較高的元音，不過高麗、日本和安南譯音都是〔a〕類元音，而且在佛經的對音中我們也總是用歌戈韻的字代替梵文的 -ɑ，所以很顯明的，現代方言中 -o, -ɤ, -ɯ, -u 等讀法都是由後 a 演變出來的。

三等韻不能訂作 jæ，因為連假攝都不能那樣（見下文）。

(10) 假攝

	開　　口	合　　口
二等——	麻馬禡（反切"加""下""駕"類）— -a	麻馬禡（反切"瓜""瓦""化"類）— -ua
三等——	麻馬禡（反切"遮""者""夜"類）— ja	

除去去聲的唇音字略有牽連，麻馬禡反切下字的三類與韻圖的劃分都相合，凡唇音字，我們都依韻圖視作開口音。

這一攝只有二等與三等的開口，果攝如把後起的"伽"類字去掉，恰好可以和這一攝互補空缺。所以等子以後的韻圖果假都同圖排列，而假攝字的主要元音是 -a，也就可以據此推知了。在這一攝，我們不把三等的元音訂為〔æ〕有兩個原因：(a)二三兩等字韻從不分韻，所以主要元音應當相同。　(b) 三等字現在許多方言還讀 -ia，說 -jæ——→-ia 是極不自然的。吳語有把二等字讀 -o 的，這時歌戈韻字多是 -u，二者也與中古的 -a, -ɑ 相應。

(11) 宕攝

	開　　　　口		合　　　口	
一等——	唐蕩宕	鐸	唐蕩宕	鐸
	（反切"郎""朗"	（反切"各"	（反切"光""晃"	（反切"郭"
	"浪"類）	類）	"曠"類）	類）
	——aŋ，	——ak.	——uaŋ，	——uak.
三等——	陽養漾	藥	陽養漾	藥
	（反切"良""兩"	（反切"略"	（反切"方""往"	（反切"縛"
	"亮"類）	類）	"放"類）	類）
	——jaŋ，	——jak.	——juaŋ，	——juak.

各韻的反切在脣音字方面都有糾葛，現在把宕攝一等脣音字統作開口，三等的脣音字統作合口。

宕攝字的主要元音，現代多數方言作〔a〕類元音，一等與三等相同，只有廣州、客家與一些吳語方言作 o，（廣州三等字又受介音 -ⁱ- 的影響作œ，）福州一等作 ou 而三等作 -yo-，又有些官話方言一等作 a 而三等作 e，我們可以就此假定中古一三兩等都是 a，而廣州福州等處的 o, ou 等讀法爲後來的變化，我們不能照上述假攝的例把三等的元音擬作 -a- 或 -æ-，因爲 -iaŋ 或 -jæŋ 變 ioŋ 不合情理，而說 jaŋ 變少數方言的 -ieŋ， 則是自然的。

陽韻開口莊系字官話多變合口，頗不好解釋，不過這樣變化的力量很大，江攝併入宕攝之後，知莊章三系聲母又混，所有江韻的知莊系字也全變合口了。

（12）梗攝

	開　　　　口		合　　　口	
二等	庚梗映	陌	庚梗映	陌
	（反切"庚""梗"	（反切"格"	（反切"橫""礦"	（反切"獲"
	"更"類）	類）	"橫"類）	類）
	——ɐŋ，	——ɐk.	——uɐŋ，	——uɐk.

耕耿諍	麥	耕	麥
（反切"耕""幸"	（反切"革"	（反切"萌"	（反切"獲"
"迸"類）	類）	類）	類）
——-æŋ，	——-æk.	——-uæŋ	——-uæk.

三等

庚梗映	陌	庚梗映	
（反切"京""影"	（反切"戟"	（反切"榮""永"	
"敬"類）	類）	"命"類）	
——-jɐŋ，	——-jɐk.	——-juɐŋ，	
清靜勁	昔	清靜	昔
（反切"盈""郢"	（反切"益"	（反切"營""頃"	（反切"役"
"正"類）	類）	類）	類）
——-jɛŋ，	——-jɛk.	——-juɛŋ，	——-juɛk.

四等——青迥徑　　　　錫　　　　　青迥　　　　　錫
（反切"徑""挺"（反切"歷"　（反切"扃""迥"（反切"闃"
　"定"類）　　　類）　　　　類）　　　　類）
　——-ieŋ，　　——-iek.　　——-iueŋ，　　—-iuek.

　　各韻反切，在開合方面，唇音字之外，仍有少數的例外，唇音字今依韻圖一律視作開口。

　　梗攝字的元音，現在方言中不外 ə, e, i, a 的系統，值得注意的是在吳語、客家、閩語、粵語與若干官話方言，有些字都是ə（或 e, ei, i）與 a 兩讀。前者與下述曾攝字甚或前述臻攝字混，多為讀書音，後者或與宕攝字混或獨成一韻，多為口語所用，由此可知，他們應當是從一個近於〔a〕類而容易變 ə、e 或 i 的元音來的，所以現在假定庚韻字的元音是 ɐ，二三等以介音的有無區別，耕清青分居二三四等，而韻又不同，則擬為前元音 æ, ɛ, e（不能擬作a, æ, ɛ；因為他們的變化不與山蟹諸攝同。）

　　（13）曾攝

	開	口	合	口
一等	——登(反切"登"類)等嶝 ——-əŋ	德(反切"則"類) ——-ək.	登(反切"肱"類) ——-uəŋ，	德(反切"或"類) ——-uək.
三等	——蒸拯證——-jəŋ，	職——-jək.		職— -juək.(合口字少，借開口"逼"爲反切下字。)

曾攝字在官話方言中差不多都與梗攝字不分了。在吳語、粵語、客家與閩語中，還看得出一些不同的痕跡，就是沒有 -ə- 或-e-與-a-，兩讀的情形，於是我們可以把這一攝的主要元音擬作 -ə- (如用〔e〕，則三等的〔-jeŋ〕與梗攝四等的〔-ieŋ〕太近了。)

這一攝的唇音字全依韻圖作開口。

(14) 流攝

一等——侯厚候—— -u

三等 {尤有宥—— -ju；幽黝幼—— -jəu}

幽韻字韻圖都擺在四等，可是實際上他們都是三等字，因爲：

(1) 這個韻只有唇牙喉音，反切上字都用"居""方"等見於三等韻的那些類的字，而不用"古""博"等見於一二四等韻的那些類的字。

(2) 有羣母字，這是三等韻的特點之一，而四等韻是絕對不會有羣母字的。

由此我們可以說，這一個韻的字在韻圖上的地位，有如清韻的唇牙喉音。

多數現代方言，流攝字的韻母都是複元音，韻尾爲 -u，元音則

有 o, ə, e, a 的不同，高麗、日本與安南的譯音則大致爲單元音 u
；佛經翻譯中這些字也往往用以對梵文的 u 音，那麼我們可以第一
步以侯尤韻字的中古元音是 u；

$$u \begin{cases} \longrightarrow əu \longrightarrow eu, au \\ \longrightarrow ou \end{cases}$$

是可能而有不少實例的。幽韻字爲何擬訂 əu 呢？尤幽兩韻字在各方
言中仍有一個共同的異點，就是前者唇音變輕唇，後者保持重唇，凡
唇音變輕唇者必有主要元音或介音 u，所以在幽韻的韻母中，u 只能
居於韻尾的地位，再者幽韻唇音字又往往有讀 -iau 的，[a]必有來由，
所以他應當另有一個主要元音。

(15) 咸攝

	開　　口		合　　口	
一等	覃感勘――-Am，合――-Ap.			
	談敢闞――-ɑm，盍――-ɑp.			
二等	咸豏陷――-ɐm，洽――-ɐp.			
	銜檻鑑――-am，狎――-ap.			
三等	鹽琰豔――-jæm　葉――-jæp.			
	（又-jɐm），（又jɐp）.			
	嚴儼釅――-jɐm，業――-jɐp.		凡范梵――juɐm，乏――juɐp.	
四等	添忝㮇――-iem，帖――-iep.			

有兩個類的問題要先說：

（1）釅梵的界限廣韻不清楚，需依韻圖。

（2）整個的鹽琰豔葉與嚴儼釅業，自切韻以至廣韻，劃分就有
參差。韻圖都與廣韻相合，我們暫時照這個樣子。現在鹽韻系有兩套
影母字韻圖分置三等與四等，在三等的影母不是和嚴韻系的影母字重
見，就是可以和他們互補。現在暫時假定那一套影母字是和嚴韻系一

樣的，如此，鹽韻系就沒有聲同韻必不同而分兩類的必要了。

凡在 -m 變 -n 的方言，咸攝字與山攝字都不分；又在韻尾不同的方言，元音也一樣；所以他們原有相類的主要元音是沒有問題的。嚴凡是甲類三等韻，元音當是 -ɐ-；那麼屬兩類三等韻的鹽自然是 -æ- 了。韻圖以覃與咸為一轉，談與銜為一轉。吳語方言中覃與談還有分的痕跡，比較起來前者元音總偏央，所以我們作如上的分別。

（16）深攝

三等——侵寢沁—jem（又 jĕm？），緝—jep（又 jĕp？）

在 -m 與 -n 混的方言，深攝字總是和臻攝三等字混：即在韻尾不同的方言，元音仍是一樣的。前面把臻攝三等欣韻的元音訂作ə，眞韻訂作 e。侵屬丙類，與欣不同，所以現在以為 e。

不過我們還要注意：侵緝兩韻都有兩套影母字並立；同時則寢沁兩類的反切，王仁煦與廣韻頗有參差，所以這一攝雖然只有一個韻，實際韻母恐怕不只一類，不過現在又沒有再進一步去區分的線索，只好留作懸案。

§7.12　中古音有四個聲調，是無須多說的，不過我們也要注意：所謂"平""上""去""入"僅僅乎是那四個聲調的類名；每個調的高低如何，現時還不知道，從前的讀書人往往說 "平聲平道莫低昂，上聲高呼猛烈強，去聲分明哀遠道，入聲短促急收藏"，語意既不清楚，也沒有根據。西洋人說平聲是平調，上聲是升調，去聲是降調，入聲是短促的調，也不免是望文生義的揣測。

以我們講過的幾個方言為例，中古聲調的演變約如下表：

	平　聲		上　　聲		去　聲		入　聲	
	清聲母字	濁聲母字	清及次濁聲母字	全濁聲母字	清聲母字	濁聲母字	清聲母字	濁聲母字
國語	˥（陰平）	ˊ（陽平）	˅（上）	ˎ（去）	˅（去）ˎ（去）		˥ˊ˅ˎ	

南京 （陰平）（陽平）（上）（去）（去）（去）（入）（入）

重慶 （陰平）（陽平）（上）（去）（去）（去）（陽平）（陽平）

長沙 （陰平）（陽平）（上）（陽去）（陰去）（陽去）（入）（入）

蘇州 （陰平）（陽平）（上）（陽去）（陰去）（陽去）（陰入）（陽入）

廣州 （陰平）（陽平）（陰上）；（陽上）；（陰去）（陽去）（陰入）（陽入）
（陽上）　（陽去）　　　　（中入）

（客家與閩語類的變化與吳語同，只是調值不同，從略，廣州上
聲清聲母爲陰上，次濁聲母爲陽上；入聲的“陰入”與“中入”又係以
元音分。）

我們能不能就現代不同的調值把中古時代“平”“上”“去”“入”四
個調的高低擬訂出來呢？照理想是可能的。不過關於調型的變化，我
們還沒有找出一些通則來，所以事實上還無法着手。

由上面的表可以看出來，我們講現代方言的聲調所用的類名，都
是根據那些聲調的中古來源與其演變條件訂的，同是一類的字，調型
在各方言中眞是分歧到極點，說起來很容易淆混，但是就類的觀點看，
彼此間就有許多共同的地方，所以如用類名，有時倒有許多方便。

從現代方言看，中古的四個聲調，他們的演變都是因聲母的清濁
各分爲二，有人便疑心所謂“平”“上”“去”“入”者，可能每個類在中
古時都有兩個調值存在，調型的平或升或降在每個類中是一樣的，所
差只是高低，這種推測不是沒有道理的，可是現在還沒有得到任何事
實爲之證明。就所有的材料而言，我們只有說，“平”“上”“去”“入”
就是中古的四個聲調。

第八章　中古聲韻母的簡化

§8.1 看過第七章，恐怕大家都不免要問：隋唐時期的語音系統怎麼會那麼複雜？舉例而言，聲母在舌面塞音之外又有舌面塞擦音，舌面塞擦音之外，更有舌尖面混合的塞擦音；韻母則支脂之三韻的分別已經夠難說的了，而支脂兩韻內還要再作所謂1類與2類的剖劃。至如把整個的聲韻母系統排列出來，現代漢語方言固然都不能比，卽在我們確實知道的語言之中，又有誰是能望其項背的呢？

如果在講中古音的起頭，我們便說切韻所代表的卽是隋及唐初某個方言的語音，這一問總要算是相當沉重的。然而抱持這種見解的高本漢氏也還有他的解說之道，在"中國音韻學研究"的結尾，他曾經擬出如上的問題而加以答辯：

（1）印歐語言學家所擬測的古印歐語的語音，比我們擬測的中古音更複雜，所以如這種程度的複雜還算不了什麽。

（2）古代中國人的語音知識是從印度學來的，而印度人審音之精是世界上史無前例的。

這種說法能使人滿意嗎？決不。第一，中古漢語的"古"是公元後七世紀左右，原始印歐語的"古"則在公元前若干世紀，相形之下，中古漢話就簡直不夠古了。其次，陸法言等人既能作不平凡的語音的分析，爲什麼碰到唇音字的開合又無所適從呢？還有最重要的一點，就是說，審音知識不能使語音系統變爲複雜。總之，以爲切韻代表一個單純的方言的人是忽略了切韻的時代背景。從切韻的產生看，他實在不是，也不可能是七世紀初長安方言的記錄。

我們曾經引用陸法言的切韻序，說切韻的制作是前有所承的(5.2

節）。除去陸氏自己的話，現在還有更具體的事實來證成這一說，那就是王仁煦刋謬補缺切韻韻目下所註的六朝各家韻書分韻的異同。拿他們來跟切韻對照，陸法言等並非創制，就是不待爭辯的問題了。此外，孫愐唐韻序不是也說陸氏"沿古酌今"嗎？

陸法言又曾說到"古今通塞，南北是非"，所以我們又曾推斷，切韻的分別部居是要兼包古今方言的不同的（5.2節）。關於這一說，現在雖然沒有法子來作更進一步的具體證明，可是我們也有不可忽視的一點，就是：現代各方言的歧異，差不多都可以在切韻裏找到他們的分別所在，如說他們都是由七世紀初的一個方言演變而來的，未免不近情理。那麼現在相反的說，切韻表現的不是一個單一的方言，豈不是可以得到間接的支持了嗎？

切韻旣沿古酌今，他的分別部居自然只有一條路好走，就是甲分而乙合的兩類要分，乙分而甲合的兩類也要分，於是陸法言諸人所訂的系統，就可以說是他們所知道的音類分別的總滙。整個切韻所表現的也就是陸氏諸人心目中的標準字音的音系，而不是任何一種實在的語言的音系。正因他們兼包並蓄得好，就能爲文學之士賞識而風行一時；也是因爲他們有離開實際的地方，一般人就難於遵守，於是不久就有合若干韻同用的提議了。

我們要知道，客觀的以某一個方言的音系爲據，應用一種工具來記錄字音，在中國，這是西洋科學的語言學輸入而有重大影響以前絕對不會有的事。從我們最早的字典"爾雅"與"說文"，到清朝人編的"佩文韻府"，就沒有一個不是在書本上找根據寫成的，非但官書如此，文人學士的著作也是如此。只有不登大雅之堂的中原音韻才以當時流行的北曲爲據，再說得近一點，民國初年審定"國音"，不是還想着薈萃南北之音嗎？

　　再反過來想，如果陸法言等人眞是得到了極精密的語音知識，如果他們所根據的是個單一的方言，那麼他們制定的反切就不至於使人左系右聯而得不到一定的結果了。正是因爲自六朝以迄唐末，作韻書的人只是蒐集書本上的反切，略予整理，然後歸韻；所以韻書表現的音系甚繁，反切之中才有許多糾葛存在。

　　不過我們也應當注意在那個時代，陸法言諸人所知的古今方言的範圍也不會廣大，所以無論如何，切韻也不會離開中古實在的語言太遠。否則他就不可能支配文壇達數百年之久了。由此看來，中古中心時期標準語的語音系統，事實上也應該比近古以後複雜得多。

　　§8.2　從廣韻以後的史料看，很明顯的，中古語音是在簡化的道路上大步邁進，我們可以把廣韻以後的音韻史料分作三類：一類是四聲等子切韻指掌圖與切韻指南三種韻圖；一類是自宋修"韻略"以至元陰時夫"韻府羣玉"一派的專爲押韻而設的韻書；一類是宋修"集韻"以及金韓道昭"五音集韻"一派受等韻影響的韻書。這些著作也都是前有所承，也都不免紙上談音，然而他們又都在作歸併早期韻圖與切韻系韻書的工作。這就表明宋以後的語音確實有了可觀的變化。

　　現在先說韻圖，在上述三種韻圖之中，態度最保守的是最晚出的切韻指南，等子只保存了十六攝的名稱；實際上江與宕，果與假，曾與梗又都合而不分。指掌圖分圖與等子同，內容又有所改易，更整個的廢攝名而不用。只有指南使江與宕以及曾與梗分，果與假雖同圖而界限不紊，各攝的內容不變，十六攝的次第又與韻書相合。

　　從等子以後韻圖的併轉爲攝，我們可以看得出中古以後韻母簡化的兩個大的傾向：

　　（1）凡同攝同開合而又同等的韻母都混而不分了，例如東一等字與多韻字混居通攝一等，東三等字與鍾韻字同列通攝三等，不違枚舉。凡相併諸韻的韻目，各圖不是並列，就是僅注某一個韻而在旁邊又注某韻"相助"。

（2）三等韻（或者嚴格一點說是上一章所謂丙丁兩類三等韻）與四等韻也混了，併轉爲攝之後，所有三等韻的精系字以及丁類三等韻的脣牙喉音字勢必與四等韻的字雜居，等子效攝三等既然注出"宵小笑"的韻目，旁邊又有"蕭併入宵"四字，四等又不再注韻目。這就表明三等韻字與四等韻字不只是在韻圖的地位上非混不可，事實上也是已經混而不分的了。

自等子至指南，又都把入聲字同時配入陰聲各攝，不過其中也有參差的地方，不像配陽聲攝那麼大體一律，從那些不一致的地方，倒可以窺見他們語音背景的一鱗半爪：

（1）等子以沃燭兩韻字配入遇攝，又以屋韻字配入流攝，可見遇攝與流攝的主要元音還是如中古的 o 與 u。配入止攝開口的入聲混用質昔兩韻字，配入果攝一等的是鐸韻字而配入假攝的是鎋韻字，或許顯示着韻尾 -k 與 -t 在這些韻裏有混的現象。

（2）指掌圖配入流攝的入聲是德櫛質諸韻字，可見流攝字主要元音已由 u 變作 əu 了。（德韻字加入櫛質的系統，配止攝開口如此，配臻攝開口也如此，這是與櫛質相當的一等缺字的緣故，不是表現 -k 與 -t 混；因爲除此之外，指掌圖把中古的 -k,-t,-p 分得都有條理。

（3）指南以質術韻字配入蟹攝的三四等，與配止攝同，蟹攝三四等的字可能已經和現代許多方言一樣，與止攝不分了。

在韻母的變化方面，指掌圖還有幾項特殊的表現：

（1）曾梗兩攝合口字併爲第十五圖，而以庚耕韻字爲一等，登韻字爲二等，這是表明這兩攝的元音實際已混。

（2）蟹攝三四等字正式改入止攝，一等灰泰韻字也改入止攝，這都是與現代方言相同的。

（3）止攝開口精系字改入一等，由此可知現代方言中的舌尖元音已在宋代產生了。

聲母方面，各韻圖都用三十六字母，排列也與早期韻圖同，（指掌圖雖分三十六行，實質不變，）所以很不容易看出與中古不同的地方。不過，詳察指掌圖的歸字，其中也有些痕跡：

（1）知系與章系的糾葛——如"肇""篆"兩字澄牀兩母兼收，"重""蔚""著"等列入牀母。

（2）莊系與章系的糾葛——如"硾""菠""礎"等列三等，"惴""吹"等列二等。

（3）牀禪的糾葛——如"船"在禪母下而"遄"在牀母下。

關於第一項，張麟之韻鏡序中有一段文字可以參考：

> 或曰：舌齒一音而曰二何耶？曰：五音定於唇齒喉牙舌，惟舌與齒遞有往來，不可主夫一。……今韻鏡中分"章""昌""張、俍"，在舌齒兩處之類，蓋如此。

所以知章兩系的合併當是宋時普徧的現象，至於第三項，守溫字母已不分了。

§8.3　宋人所修韻書足以表現中古音簡化的，第一自然是廣韻韻目所注的"同用"，拿他們和上一節所說韻圖的情形比較起來，大體的傾向是相同的，只有以下幾點可以說是韻書比較保守或系統與韻圖不同。

（1）東與冬鍾不同用。

（2）支脂之與微不同用。

（3）魚與虞模不同用。

（4）泰不與隊代同用。

（5）廢不與祭同用。

（6）文不與欣同用。

（7）元與魂同用，而不與先仙同用。

（8）清與庚耕同用，而不與青同用。

（9）嚴凡沒有和鹽添同用。

（以上舉平以賅上去入）

廣韻之後，宋人又修了一部"韻略"，今已不傳。據記載，他是廣韻的刪節本，專爲當時一般人作詩用的。韻略後來又由丁度等人改訂，就是傳世的"禮部韻略"，一直是宋代官方頒行的韻書。禮部韻略的特點是比廣韻多添了十三處的"同用"。

平聲——文與欣，鹽添與嚴，咸銜與凡。

上聲——吻與隱，琰忝與儼，豏檻與范。

去聲——問與焮，豔㮇與釅，陷鑑與梵，隊代與廢。

入聲——物與迄，葉帖與業，洽狎與乏。

這裏面文與欣等是開合的關係；鹽添與嚴等是三四等完全不分；凡韻只有脣音字，而且中古後期已變輕脣，這裏與二等韻通用，韻母已有如現代的變化可知；隊代與廢通用，也與現代合。

禮部韻略在宋代又經過多次增訂，今傳"增修互注"本以及"附釋文互注"本，是毛晃毛居正父子的著作。凡這些修正，都完全着眼於詩文的參考，與我們考訂古音無關。

元明以後通行的詩韻，俗稱"平水韻"，併宋代韻書的二百零六韻爲一百零六韻。這種合併一向以爲出自元代陰時夫的"韻府羣玉"；依最近的考訂，則是根據金人的功令，因爲從前有"江北平水劉淵的「壬子新刊禮部韻略」"以及王文郁的"平水「新刊韻略」"行世，遂有平水韻之名。劉淵的韻目爲元初黃公紹與熊忠的"古今韻會擧要"採用，還是一百零七韻，與傳統二百零六韻的關係如下：

一東	一東	一董	一董	一送	一送	一屋	一屋
二多	二多，三鍾	二腫	二腫	二宋	二宋，三用	二沃	二沃，三燭
三江	四江	三講	三講	三絳	四絳	三覺	四覺
四支	五支，六脂，七之	四紙	四紙，五旨，六止	四寘	五寘，六至，七志		
五微	八微	五尾	七尾	五未	八未		
六魚	九魚	六語	八語	六御	九御		
七虞	十虞，十一模	七麌	九麌，十姥	七遇	十遇，十一暮		
八齊	十二齊	八薺	十一薺	八霽	十二霽，十三祭		
九佳	十三佳，十四皆	九蟹	十二蟹，十三駭	九泰	十四泰		
十灰	十五灰，十六咍	十賄	十四賄，十五海	十卦	十五卦，十六怪，十七夬		
十一眞	十七眞，十八諄，十九臻	十一軫	十六軫，十七準	十一隊	十八隊，十九代，二十廢		
十二文	二十文，二十一欣	十二吻	十八吻，十九隱	十二震	二十一震，二十二稕	四質	五質，六術，七櫛
十三元	二十二元，二十三魂，二十四痕	十三阮	二十阮，二十一混，二十二很	十三問	二十三問，二十四焮	五物	八物，九迄
十四寒	二十五寒，二十六桓	十四旱	二十三旱，二十四緩	十四願	二十五願，二十六恩，二十七恨	六月	十月，十一沒

十五刪	二十七刪，二十八山	十五潸	二十五潸，二十六產	十五翰	二十八翰，二十九換	七曷	十二曷，十三末
一先	一先，二仙	十六銑	二十七銑，二十八獮	十六諫	三十諫，三十一襉	八黠	十四黠，十五鎋
二蕭	三蕭，四宵	十七篠	二十九篠，三十小	十七霰	三十二霰，三十三線	九屑	十六屑十七薛
三肴	五肴	十八巧	三十一巧	十八嘯	三十四嘯，三十五笑		
四豪	六豪	十九皓	三十二皓	十九效	三十六效		
五歌	七歌，八戈	二十哿	三十三哿，三十四果	二十號	三十七號		
六麻	七麻	二十一馬	三十五馬	二十一箇	三十八箇，三十九過	十藥	十八藥，十九鐸
七陽	十陽，十一唐	二十二養	三十六養，三十七蕩	二十二禡	四十禡	十一陌	二十陌，三十一麥，二十二昔
八庚	十二庚，十三耕，十四清	二十三梗	三十八梗，三十九耿，四十靜	二十三漾	四十一漾，四十二宕	十二錫	二十三錫
九青	十五青	二十四迥	四十迥	二十四敬	四十三敬，四十四諍，四十五勁	十三職	二十四職，二十五德
十蒸	十六蒸，十七登	二十五拯	四十二拯，四十三等	二十五徑	四十六徑，四十七證，四十八嶝		

十一尤　十八尤，十九侯，二十幽	二十六有　四十四有，四十五厚，四十六黝	二十六宥　四十九宥，五十侯，五十一幼	
十二侵　二十一侵	二十七寢　四十七寢	二十七沁　五十二沁	十四緝　二十六緝
十三覃　二十二覃，二十三談	二十八感　四十八感，四十九敢	二十八勘　五十三勘，五十四闞	十五合　二十七合，二十八盍
十四鹽　二十四鹽，二十五添，二十八嚴	二十九琰　五十琰，五十一忝，五十二儼	二十九豔　五十五豔，五十六㮇，五十七釅	十六葉　二十九葉，三十帖，三十一業
十五咸　二十六咸，二十七銜，二十八凡	三十豏　五十三豏，五十四檻，五十五范	三十陷　五十八陷，五十九鑑，六十梵	十七洽　三十二洽，三十三狎，三十四乏

除去去聲倂證與嶝於徑，這種合倂完全與禮部韻略的同用相合。王文郁一派的一百零六韻，則是在上聲又把拯與等倂於迥，與去聲平行。

§8.4　集韻是與禮部韻略並行的字典性的韻書。因爲性質與禮部韻略不同，他就不是刪節廣韻而是增訂廣韻，又因爲等韻之學已經深深的影響到修集韻的那一批人，他們增訂廣韻的辦法就和廣韻增訂隋唐韻書的辦法大不相同了。

（1）集韻與廣韻的不同，最容易看出來的，是各韻之內，字的排列已經約略有音的次序了。例如上平聲一東，一等字與三等分開，聲母五音同的也分別比鄰而居。這一點可以說是韻書受到等韻影響的先聲。

（2）集韻的反切已經把重唇音與輕唇音完全劃分了。我們知道，唇音分化爲重唇與輕唇是中古後期的事，廣韻出書不過比集韻早三十年，對這種變化不是不知道，不過他不肯改動隋唐韻書的體例，唇音反切仍不分輕重，只在每卷之末注出"新添類隔今更音和"的例，集韻的舉動才是激底的改從當時語音。

（3）船禪兩母的反切上字，廣韻正切分而依又切可併；集韻則正切也可以系聯，這是和守溫字母等史料相合的。

（4）廣韻的舌音類隔與齒音類隔切語，在集韻裏也不存在了，凡舌上音字用舌頭音或正齒音字用齒頭音字作反切上字的，集韻都改作合宜的舌上音或正齒音字。例如廣韻"椿""都江切"集韻作"株江切"；"斬"廣韻"則減切"，集韻"阻減切"。

（5）據白滌洲氏，集韻有使反切上字與所切之字同聲調以及同開合洪細的傾向，這是明清以來改革反切的濫觴。

集韻的"同用"與禮部韻略同。除去這一點，我們還不知道他對廣韻的韻母有什麼改變。

比集韻更進一步，正式以等韻成分加入韻書的是金韓道昭的"五音集韻"。

五音集韻的第一個特點是，各韻之內，字的排列一律以三十六字母始見終日的次序爲準；各個字母之下再依韻圖等第的不同分注"一""二""三"或"四"。例如一東韻的起首：

　　　　公… 弓…　　　空… 穹…

和集韻比較起來這種變革眞是極激底的了。然而這種表現，充其量不能出乎等韻圖的範圍，我們研究語史的人，主要的興趣倒不在此。

韓道昭併廣韻的二百零六韻爲一百六十韻。因廣韻同用而併韻的是：

支，脂，之——併爲"脂"　皆，佳併爲"皆"　眞，臻——併爲"眞"
山，刪——併爲"山"　先，仙——併爲"仙"　蕭，宵——併爲"宵"

庚耕——併爲"庚"　尤，幽——併爲"尤"　覃，談——併爲"覃"
鹽添——併爲"鹽"　咸，銜——併爲"咸"　嚴，凡——併爲"凡"
廣韻雖同用而不使合併的是：

多——鍾　虞——模　灰——咍　眞，臻——諄　痕——魂——元
寒——桓　歌——戈　陽——唐　庚，耕——清　蒸——澄
尤，幽——侯

　　（以上均舉平以該上去入，去聲"夬"韻併入皆韻的去聲怪韻，附
　　此說明。）

　　由此可見，凡他所併，只是廣韻同用的一部分，限於開合等第相
同的那些韻（臻與眞雖不同等，實際上可以合爲一韻，見第七章），
至如開合等第不同，雖廣韻爲同用，他還是不併。這種措施顯然是以
他的語音知識爲據，所以比平水韻的一味依附宋人同用有價值。

　　我們又可以注意到，五音集韻的"同用""獨用"是和廣韻一樣的，
所以他可以說是在禮部韻略與集韻以外獨立發展的一項材料。

　　§8.5 "古今韻會舉要"題"黃公紹編輯""熊忠舉要"，出於宋末元
初，是超乎韻書與韻圖，能成整個的表現宋以後語音系統的一項重要
資料，在形式上，他是照劉淵的壬子新刊禮部韻略分爲一百零七韻；
每韻之內，又如韓道昭的五音集韻，依字母的次序排列。可是除此之
外，他又添了幾項獨特的措施，使他能在舊瓶子裏裝進新酒。只要我
們稍加歸納的工夫，當時實際的音類就可以整個的求出來。

　　黃熊二人的獨特措施是什麼呢？韻會"韻例"云：

　　舊韻所載，考之七音，有一韻之字而分入數韻者，有數韻之字而
　　併爲一韻者。今每韻依七音韻，各以類聚，注云"已上案七音屬
　　某字母韻"。

這裏所說的是當時語音與韻書分韻的參差，凡韻書同韻而當時語音已

分成幾個韻母的，都"各以類聚"，並且注出新訂的類名（卽所謂"某字母韻"凡當時語音屬一個韻母而在韻書分見數韻的，韻會因爲受韻書分韻的限制，就不能把他們歸併，不過雖在不同的韻內，所注的新類名都仍然一樣，我們很容易自己來歸併。例如東韻自"公"至"攏"歸爲一類，"攏"字下注云"以上案七音屬公字母韻"；自"弓"至"戎"又爲一類，注云"已上屬弓字母韻"；"雄"自爲一類，注"以上屬雄字母韻"。同時多韻自"攻"至"礱"爲一類，"礱"下也注"已上屬公字母韻"；自"恭"至"茸"爲一類，"茸"下也注"已上屬弓字母韻"。由此可知，韻會表面上雖分一百零七韻，而實際上已經不遵守一百零七韻的藩籬了。

韻會"音例"又云：

> 音學久失，韻書譌舛相襲，今以司馬溫公切韻參考諸家聲音之書，定著角徵宮商羽半徵半商之序，每音每等之首，並重圈。注云"某清音""某濁音"。有切異音同而一韻之內前後各出者，今倂歸本音，並單圈。注云"音與某同"。有切異音同，而別韻出者，不再定音，注云"音與某韻某字同"。

這裏前一半說各韻之內字依七音排列，不過實際上韻會所用的字母又與傳統的三十六字母不同，詳見下一節，後一半所說則是當時聲母與三十六字母的差異，所謂"切異音同而一韻之內前後各出者"，就是三十六字母分而當時語音已混的現象，例如"中"本屬知母，"終"本屬照母，韻會時兩字已經同音，東韻就把"終"收在"中"字下面，"中"字既注七音清濁，"終"就不再注，僅僅指明"音與中同"，所謂"切異音同而別韻出者"，指依當時語音聲母韻母都同而韻書分入兩韻的字而言，例如多韻"攻"字注"音與東韻公字同"。又如"鍾"字與"中""終"都同音，而"鍾"在多韻，"中""終"在東韻。"中""終"的注法已如上述，"鍾"字則注音與"終"同。由此可知，韻會雖用七音清濁的觀念，却又完全擺脫了三十六字母的羈絆，而有所離合了。

§8.6 依韻會各韻所注的七音清濁以及卷首所載"禮部韻略三十六字母七音通考"，黃熊二人所訂的聲母的類如下：

	角	徵	宮	次宮	商	次商	羽	半徵	半商
清	見	端	幫	非	精	知	影		
次清	溪	透	滂	敷	清	徹	曉		
次清次					心	審	幺		
濁	羣	定	並	奉	從	澄	匣		
次濁	疑	泥	明	微		娘	喻	來	日
次濁次	魚				邪	禪	合		

用"角徵宮商羽"代替"牙舌唇齒喉"作五音的名稱，是字母產生以後早就有了的事，"守溫韻學殘卷"中已經可以看到了。這裏新添"次宮"與"次商"兩個名詞；前者代替"輕唇"，後者代替"正齒"，再者到三十六字母的時候，清濁只分四類，這裏又添了"次清次"與"次濁次"，"次清次"一方面可以安揷從來不好安揷的心審兩母，一方面可以安揷新添的"幺"母。"次濁次"一方面可以安揷從來不好安揷的邪禪兩母，一方面可以安揷新設的"魚"與"合"。

黃熊二人所訂的字母共是三十五個，其中與中古聲母相合的是：

見 溪 羣 端 透 定 幫 滂 並 明 非 敷 奉 微
精 清 從 心 邪 禪 曉 來 日

其他各母與中古聲母的關係如下：

（1）"疑""魚"與"喻"相當於中古的疑、云與以；不過界限多有參差，除去少數的例外（也許多是傳抄或刊印之訛），他們的關係是：

a）"疑"包括中古疑母一等韻的字（如"敖，吾……"），沺三等開口韻的字（如＂宜，吟，……＂）；以及云母開口韻的字（如＂尤，炎，……＂）。

b）＂魚＂包括中古疑母二三等合口韻的字（如＂頑，虞，……＂），與云母合口韻的字（如＂榮，爲，……＂）。

c）＂喻＂包括中古疑母二四等韻的開口字（如＂牙，妍，……＂，以及全體以母字。

又以中古爲出發點，則

a）疑母一等與三等開口韻的字變爲韻會的＂疑＂，二三等韻的合口字變韻會的＂魚＂，二四等韻的開口字變韻會的＂喻＂。（中古疑母在四等合口韻沒有字。）

b）云母開口韻的字變韻會的＂疑＂，合口韻的字變韻會的＂魚＂。

c）以母全歸韻會的＂喻＂。（不過韻會的＂喻＂不全是中古的以）除去一些可以認作字誤的例外，韻會的＂疑＂＂魚＂兩母可以說不在同一個韻母之前出現，所以實際上，他們仍然可以認作一個聲母。

（2）＂泥＂與＂娘＂相當於中古的泥——韻會名目上仍分泥與娘，自然是沿襲三十六字母的觀念而來的，事實上有些按三十六字母屬娘母的字他已認作＂泥＂母，例如眞韻的＂紉＂與麻韻的＂拏＂；並且凡他歸入＂娘＂母的字又都在沒有介音 i 的韻內而不在有介音 i 的韻內，——如＂醲＂入＂公＂字韻而不入＂弓＂字韻，＂袦＂入＂孤＂字韻而不入＂居＂字韻——這又顯出是他把介音算在聲母上的結果而不是＂醲＂與＂農＂或＂袦＂與＂奴＂眞的在聲母上有所不同。

（3）＂知＂＂徹＂＂澄＂＂審＂是中古知徹澄、莊初崇生俟與章昌船書禪合併的結果，換句話說，也就是三十六字母的知照兩系全不分了，所以：

（a）＂知＂包括＂珍＂（知母）、＂眞＂（章母）、臻（莊母）等字；

（b）"徹"包括"倀"（徹母）、"昌"（昌母）、創（初母）等字；

（c）"澄"包括"橻"（澄母）、"船"（船母）、鋤（崇母），鎟（俟母）等字。

（d）"審"包括"施"（書母）、"師"（生母）等字。

所有這些字，韻會都稱作"次商"，與精系爲鄰；並不稱"次徵"而與端系爲鄰，由此可知，這種變化是知徹澄併入照穿床，俟母與崇船混，是中古後期已有的現象（8.2節）。

（4）"影"與"幺"合起來相當於中古的影母，大致說，韻圖置於一等與三等的影母字屬韻會的"影"，韻圖置於二等與四等（包括四等韻以及某些三等韻）的影母字屬韻會的"幺"，在韻會裏，"影""幺"兩母有在同一個韻母之前出現的，如"醫"（影）與"伊"（幺）同屬"羈"字韻，"哀"（影）與"挨"（幺）同屬"該"字韻。他們的關係或許如上述"泥""娘"兩母，不過現在還不能確定，有一點要注意的，就是這種分別和中古反切的"烏""於"兩類沒有關係。

（5）"匣"與"合"合起來相當於中古的匣母，除去少數例外（或許竟是傳抄或刊印之訛），我們可以說：中古匣母的一等韻開口字韻會歸"合"；一等韻合口、二等韻與四等韻字韻會歸"匣"，又從大體上說，在韻會裏，"合""匣"兩母的字不同時出現於一個韻母之前。所以他們仍然可以看作一個聲母的變值。

除此之外，還有一點值得注意的，就是韻會的曉母字往往自己獨成一個韻母，如"麾""暉"等獨成"麾"字韻，"欣"等獨成"欣"字韻；並且原在韻書同韻而現在分別的那個韻母中（如"規""嬀"之與"麾"，"巾"之與"欣"），曉母又恰恰無字。由此可知，這種措置實在是和匣母分作"合"與"匣"平行的，"影""匣""喻"三母字也偶有獨立成韻的現象，情形與曉母同。

§8.7 韻會所訂的韻母的類，平聲共六十七個。現在大致依據攝的觀念，分述如下：

（1）公，弓

"公"字韻：

    a）東一等字（"蓬""東""㶀""公""翁""籠"），多韻字（"多""宗""攻""磞"），東三等與鍾韻非、知、照系字（"風""中""崇""終"，"封""衝""鍾"）

    b）登韻合口字（"朋""肱""弘"）

    c）庚二等與耕韻的合口字（"盲""甍""橫"，"甍""宏"）

"弓"字韻：

    a）東三等與鍾韻的精見影系以及來日兩母的字（"嵩""弓""融""隆""戎"，"縱""恭""胸"），只有云母的"雄"等不在內。

    b）庚三等與清韻合口的影云以母字（"榮""營""縈"）

（2）岡，江，光，黃，莊

"岡"字韻：

    a）唐韻開口字（"旁""當""倉""岡""杭""郎"），陽韻知章系字（"張""常"）與非系字（"方""亡"）

    b）江韻唇音字（"邦""尨"）

"江"字韻：

    a）陽韻精見影系與來母字（"將""薑""香""良"）

    b）江韻見影系字（"江""降"）

"光"字韻：

    a）唐韻合口字（"光""汪"），陽韻合口見影系字（"匡""王"）

    b）江韻知莊系與來母字（"椿""雙""瀧"）

"黃"字韻——只有唐韻合口的匣母字（"黃"等）；同時"光"字韻"合"

"匣"兩母都沒有字。

"莊"字韻——陽韻莊系字（"莊""霜"）這些字不與"岡"字韻的"張"
"商"等混，也不與"光"韻的"椿""雙"等混，所以應當另
有一個主要元音。

（3）貲，羈，鷄，嬀，規，麾，惟

"貲"字韻——支脂之三韻開口精莊系字（"雌""醴"，"咨""師"，"詞"
"茬"）切韻指掌圖以支脂之三韻的精系字入一等，表明
舌尖前元音ɿ在宋代產生，這裏又加入莊系字，可見舌
尖後元音ʅ又已出現了。

"羈"字韻：

a）支脂之三韻開口幫知章系，見影系韻圖在三等的部分與來母
字（"卑""馳""支""羈""犧""離"，"紙""墀""尸""飢""棃"，
"治""之""其""飴"）；微韻開口字及非系字（"機""衣"
"飛"）

b）齊韻開口幫端精系字（"迷""低""妻""黎"）

"鷄"字韻：

a）支脂兩韻開口見影系韻圖在四等的部份（"祇""枝"）

b）齊韻開口見影系字（"鷄""兮"）

"嬀"字韻

a）支脂兩韻合口字，莊系及見影系韻圖置四等的除外（"皮"
"隨""垂""麾""逶""悲""綏""追""龜"），微韻合口見影系
字（"歸""威"）

b）灰韻字（"杯""椎""崔""傀""回"）

"規"字韻：

a）支脂兩韻合口見影系字韻圖置四等的（"規"，"葵"）

　　　　b）齊韻合口字（"圭""携"）

"麾"字韻——只有曉母的"麾"（支韻）"暉"（微韻）等字，可以歸入
　　　　　　"嬀"字韻。

"惟"字韻——只有喻母的"惟"等，可以歸入"嬀"字韻。

　　　（4）孤、居

"孤"字韻——模韻字（"蒲""都""租""孤""烏"），魚韻莊系字（"初"
　　　　　　），虞韻非莊兩系字（"扶""雛"）。

"居"字韻——魚虞兩韻，除非莊兩系字（"徐""豬""諸""居""虛"，
　　　　　　"趣""株""朱""拘""俞"）。

　　　（5）該、佳、乖

"該"字韻——咍韻字（"胎""哉""開""孩"），皆佳兩韻開口幫莊兩
　　　　　　系字（"埋""豺"，"牌""柴"）。

"佳"字韻——皆佳兩韻開口見影系字（"皆""諧"，"佳""膎"）。

"乖"字韻：

　　　　a）皆佳兩韻合口字（"乖""懷"，"媧""蛙"）。

　　　　b）支脂兩合口莊系字（"衰"）。

　　　（6）根、巾、欣、昆、鈞、筠

"根"字韻——痕韻除匣母字（"根""恩"），臻韻字（"莘"）。

"巾"字韻——痕韻匣母字（痕），眞韻字（"賓""津""珍""眞""巾"
　　　　　　"寅"），欣韻除曉母字（"斤""殷"）。

"欣"字韻——只有欣韻曉母的"欣"等，同時"巾"字韻沒有曉母字。

"昆"字韻——魂韻字（"奔""敦""䐗""坤""昏"），文韻非系字（"分"
　　　　　　）。

"鈞"字韻——諄韻字，除影云兩母（"遵""屯""春""鈞""勻"），文
　　　　　　韻字除云影兩母（"君""熏"）。

"筠"字韻——只有諄文兩韻的影云（韻會聲母變"魚"）兩母字（"贇"
　　　　　　"筠"，"熅""雲"），同時"鈞"字韻"影""魚"兩母無字。

　　（7）干、間、鞬、堅、賢、官、關、涓、卷

"干"字韻——寒韻字（"單""餐""干""寒"），刪山兩韻幫莊系字（
　　　　　　"班""刪"，"瓣""山"）元韻非系字（"翻"）。

"間"字韻——刪山兩韻見影系字（"姦"，"間"）。

"鞬"字韻——元韻開口字（"鞬""言"）；仙韻開口見影系及幫精知章
　　　　　　系濁音字（"眠""錢""纏""乾""延"），先韻開口端系與
　　　　　　幫精系濁音字（"天""眠""前"）。

"堅"字韻——仙韻開口幫精知章系清音字（"篇""遷""羶"），先韻開
　　　　　　口見影系（除匣母）及幫精系清音字（"邊""千""堅"
　　　　　　"煙"）。

"賢"字韻——只有先韻開口匣母字（"賢"），同時"堅"字韻沒有匣母
　　　　　　字。

"官"字韻——桓韻字（"潘""端""酸""寬""歡"）。

"關"字韻——刪山兩韻合口字（"跧""關""彎"，"鰥""綰"）。

"涓"字韻——元韻見影系合口字（"元""暄"），仙韻合口字（"權"
　　　　　　"專""全""沿"）。

"卷"字韻——先韻合口字（"玄"）。

　　（8）高、交、驕、驍

"高"字韻——豪韻字（"毛""刀""曹""高""豪"），肴韻幫知莊系字
　　　　　　（"包""嘲""稍"）。

"交"字韻——肴韻見影系字（"交""爻"）。

"驕"字韻——宵韻除精系與韻圖置四等的牙喉音字（"鑣""朝""燒"
　　　　　　"喬""囂""妖"）。

"驍"字韻——宵韻精系與韻圖置四等的牙喉音字（"焦""翹""要"），

蕭韻字（"貂""蕭""驍""幺"）。

　　（9）歌、戈

"歌"字韻——歌韻字（"多""蹉""珂""何"）。

"戈"字韻——戈韻一等字（"波""詑""蓑""科""和"）。

　　（10）牙、嘉、迦、嗟、瓜、瘸

"牙"字韻——麻韻二等開口，幫知莊系字及"牙"（"巴""奢""叉"）。

"嘉"字韻——麻韻二等開口見影系字除"牙"（"嘉""遐"）。（"嘉"字

韻及"牙"字韻聲母沒有相同的。）

"迦"字韻：

　　a）戈三等開口字（"迦"）。

　　b）麻三等濁音字（"蛇""邪"）。

"嗟"字韻——麻三等清音字（"些""車"）。

"瓜"字韻——麻二等合口字（"檛""瓜"，"花"）。

"瘸"字韻——戈三等合口（"靴""瘸"）。

　　（11）搄、京、經、行、雄、兄

"搄"字韻：

　　a）登韻開口字（"朋""騰""增""搄""恒"）。

　　b）庚二等與耕韻開口的幫知莊系字（"彭""撐""生"，"繃""橙"
　　　"爭"）。

"京"字韻：

　　a）蒸韻字（"冰""繪""繩""競""蠅"）。

　　b）庚三等與清韻開口字（"平""京""英"，"并""清""征""成"
　　　"師""盈"），青韻開口幫端系與精系清音（"餅""丁""青"）。

"經"字韻——庚二等，耕、青開口見影系除匣母字（"庚""亨"，"耕"

　　"嬰"，"輕""馨"）。

"行"字韻——只有上面三韻開口匣母字（"行"，"莖"，"形"），同時
　　　　　"經"字韻沒有匣母字。

"雄"字韻：

　　a）清青兩韻合口見系及匣母字（"傾""瓊"，"扃""熒"）。

　　b）東三等匣母字（"雄"）。

"兄"字韻——只有庚三等的曉母字（"兄"），同時"雄"字韻沒有曉母
　　　　　字。

　　(12) 鈎、鳩、樛、裒、浮

"鈎"字韻——侯韻除幫系字（"偷""諏""鈎""謳"），尤韻莊系字（
　　　　　"愁"）。

"鳩"字韻——尤韻除非莊系字（"周""收""秋""丘""抽"），幽韻唇音
　　　　　字（"彪"）。

"樛"字韻——幽韻除唇音字（"虯"）。

"裒"字韻——侯尤兩韻唇音字（"裒""謀"）；同時"鈎"字韻沒有唇音
　　　　　字，鳩字韻沒有非系字。

"浮"字韻——只有"奉"母的字（"浮"）；同時"裒"字韻沒有奉母。

　　(13) 簪、金、歆

"簪"韻 —— 侵韻莊係字（"簪""森"）。

"金"字韻——侵韻除莊系與曉母字（"斟""沉""金""音"）。

"歆"字韻——只有侵韻曉母字（"歆"）；同時"金"字韻沒有曉母。

　　(14) 甘、緘、箝、兼、嫌、杴

"甘"字韻——覃談兩韻字（"耽""參""弇""含"，"談""三""甘"
　　　　　"酣"），咸銜兩韻莊系字（"讒"，"衫"），凡韻唇音字
　　　　　（"凡"）。

"緘"字韻——咸銜兩韻見影系字（"緘""咸"，"監""銜"）。

"箝"字韻——嚴韻字（"嚴""釅"），鹽韻除韻圖置四等的影母字（"砭""潛""占""箝""淹"），添韻除見影系字（"甜""鮎"）。

"兼"字韻——添韻見系字（"謙"，鹽韻韻圖置四等的影母字（"懕"）。

"嫌"字韻—— 只有添韻匣母字（"嫌"），同時"兼"字韻沒有匣母。

"枚"字韻——只有添韻曉母字（"枚"），同時"兼"字韻沒有曉母字。

§8.8 韻會上去聲韻與中古韻母的關係，都與平聲相應，現在從略。以下說入聲韻：

（1）穀、菊

"穀"字韻：

　　a) 屋一等字（卜、禿、族、哭、屋），屋三等非系與莊系字（福、縮），沃韻字（僕、篤、酷、鵠）。

　　b) 沒韻字（勃、突、卒、骨、忽），物韻非系字（弗），術韻莊系字（率）。

"菊"字韻：

　　a) 屋三等除非系與莊系字（蕭、竹、菽、鞠、畜），燭韻字（足、躅、燭、曲、欲）。

　　b) 術韻精知章系及來母字（恤、怵、術、律），物韻見影系字（屈、鬱）。

（2）各、覺、腳、爵、郭、矍

"各"字韻：

　　a) 覺韻幫系字（剝）。

　　b) 鐸韻開口字（博、託、作、各、鶴）。

"覺"字韻——覺韻見影系字（穀、學）。

"脚"字韻——藥韻開口除精系字（略、著、杓、却、約）。

"爵"字韻——藥韻開口精系字（爵、削）；同時"脚"字韻沒有精系
　　　　　字。

"郭"字韻：

　　　a) 覺韻知莊系及來母字（斮、朔、犖）。

　　　b) 鐸韻合口字（郭、霍），藥韻合口非系字（轉）。

"矍"字韻——藥韻合口見影系字（躩、籰）。

　　（3）克、黑、櫛、訖、吉、國、洫、橘、聿

"克"字韻——德韻開口除曉匣母字（德、則、克），職韻開口莊系字
　　　　　（側、色）。

"黑"字韻——只有德韻開口曉匣母字（黑、劾）；同時"克"字韻沒有
　　　　　這兩個聲母的字。

"櫛"字韻：

　　　a) 櫛韻字（櫛、瑟）。

　　　b) 緝韻字（戢、澀）。

"訖"字韻：

　　　a) 質韻除韻圖置三等的幫系字與置四等的見影系字（必、七、
　　　　窒、實、姞、乙），迄韻字（乞、迄）。

　　　b) 昔韻開口幫精知章系字（辟、擲、尺、積），庚三等開口字
　　　　（逆），錫韻開口幫端精系字（壁、的、績）。

　　　c) 職開口韻除莊系字（卽、直、識、極、億）。

　　　d) 緝韻除莊系字（習、執、急、熠）。

"吉"字韻：

　　　a) 質韻韻圖置四等的見影系字（吉、欯）。

　　　b) 錫韻開口見影系字（激、檄）。

"國"字韻：

    a) 質韻韻圖置三等的幫系字（筆、密）。

    b) 昔韻合口幫系字（碧）。

    c) 德韻合口字（北、國、或），職韻合口除曉母字（逼、域）。

"洫"字韻——只有職韻合口曉母字（洫），同時國字韻沒有曉母字。

"橘"字韻：

    a) 術韻韻圖置四等的見影系字除喻母（橘、獝）。

    b) 錫韻合口字除曉母（狊）。

"聿"字韻——只有喻母字，同時"橘"字韻沒有喻母字。

    a) 術韻喻母字（聿）。

    b) 昔韻喻母字（役）。

    （4）額、格、虢

"額"字韻——陌二等與麥韻開口除見影系字（白、宅；責、摘）。

"格"字韻——陌二等與麥韻開口見影系字（格、赫；隔、聚），與
       "額"字韻不相重。

"虢"字韻——陌二等與麥韻合口字（虢；劃）。

    （5）葛、怛、戛、訐、結、括、刮、厥、玦

"葛"字韻：

    a) 曷韻見影系字（葛、曷）。

    b) 合盍兩韻見影系字（閤、合；榼、盍）。

"怛"字韻：

    a) 曷韻端精系字（達、擦），黠鎋兩韻開口知莊系字（八、
       殺；剎），月韻非系字（伐）。

    b) 合盍兩韻端精系字（答、雜；榻、臘），洽狎兩韻知莊系字
       （劄；翣），乏韻非系字（法）。

"戛"字韻：

    a）黠鎋兩韻見影系字（戛、黠；簅、瞎）。

    b）洽狎兩韻見影系字（夾、洽；甲、狎）。

"訐"字韻：

    a）月韻開口字（竭、歇），薛韻開口見系字及知章系全濁音字（傑、轍、舌），屑韻開口端系全濁音字（迭）。

    b）業韻字（刦、業），葉韻見影系韻圖置三等的字及精章系全濁音字（曄、捷、涉），帖韻端系全濁音字（牒）。

"結"字韻：

    a）薛韻開口幫精系及知章系清音與次濁音字（別、薛、哲、列、熱），屑韻開口除端系全濁音字（瞥、鐵、涅、切、結；纈）。

    b）葉韻見影系韻圖置四等的字及精章系除全濁音字（魘、妾、攝、獵），帖韻除端系全濁音字（帖、捻、燮、頰、協）。

"括"字韻——末韻字（撥、奪、撮、闊、活）。

"刮"字韻——黠鎋兩韻合口字（八、茁、刷、滑、刮）。

"厥"字韻——月韻合口見影系字（厥、噦）。

"玦"字韻——薛屑兩韻合口字（綴、說、雪、悅；玦、穴）。

§8.9 綜合以上三節，可知中古聲韻母與韻會聲韻母之間，主要的差別是：

（1）脣音聲母分化爲重脣與輕脣，如三十六字母。

（2）知莊章三系完全不分，比字母合莊章兩系爲照、穿、牀、審、禪更進一步，而與中原音韻同。

（3）疑母與云母合爲"疑、魚"的系統，同時一部分疑母字又與以母字混爲"喻"。這是紙上材料僅有的現象，並且現代方言中也還沒有發現完全一樣的情形。

（4）喉音聲母或因韻母的不同而分爲兩類（如"影"與"幺"，"合"與"匣"），或者獨自成韻（各母都有，而曉母特多）。可見得他們因所配的韻母不同而生的差別比較顯著。

（以上聲母的變化）

（5）二等韻開口字，屬於幫知莊系的，都變入同攝一等韻，如刪山兩韻的"班""綻""刪"等與寒韻字同屬"干"字韻，肴韻的"包""啁""稍"等與豪韻字同屬"高"字韻；只有見影系字仍然保持獨立，如刪山兩韻的"姦""間"等自成"間"字韻，肴韻的"交""肴"等自成"交"字韻。

（6）三等韻的非系字都變入同攝一等韻，如虞韻的"膚""敷""扶""無"等與模韻字同屬"孤"字韻，元韻的"蕃""翻""煩"等與寒韻字同屬"干"字韻；只有微韻，因爲止攝沒有一等韻，沒有這種情形。

（7）三等韻的莊系字都變入同攝一等韻，例如，尤韻的"鄒""愁"等與侯韻字同屬"鉤"字韻，東三等的"崇"與東一等字同屬"公"字韻；如果同攝沒有一等韻，則獨立成韻，如侵韻的"簪""森"等獨成"簪"字韻，陽韻的"莊""霜"等字不與唐韻字同而獨自成韻，恐怕是有宕攝有江攝字混入的緣故。

（8）四等韻多與三等韻不分，只有幾攝牙音與喉音字仍與甲乙兩類三等韻分，例如蕭韻的"驍"與宵韻1類的"翹"等同屬"驍"字韻而宵韻2類的"喬""鱎"等則屬"驕"字韻。

（以上等的變化）

（9）通攝匣母的"雄"等變入曾梗兩攝的合口，而曾梗合口的大部分字又變入通攝。

（10）江攝併入宕攝見影系字入陽韻；其他的字入唐韻，而知莊系字爲合口。

（11）止攝開口精莊系字獨立成韻。

（12）蟹攝開口三四等字及合口一三四等字併入止攝。

（13）果攝三等字併入假攝。

（14）曾梗兩攝不分。梗一等開口幫知莊系字混入曾一等，見影系字則混入原來同攝的四等青韻。

（以上各攝舒聲韻的變化）

（15）入聲韻尾有全混的傾向。只有以下三點可能解釋爲韻尾有別：

a）江宕兩攝字仍與山咸兩攝字分。

b）櫛韻字（臻攝）沒有和職韻（曾攝）莊系字混。

c）梗二等字獨立，沒有混入曾臻的系統。

（16）因爲韻尾多已不分，所以：

a）臻攝合口大部分字與通攝混爲"穀""菊"。

b）臻攝開口與少數合口字、深攝字、梗攝三四等字、以及曾攝字都不分了。

c）山咸兩攝字也完全相混。

第九章 由中古到現代

§9.1 到上一章,我們已經約略的說過漢語音韻的四個階段,依時間順序說,他們是:

（1）切韻系韻書與早期韻圖所表現的中古音,以隋及唐初爲中心時期;

（2）宋後韻書韻圖與古今韻會舉要所表現的近古音,代表宋代;

（3）中原音韻所表現的近代音,代表元以後;

（4）現代音,國語與方言。

不過在講述的時候,我們是把重點放在中古與現代標準語;對於近古,只把他當中古音簡化的結果來說;對於近代,也只把他看作官話的早期的形式。正因如此,中古到近古的演變以及近代與現代的關係,也就不期然而然的已經說到,所以現在要明古今語音的不同,主要的是看中古與現代的關係如何,至於近古與近代之間,只要別的方面都已經弄清楚,自然就是迎双而解的問題了。

除去求講述上的便捷,我們要明古今之變而直接以現代音與中古音比較,還有別的重要的理由。第一是：切韻系統旣包括了"古今是非,南北通塞",現代音的來源就差不多可以完全在那裏面追尋得到,其次：韻會與中原音韻旣只代表當時的某一個方言,雖然都可以說是當時的標準語,但是現代官話顯然不是完全直線式的經過他們變來的,舉例言之,"端、官"等字的韻母在中古與近古時期是 -uɑn（廣韻桓韻,韻會"官"字韻）,中原音韻則是 -on,（入"桓歡"韻,不與"寒山"韻通押）,到了現代國語又是 -uan,在這種情形下,我們就決不能說宋以前的 -uɑn 到元代變 -on 而現代又回復到 -uan。

又如韻會把中古疑母與云母的一部分字合為"魚"母，這在現代官話也沒有類似的痕跡，由此可知，韻會與中原音韻都不是我們追溯現代音的來源的最好的歸宿。復次：近古與中古的差別以及近代與現代的距離都不大，我們可以在中間省去那兩個階段。末了：在第七章講到中古音的擬訂，我們曾經引用許多現代方言作佐證，古今的關係雖然也已經提到，但是不夠系統化的。我們還需要看現代標準語與中古音整個的關係如何。

關於古今音變，有幾點可以先提一提，就是：

（1）聲母的演變多受韻母的介音（開合，等第）以及聲調的影響。

（2）韻母的演變多受聲母發音部位的影響；

（3）聲調的演變多受聲母清濁的影響。

§9.2 下面這個插表四是一個中古聲母與國語聲母的比較表，我們可以先從這個表作一番概括的觀察.

各聲母的變化 清濁及演變條件／牙音及演變條件			全 清	次 清	全 濁 平	全 濁 仄	次 濁	全清（擦）	全濁（擦）平	全濁（擦）仄
重		唇	幫：p	滂：p'	並：p'	p	明： m			
輕		唇	非：f	敷：f	奉： f		微：○(u)④			
舌頭（娘併入，來附）			端：t	透：t'	定：t'	t	泥：n 來：1（娘）			
舌 上	梗入二等讀音		知 ts	徹 ts'	澄 ts					
	其 他		tʂ	tʂ'	tʂ'	tʂ				
齒 頭	洪 音①		精 ts	清 ts'	從 ts'	ts		心 s / ɕ	邪 ts',s / tɕ',ɕ	s / ɕ
	細 音①		tɕ	tɕ'	tɕ'	tɕ				
正齒附半齒	莊系	深及梗曾通入	莊 ts	初 ts'	崇 ts			生 s / ʂ	俟 ? ⑧	s
		其 他	tʂ	tʂ'	tʂ'	tʂ,ʂ②				
	章系	止 開	章：tʂ	昌 tʂ',ʂ	船 tʂ',ʂ	ʂ	日 ○ / ʐ	書：ʂ	禪：tʂ':ʂ / ʂ	ʂ
		其 他								
牙（曉匣移此）	開口	洪 音	k	k'		○		x	x	
		細 音 三等			tɕ'	tɕ	n,○(i)	ɕ		
		其他	見 tɕ	溪 tɕ'	羣 tɕ'	疑 ○(i)	曉	匣 ɕ	ɕ	
	合口	洪 音①	k	k'	k'	k	○(u)	x	x	
		細 音①	tɕ	tɕ'	tɕ'	tɕ	○(y)	ɕ	ɕ	
喉	開口	洪 音①	○							
		細 音①	○(i)			云 ○(i)				
	合口	洪 音①	影 ○(u)			以 ○(u)				
		細 音①	○(y)			○(y)				

注：⑴“洪”與“細”指現代韻母而言，這些聲母的演變，是以現代韻母之爲洪音或
　　細音爲條件的。注意：現代洪音與細音的分別，和中古一二等與三四等的
　　分別是不同的，中古一等韻現代官話大致全是洪音，二三四等都有洪有
　　細，要看主要元音如何而定。（9.4）

　⑵止攝開口字變ʂ－，其他變tʂ－。

　⑶俟母平聲僅“漦”一字，現代讀法未詳。

　⑷東三等、屋三等和尤韻的明母字未變微母。

§9.3　由上表可知，由中古到現代國語，聲母演變的趨向是：

（1）全濁音完全變清音。

　（a）濁塞音 { 平聲──→送氣的清音。
　　　　　　　 仄聲──→不送氣的清音。

　　陪 b‘uAi──→p‘ei˧ ：倍 °b‘uAi──→pei˥˩

　　徒 d‘uo──→t‘u˧ ：度 d‘uo°──→tu˥˩

　　澄 ɖ‘jəŋ──→tʂ‘əŋ˧ ：直 ɖ‘jək──→tʂï˧

　　羣 g‘juən──→tɕ‘yn˧ ：郡 g‘juən°──→tɕyn˥˩

　（b）濁塞擦音：

　　（ⅰ）從母同塞音

　　　　慈 dz‘ï──→ts‘ï˧ ：字 dz‘ï°──→tsï˥˩

　　（ⅱ）崇母除止攝仄聲變清擦音，也都與塞音同。

　　　　牀 dʐ‘jaŋ──→tʂ‘uaŋ˧ ：狀 dʐ‘juaŋ°──→tʂuaŋ˥˩ ：
　　　　士 °dʐ‘ï──→ʂï˥˩

　　（ⅲ）船母 { 平聲──→送氣的清塞擦音或清擦音。
　　　　　　　　 仄聲──→清擦音。

　　　　脣 dʑ‘juen──→tʂ‘uən˧，神 dʑ‘jen──→ʂən˧ ：
　　　　順 dʑ‘juen°──→ʂuən˥˩，實 dʑ‘jet──→ʂï˧

(c) 濁擦音

（ⅰ）邪，禪 $\begin{cases} \text{平聲}\longrightarrow\text{送氣的清塞擦音或清擦音} \\ \text{仄聲}\longrightarrow\text{清擦音} \end{cases}$

囚 zju——→tɕ'iou˧ ，徐 zjo——→ɕy˧：袖 zju°——→
ɕiou˥ ，序 °zjo——→ɕy˥

匙 ʑje——→tʂ'ï˧ ，時 ʐi——→ʂï˧：是 °ʑje——→
ʂï˧ ，市 °ʐi——→ʂï˥

（ⅱ）俟母只仄聲的"俟"現在還用，讀[sʔ˥]；平聲的"漦"讀法不詳。

（ⅲ）匣母全變清擦音

痕 ɣən——→xən˧　　杏 °ɣɐŋ——→ɕiŋ˥

（2）清塞音及塞擦音的送氣與不送氣仍舊。

鞭 pjæn——→pian˧：篇 p'jæn——→p'ian˧

釣 tiɛu°——→tiau˥：跳 t'iɛu°——→t'iau˥

鎮 ȶjen°——→tʂən˥：趁 ȶ'jen°——→tʂ'ən˥

醉 tsjuei°——→tsuei˥：翠 ts'juei°——→ts'uei˥

爪 °tʃau——→tʂau˦：吵 °tʃ'au——→tʂ'au˦

章 tɕjaŋ——→tʂaŋ˧：昌 tɕ'jaŋ——→tʂ'aŋ˧

交 kau——→tɕiau˧：敲 k'au——→tɕ'iau˧

（3）明、泥二母保持鼻音；疑母大部消失，僅少數三等開口字變n-。

茅 mau——→mau˧ ，南 nAm——→nan˧ ，紐 °nju——→niou˦

艾 ŋai°——→ai˥ ，眼 °ŋæn——→ian˦ ，吟 ŋiem——→in˧

五 °ŋuo——→u˦ ，元 ŋjuɐn——→yan˧：逆 ŋjɐk——→ni˥

（4）清擦音仍舊

蘇 suo——→su˧ ，師 ʃi——→ʂï˧ ，書 ɕjo——→ʂu˧ ，黑 xək

　　　——→xei⌐

（5）來母保持邊音；日母變濁擦音，只在止攝開口消失。

　　練 liɛn°——→lian⌍

　　人 ȵjen——→ʐən⌐ ：耳 °ȵi——→ï⌍
　　　　　（以上發音方式）

（6）脣音今分化爲雙脣與脣齒，系統與三十六字母的重脣與輕脣同。
　　但非、敷、奉三母全變清擦音；微母消失。

　　幫 pɑŋ——→paŋ⌐ ，滂 p‘ɑŋ——→p‘aŋ⌐ ，旁 b‘ɑŋ——→p‘aŋ⌐ ，
　　忙 mɑŋ——→maŋ⌐

　　方 pjuaŋ——→pfjuaŋ——→faŋ⌐ ，芳 p‘juaŋ——→pf‘juaŋ——→
　　faŋ⌐ ，房 b‘juaŋ——→bv‘juaŋ（——→pf‘juaŋ）——→faŋ⌐ ，
　　亡 mjuaŋ——→ɱjuaŋ （——→vjuaŋ——→vaŋ）——→uaŋ⌐

（7）端系仍保持舌尖音。

　　顛 tiɛn——→tian⌐ ，天 t‘iɛn——→t‘ian⌐ ，田 d‘iɛn——→t‘ian⌐
　　，年 niɛn——→nian⌐ ，紐 °nju——→niou⌍

（8）知徹澄三母大部分變捲舌塞擦音，只梗攝入聲二等字的讀書音
　　變舌尖塞擦音。

　　肘 °ȶ‘ju——→tʂou⌍ ，丑 °ȶ‘ju——→tʂ‘ou⌍ ，紂 °ȡ‘ju——→
　　tʂou⌍：宅 ȡ‘ek——→tsɤ⌐、tʂai⌐，擿 ȶæk——→tsɤ⌐、tʂai⌐

（9）精系如韻母變洪音，仍爲舌尖音；如韻母變細音，則顎化爲舌
　　面音。

　　再 tsAi°——→tsai⌍：濟 tsiɛi°——→tɕi⌍

　　餐 ts‘an——→ts‘an⌐：千 ts‘iɛn——→tɕ‘ian⌐

　　曹 dz‘ɑu——→ts‘au⌐：樵 dz‘jæu——→tɕ‘iau⌐

　　蘇 suo——→su⌐：須 sjuo——→ɕy⌐

詞 zi──→tsʻï˥：徐 zjó──→ɕy˥

(10) 莊系大致是捲舌音，只在深攝及曾梗通三攝入聲韻中變舌尖音。

皺 tʃjuᵒ──→tʂou˩，抄 tʃʻau──→tʂʻau˥，師 ʃi──→ʂï˥，
崇 dʐʻjuŋ──→tʂʻuŋ˥

森 ʃjem ──→sən˥，澀 ʃjep──→sɤ˩，測 tʃʻjək──→tsʻɤ˩，
責 tʃæk──→tsɤ˥，縮 ʃjuk──→suoˉ˥

(11) 章系全變捲舌音。

蒸 tɕjəŋ──→tʂəŋ˥，綽 tɕʻjak──→tʂʻuo˩，述 dzʻjuet──→
ʂu˩，扇 ɕjænᵒ──→ʂan˩，十 zjep──→ʂï˧

(12) 舌根音聲母，洪音仍保持舌根音，細音顎化為舌面音。（疑母的變化，第三條已全，此略）。

根 kən──→kən：──→斤 kjən──→tɕin˥

匡 kʻjuɑŋ──→kʻuaŋ˥：羌 kʻjaŋ──→tɕʻiaŋ˥

櫃 gʻjueiᵒ──→kuei˩：忌 gʻiᵒ──→tɕi˩

好 xɑu──→xau˩˥：孝 xau──→ɕiau˩˥

汗 ɣɑnᵒ──→xan˩：現 ɣiɛn──→ɕian˩

(13) 影母與喻三都消失，喻四仍為無聲母字。

安 ʔɑn──→an˥，彎 ʔun──→uan˥，淵 ʔiuɛn──→yan˥，
焉 ʔjɐn──→ian˥

遠 ᵒɣjuɐn──→yan˩˥，矣 ᵒɣji──→i˩˥

泂 jem──→in˥，用 juoŋᵒ──→yuŋ˩

（以上發音部位）

§9.4 韻母的演變，參看插表五、六，那裏面須加注的，寫在下面：

（表五）

古韻今讀攝	一等幫系	一等端系	一等精系	一等見系	一等影系	二等幫系	二等知系	二等莊系	二等見系	二等影系	三四等幫系	三四等端系	三四等精系	三四等莊系	三四等知章系	三四等見系	三四等影系
陰聲　果		uo		ɣ												ia, ie	
假						a			ia				ie			ɣ	ie
（遇）													y			u	y
蟹		ai				ai			ie,ai / ia ①		i					i	
止											i,ei	i			ï		i
效		au				au			iau;au ②		iau					au	iau
聲　流											iau,iou				⑥		iou
陽聲　咸		an				an			ian		ian					an	ian
山		an				an			ian		ian					an	ian
宕	aŋ												iaŋ	uaŋ	aŋ		iaŋ
江						aŋ		uaŋ	iaŋ								
深											in				ən		in
臻		uən		ən							in				ən		in
曾		əŋ									iŋ				?③	əŋ	iŋ
聲　梗								əŋ	əŋ,iŋ		iŋ					əŋ	iŋ
（通）																	
入聲　咸	a			ɣ		a			ia				ie		ɣ		ie
山	a			ɣ		a			ia				ie		ɣ		ie
宕	uo,au			ɣ									ye,iau		uo,au		ye,iau
江						uo,au		uo	ye,iau								
深													i	?④	ï;u⑤		i
臻				ɣ							i			ï,ɣ	ï		i
曾	ei,uo		ɣ,ei								i			ɣ,ai	ï		i
聲　梗	ai,uo	ɣ,aj		ɣ							i				ï		i
（通）																	

(表六)

古韻今讀	攝	合																
	等第	一等					二等				三四等							
	聲母	幫系	端系	精系	見系	影系	幫系	莊系	見系	影系	非系⑤	端系④	精系	莊系	知系	章系	見系	影系
陰聲	果	uo			uo, ɤ												ye	
	假							ua										
	遇	u									u	y		u			y	
	蟹	ei	uei; ei①	uei	uei, uai②			uai; ua③			ei		uei		uei			
	止										ei; uei	ei	uei	uai	uei			
	(效)																	
	流	ou, u, au	ou								ou, u	iou		ou			iou	
陽聲	咸										an							
	山	an	uan					uan			an; uan	an; uan	yan		uan		yan	
	宕				uaŋ						aŋ; uaŋ						uaŋ	
	(江)																	
	(深)																	
	臻	ən	uən								ən; uən	uən	yn, uən		uən		yn	
	曾				uŋ													
	梗								uŋ								yuŋ, iŋ	
	通	əŋ	uŋ								əŋ	uŋ					uŋ; yuŋ	yuŋ
入聲	咸										a							
	山	uo						ua			a; ua	ye			uo		ye	
	宕				uo						u						ye	
	(江)																	
	(深)																	
	臻	u, uo			u						u	y		uai	u		y	
	曾				uo													y
	梗								uo								y, i	
	通	u									u	u, y	u	uo	u, ou		y	

注：表（五）

（1）溪母與影母爲〔ai〕，其他爲〔ie〕，又佳韻有些字例外爲〔ia〕和假攝字混。

（2）影母爲〔au〕，其他爲〔iau〕

（3）僅"繒"一字，廣韻"疾陵切"，今讀〔tsəŋˊ〕，聲母與聲調都不合，韻母也大有問題。

（4）現在只有一個"澀"字還通行，音〔sɤˋ〕，但此字又見曾攝。

（5）日母爲〔u〕，其他爲〔ï〕。

（6）"鏐鏐"來母，"鏐"後加，"鏐"又見尤韻。"秬"精母，又見之韻。"慘"生母，又見覃韻。凡此，今不計。

（7）三等只有泥來。

表（六）：

（1）泥來母字是〔ei〕，其他〔uei〕。

（2）泰韻有些字是〔uai〕。

（3）佳夬兩韻有些字是ua。

（4）三等只有泥來。

（5）尤、東三、屋三脣次濁是明而不是微。微母字合口；其他開口。

§9.5 由揷表五、六可知，中古韻母與國語韻母的關係是：

（1）入聲韻的輔音韻尾完全消失。

　　　合 ɤAp──→xɤˊ，立 ljep──→liˋ，舌 dzʼjæt──→ʂɤˋ，骨
　　　kuət──→kuˇ，駁 pɔk──→puoˊ，各 kɑk──→kɤˋ，刻
　　　kʼək──→kɤˋ，白 bʼɐk──→paiˊ，毒 dʼuok──→tuˊ

（2）陽聲韻的鼻音韻尾：山臻兩攝仍保持爲 -n，曾梗通宕江仍保持爲-ŋ，深咸兩攝的-m變-n。

　　　干 kɑn──→kanˊ，根 kən──→kənˊ

　　　登 təŋ──→təŋˊ，庚 kɐŋ──→kəŋˊ，公 kuŋ──→kuŋˊ，
　　　江 kɔŋ──→tɕiaŋˊ，剛 kɑŋ──→kaŋˊ

今 kjem──→tɕin˥，甘 kam──→kan

（以上韻尾）

（3）開與合的分別大體如舊，小規模的變異只有：

（a）果攝開口一等韻（歌）的舌齒音字變合口，與合口一等韻（戈）字混。

多 tɑ──→tuo˥　　（朵 °tuɑ──→tuo√）

羅 lɑ──→luo˩　　（騾 luɑ──→luo˩）

左 °tsɑ──→tsuo√　　（坐 °dzʻuɑ──→tsuo√）

同時合口的舌根音字也有一部分例外變開口的，如：

戈 kuɑ──→kɤ˥　　（鍋 kuɑ──→kuo˥）

和 ɣuɑ──→xɤ˩　　（禍 °ɣuɑ──→xuo√）

（b）陽韻莊系字本來是開口，現在都變合口。

莊 tʃiɑŋ──→tʂuaŋ˥，瘡 tʃʻiɑŋ──→tʂʻuaŋ˥，牀 dʒiɑŋ──→tʂʻuaŋ˩，霜 ʃiɑŋ──→ʂuaŋ˩

（c）清青兩韻的合口字多變開口。

頃°kʻjuɛŋ──→tɕʻiŋ√，營 juɛŋ──→iŋ˩，螢 ɣiuɛŋ──→iŋ˩，役 juɛk──→i√

（d）臻舒聲一等開口（痕）端系字變合口。

吞 tʻən──→tʻuən˥

（e）蟹止兩攝泥來母合口變開口。

內 nuAi°──→nei√，累 ljue°──→lei√，嫩 nuən°──→nən√

至於魚韻字由 jo──→y,u；侯尤韻字由 u,ju──→ou,iou；以及江攝與宕攝入聲開口字變 -uo，這些也可以說是開合口的不同，不過那究竟是主要元音的變化的結果，不是介音本身的變化。

　　（以上開合）

（４）一等韻完全變洪音。

　　公 kuŋ──→kuŋ˥，姑 kuo──→ku˥，該 kᴀi──→kai˥，

　　根 kən──→kən˥，干 kɑn──→kan˥，高 kɑu──→kau˥，

　　歌 kɑ──→kɤ˥，剛 kɑŋ──→kaŋ˥，恒 ɣuəŋ──→xəŋˊ，

　　鈎 ku──→kou˥，甘 kɑm──→kan˥

（５）二等韻合口也都變洪音。

　　快 k'uaiˆ──→k'uai＼，關 kuan──→kuan˥，瓜 kua──→

　　kua˥，宏 ɣuæŋ──→xuŋˊ

開口音則大部牙喉音產生介音〔i〕，並影響聲母顎化；其他的字仍然沒有介音 i。

　　介 kɐiˆ（──→tɕiai）──→tɕie＼，懈 ˆɣæi（──→ɕiai）──→ɕie＼

　　：買 ˆmæi──→mai╱，奶 ˆnæi──→nai╱，債 tʃæiˆ──→

　　tʂai＼，楷ˆ k'ɐi──→k'ai╱

　　間 kæn──→tɕian˥，限ˆɣæn──→ɕian＼，晏ˀ anˆ──→ian＼：

　　盼 p'anˆ──→p'an＼，刪ʃan──→ʂan˥，綻 ɖ'ænˆ──→tʂan＼

　　交 kau──→tɕiau˥，孝 xauˆ──→ɕiau＼ ： 包 pau ──→

　　pau˥，巢 dʐ'au──→tʂ'auˊ，鬧 nauˆ──→nau＼，坳

　　ˀauˆ──→au＼

　　加 ka──→tɕia˥，霞 ɣa──→ɕia＼，鴉 ˀa──→ia˥

　　巴 pa──→pa˥，查 dʐ'a──→tʂ'aˊ，拿 na──→na˥

　　江 kɔŋ──→tɕiaŋ˥，巷 ɣɔŋˆ──→ɕiaŋ＼：邦 pɔŋ──→paŋ˥

　　，窗 tʃ'ɔŋ──→tʂ'uaŋˊ

　　杏ˆɣɐŋ（──→ˆɕiɐŋ）──→ɕiŋ＼：庚 kɐŋ──→kəŋ˥，亨

ㄈㄝ§ㄚ⌐→ㄨㄚx，厄ˀæk→ㄚ√∣，爭 tʃæŋ→tʂəŋ⌐，

冷°lɐŋ→ləŋ√

減 °kɐm→tɕiaŋ⌐，威 ɣɐm→ɕiaʴ⌐，鴨ˀap→iaʴ

：衫 ʃam→ʂan⌐

（6）三等韻的一般情形是：舌音及正齒音字的介音-j-消失；凡脣
音聲母變輕脣的，-j-也消失；其他都還有-i-，或在合口音中
與-u-合併爲-y-。（蟹止宕通四攝比較特別，分見下文。）

夫 pjuo→fu⌐，猪 ȶjo→tʂu⌐，初 tʃʻjo→tʂʻu⌐，朱
tɕjuo→tʂu⌐，汝 °ȵjo→ʐu√：女 °ȵjo→ny√，須
sjuo→ɕy⌐，居 kjo→tɕy⌐，虛 xjo→ɕy⌐，雨
°ɣju→y√

賓 pjen→pin⌐，鄰 ljen→lin⌐，津 tsjen—tɕin⌐，
緊 °kjen→tɕin√，欣 xjen→ɕin⌐，因ˀjen→in⌐
：珍 ȶjen→tʂən⌐，臻 tʃjen→tʂən⌐，眞 tɕjen—
tʂən⌐，人 ȵjen→ʐəʴ⌐

分 pʻjuən→fən⌐，椿 ȶʻjuen→tʂʻuən⌐，春 tɕʻjuen—
tʂʻuən⌐。俊 tsjuen°→tɕyn√，均 kjuen→tɕyn⌐，
訓 xjuən→ɕyn√，雲 ɣjuen→yn⌐

編 pjæn→pian⌐，連 ljæn→lian⌐，煎 tsjæn—
tɕian⌐，建 kjæn°→tɕian√，獻 xjæʴ°→ɕian√，
演 °jæn→ian√：展 °ȶjæn→tʂan√，扇 ɕjæn°→
ʂan√，熱 ȵjæt→ʐaʴ√

翻 pʻjuɐn→fan⌐，傳 ȡʻjuæn→tʂʻuan⌐，專 tɕjuæn—
tʂuan⌐，軟 ȵjuæn→ʐuanʴ√：宣 sjuæn→ɕyan⌐，
圈 kʻjuæn→tɕʻyan⌐，暄 xjuɐn→ɕyan⌐，越 ɣjuæt

——→yeˇ

標 pjæu——→piauˉ，燎 ljæul——→iauˊ，小 °sjæu——→
ɕiauˇ，驕 kjæu——→tɕiauˉ，囂 xjæu——→ɕiauˉ，妖
ˀjæu——→iauˉ：超 tʻjæu——→tʂʻauˉ，招 tɕjæu——→
tʂauˉ，饒 njæu——→ʐauˊ

姐 °tsja——→tɕieˇ，野 °ja——→ieˇ：車 tɕʻja——→tʂʻɤˉ，
惹 °nja——→ʐɤˇ，靴 xjua——→ɕyeˉ

餅 °pjɛŋ——→piŋˇ，令 ljɛŋ°——→liŋˇ，清 tsʻjɛŋ——→tɕʻiŋˉ
，頸 °kjɛŋ——→tɕiŋˇ，英 ˀjɛŋ——→iŋˉ：鄭 ɖʻjɛŋ°——→
tʂəŋˇ，省 °ʃjɛŋ——→ʂəŋˇ，正 tɕjɛŋ°——→tʂəŋˇ

瓊 gʻjuɛŋ——→tɕʻyuŋˊ，兄 xjuɛŋ——→ɕyuŋˉ，榮 ɣjuɛŋ——→
ʐuŋˊ

（梗合無唇舌齒音字）

冰 pjəŋ——→piŋˉ，凌 ljəŋ——→liŋˉ，息 sjək——→ɕiˇ，兢
kjəŋ——→tɕiŋˉ，興 xjəŋ——→ɕiŋˉ，應 ˀjəŋ——→iŋˉ：
徵 tjəŋ——→tʂəŋˉ，側 tʃjəkʻ——→tsɤˇ，升 ɕjəŋ——→
ʂəŋˉ，域 ɣjuək——→yˇ（曾合僅此一音）

謬 mjəu°——→miouˇ，流 lju——→liouˊ，秋 tsʻju——→
tɕʻiouˉ，九 °kju——→tɕiouˇ，休 xju——→ɕiouˉ，由 ju
——→iouˊ：抽 tʻju——→tʂʻouˉ，愁 dʐʻju——→tʂʻouˉ，手
°ɕju——→ʂouˇ，否 °pju——→fouˇ

貶 °pjæm——→pianˇ，廉 ljæm——→lianˊ，漸 °dzʻjæm——→
tɕianˇ，鉗 gʻjæm——→tɕʻianˊ，險 xjæm——→ɕianˇ，
厭 ˀjæm——→ianˇ：沾 tjæm——→tʂanˉ，陝 °ɕjæm——→
ʂanˇ

凡 p'juɐm——→fan˥

稟 pjem——→pin˩˧，林 ljem——→lin˥，侵 ts'jem——→tɕ'in˥，今 kjem——→tɕin˥，歆 xjen——→ɕin˥，音 ʔjem——→in：砧 ȶjem——→tʂən˥，甚 °ʑjəm——→ʂən˥˩

（7）蟹宕兩攝開口與上述一般情形同。

蔽 pjæiˊ——→pi˥˩，例 ljæiˊ——→li˥˩，祭 tsjæiˊ——→tɕi˥˩，藝 ŋjæiˊ——→i˥˩：滯 ȡ'jæiˊ——→tʂï˥˩，世 ɕjæiˊ——→ʂï˥˩

良 ljɑŋ——→liaŋ˥，將 tsjɑŋ——→tɕiaŋ˥，姜 kjɑŋ——→tɕiaŋ˥，香 xjɑŋ——→ɕiaŋ˥，央 ʔjɑŋ——→iaŋ˥：張 ȶjɑŋ——→tʂaŋ˥，莊 tʃjɑŋ——→tʂuaŋ˥，章 tɕjɑŋ——→tʂaŋ˥

不過是合口全無介音-i-。

肺 pjuɐiˊ——→fei˥˩，歲 sjuæiˊ——→suei˥˩，綴 ȶjuæi——→tʂuei˥˩，稅 ɕjuæiˊ——→ʂuei˥˩，衛 ɣjuæiˊ——→uei˥˩

方 pjuɑŋ——→faŋ˥，狂 g'juɑŋ——→k'uaŋ˥，謊 °xjuɑŋ——→xuaŋ˩˧，王 ɣjuɑŋ——→uaŋ˥

止攝與蟹宕兩攝不同的只是開口精系字也沒有介音-i-。

比 pjei——→pi˩˧，地 d'jeiˊ——→ti˥˩，離 lje←——li˥，其 g'i——→tɕ'i˥，希 xjəi——→ɕi˥，衣 ʔjəi——→i˥：字 d'ziˊ——→tsï˥˩，遅 ȡ'jei˥——→tʂï˥，史 °ʃi——→ʂï˩˧，支 tɕje——→tʂï˥，耳 ʔȵi——→ï˩˧

非 pjuəi——→fei˥，累 ljueˊ——→lei˥˩，醉 tsjueiˊ——→tsuei˥˩，揣 °tʃ'jue——→tʂ'uai˩˧，追 tɕjuei——→tʂuei˥，歸 kjuəi——→kuei˥，毁 °xjue——→xuei˩˧，韋 ɣjuəi——→uei˥

通攝入聲僅牙喉音字有介音-y-，來母字不定，其他都沒有介音y。

菊 kjuk──→tɕy˧ ，旭 xjuok──→ɕy˥˩ ，欲 juok──→y˥˩：福
pjuk──→fu˧ ，足 tsjuok──→tsu˧ ，縮 ʃjuk──→suo˧ ，
竹 ȶjuk──→tʂu˧ ，束 ɕjuok──→ʂu˧ ，辱 ȵjuok──→ʐu˥˩：
綠 ljuok──→ly˥˩ ，錄 ljuok──→lu˥˩

舒聲牙音字則僅一二字例外有介音-y-，其他都沒有：

窮 g'juŋ──→tɕ'yuŋ˧ ，顒 ŋjuoŋ──→yuŋ˧：弓 kjuŋ──→
kuŋ˧ ，共 g'juoŋ°──→kuŋ˥˩ ，恐 °k'juoŋ──→k'uŋ˧˩˦

其他字同入聲。

隆 ljuŋ──→luŋ˧ ，風 pjuŋ──→fəŋ˧ ，從 dz'juoŋ──→ts'uŋ˧ ，
中 ȶjuŋ──→tʂuŋ˧ ，崇 dʒ'juŋ──→tʂ'uŋ˧ ，鍾 tɕjuoŋ
──→tʂuŋ˧：胸 xjuoŋ──→ɕyuŋ˧ ，融 juŋ──→yuŋ˧ 。

（8）四等韻大致都有介音-i-（開）或-y-（合），只有蟹攝字有些
特別，見後。

眠 mien──→mian˧ ，天 t'ien──→t'ian˧ ，憐 lien──→lian˧ ，
千 ts'ien──→tɕ'ian˧ ，肩 kien──→tɕian˧ ，顯 °xiɛn
──→ɕian˧˩˦ ，烟 ˀien──→ian˧

犬 °k'iuɛn──→tɕ'yan˧˩˦ ，玄 ɣiuɛn──→ɕyan˧ ，淵 ˀiuɛn──→
yan˧

弔 tieu°──→tiau˥˩ ，料 lieu°──→liau˥˩ ，蕭 sieu──→ɕiau˧ ，
叫 kieu°──→tɕiau˥˩ ，曉 °xiɛu──→ɕiau˧˩˦ ，么 ˀiɛu
──→iau˧

瓶 b'ieŋ──→p'iŋ˧ ，丁 tieŋ──→tiŋ˧ ，星 sieŋ──→ɕiŋ˧ ，
經 kieŋ──→tɕiŋ˧ ，形 ɣieŋ──→ɕiŋ˧

扃 °kiueŋ──→tɕyuŋ˧˩˦

點 °tiɛm──→tian˧˩˦ ，僭 tsiɛm°──→tɕian˥˩ ，兼 kiɛm──→

tɕianˈ ，嫌 ɣiɛm——→ɕianˈ

（9）蟹攝開口也全有介音-i-。

迷 miɛi——→miˈ ，低 tiɛi——→tiˈ ，禮 °liɛi——→li√ ，妻
ts'iɛi——→tɕ'iˈ ，雞 kiɛi——→tɕiˈ ，系 ɣiɛi°——→ɕi√ ，縊
°iɛi°——→i√

但合口不是-y-，是-u-。

桂 kiuɛi°——→kuei√ ，惠 ɣiuɛi°——→xuei√

（以上中古的等第與國語的洪細）

（10）通攝舒聲的元音：脣音變 ə，其他爲 u，一三等各韻均同。

蓬 b'uŋ——→p'əŋˈ：東 tuŋ——→tuŋˈ，宗 tsuoŋ——→tsuŋˈ，
公 kuŋ——→kuŋˈ

封 pjuoŋ——→fəŋˈ：隆 ljuoŋ——→luŋˈ，嵩 sjuŋ——→suŋˈ，
重 d'juoŋ——→tʂ'uŋˈ，終 tɕjuŋ——→tʂuŋˈ，恭 kjuoŋ
——→kuŋˈ，兇 xjuoŋ——→ɕyuŋˈ，融 juŋ——→yuŋˈ

入聲三等牙喉音字爲 y，其他大致是 u。

曲 k'juok——→tɕ'y√ ，畜 xjuok——→ɕy√ ，郁 °juk——→y√
撲 p'uk——→p'uˈ ，毒 d'uok——→tuˈ ，哭 k'uk——→k'uˈ
服 b'juk——→fuˈ ，足 tsjuok——→tsuˈ ，逐 d'juk——→tʂuˈ ，
蜀 ʑjuok——→ʂu√

（11）止攝開口精知莊章系爲 ï，其他爲 i

私 sjei——→sïˈ ，士 °dʐ'i——→ʂï√ ，知 ţje——→tʂïˈ ，支tɕje
——→tʂïˈ ，二 ńʑjei——→ï√：比 °pjei——→pi√ ，離 ljei——
→liˈ ，基 ki——→tɕiˈ ，希 xjəi——→ɕiˈ ，已 °ɣji——→i√
只是脣音字有些讀ei，

卑 pje——→peiˈ

美 °mjĕi──→mei√

合口全是ei，只莊系字是ai。

　　肥 b'juəi──→fei┐，累 ljue°──→lei\，雖 sjuei──→suei┐，
　　追 ţjei──→tʂuei┐，吹 tʂ'juei──→tʂ'uei┐，鬼 °kjuəi
　　──→kuei⊃，麾 xjuĕ──→xuei┐，威 ˀjuə──→iuei┐，揣
　　°tʃjue──→tʂ'uai√，帥 ʃjuei──→ʂuai\

(12) 遇攝一等全是u。

　　普 °p'uo──→p'u√，杜 °d'uo──→tu\，素 suo°──→su\，
　　五 °ŋuo──→u√，虎 °xuo──→xu√，烏 ˀuo──→u┐

三等非知莊章系是u，其他是y。

　　無 mjuo──→u┐，助 dʐ'jo°──→tʂu\，誅 ţjuo──→tʂu┐，
　　庶 ɕjo°──→ʂu\，如 ȵjo──→ʐu┐，
　　呂 °ljo──→ly√，須 sjuo──→ɕy┐，句 kjuo°──→tɕy\，
　　許 °xjoɕ──→y√，與 °jo──→y√

(13) 蟹攝一等開口爲ai。

　　待 °d'ʌi──→tai\，賴 lai°──→lɑi\，菜 ts'ʌi°──→ts'ai\，
　　丏 kai°──→kai\，孩 ɣʌi──→xai┐，愛 ˀʌi°──→ai\

合口爲ei。

　　配 p'uʌi°──→p'ei\，兌 d'uɑi°──→tuei\，內 nuʌi°──→
　　nei\，最 tsuai°──→tsuei\，桅 ŋuʌi──→uei┐，
　　會 ɣuai°──→xuei\，煨 ˀuʌi──→uei┐

二等除開口舌根音爲e，其他爲ai；有些字例外讀a。

　　牌 b'æi──→p'ai┐，奶 °næi──→nai√，齋 tʃæi──→tʂai┐，
　　虆 ţ'ai°──→tʂ'ai\，挨 ˀɐi──→ai┐
　　皆 kɐi──→tɕie┐，鞋 ɣæi──→ɕie┐

快 kʻuaiᵒ——→kʻuai\，懷 ɣuɐi——→xuai˥

掛 kuæiᵒ——→kua\，話 ɣuaiᵒ——→xua\，佳 kæi——→tɕia˥

三四等開口知章系爲ï，其他是 i；合口全是 ei。

滯 ɖjæiᵒ——→tʂï\，世 ɕjæiᵒ——→ʂï\

敝 bʻjæiᵒ——→pi\，例 ljæi——ᵒli\，祭 tsjæiᵒ——→tɕi\，
刈 ŋjæiᵒ——→i\

迷 miɛi——→mi˥，帝 tiɛiᵒ——→ti\，妻 tsʻiɛi——→tɕʻi˥，
啓 ᵒkʻiɛi——→tɕʻi\，系 ɣiɛiᵒ——→ɕi\，縊 ˀiɛiᵒ——→i\

肺 pʻjuɐiᵒ——→fei\，歲 sjuæiᵒ——→suei\，稅 ɕjuɐiᵒ——→
ʂuei\，衛 ɣjuæi——→uei\

桂 kiuɛiᵒ——→kuei\，惠 ɣiuɛiᵒ——→xuei\

(14) 臻攝舒聲一等爲 ə；三等非莊知章系爲 ə，其他爲 i（開）y
（合）。

懇 ᵒkʻən——→kən√，痕 ɣən——→xən˥，恩 ˀən——→ən˥

吞 tʻən——→tʻuən˥

本 ᵒpuən——→pən√，頓 tuənᵒ——→tuən\，寸 tsʻuənᵒ——→
tsʻuən\，坤 kʻuən˥——→kʻuən˥，穩 ᵒˀuən——→uən√

賓 pjen——→pin˥，鄰 ljen——→lin˥，新 sjen——→ɕin˥，巾
kjĕn——→tɕin˥，欣 xjən——→ɕin˥，殷 ˀjən——→in˥：
珍 ʈjen——→tʂən˥，櫬 tʃʻjenᵒ——→tʂʻən\，身 ɕjen——→
ʂən˥，認 ȵjenᵒ——→ʐən\

俊 tsjuenᵒ——→tɕyn\，君 kjuən——→tɕyn˥，勳 xjuən——→
ɕyn˥，允 ᵒjuen——→yn√：分 pjuən——→fən˥，準
ᵒtɕjuen——→tʂuən√，椿 ʈʻjuen——→tʂʻuən˥，潤 ȵjuenᵒ
——→ʐuən\

入聲開口一等爲ɤ，三等如蟹攝；合口如遇攝，但莊系爲 ai。

紇 ɣət──→xɤ˨˩˥

筆 pjĕt──→pi˨˩˦，栗 ljet──→li˥˩，七 ts'jet──→tɕ'i˥，乞 k'jət──→tɕ'i˥˩，乙 ʔjĕt──→i˨˩˦；櫛 tʃjet──→tʂï˥，姪 ȡ'jet──→tʂï˥，失 ɕjet──→ʂï˥˩，日 ȵjet──→ʐï˥˩

沒 muət──→mu˥˩，突 d'uət──→t'u˥˩，卒 tsuət──→tsu˥，骨 kuət──→ku˨˩˦，忽 xuət──→xu˥

律 ljuet──→ly˥˩，戌 sjuet──→ɕy˥˩，橘 kjuet──→tɕy˥，鬱 ʔjuət──→y˥˩；物 mjuət──→u˥˩，出tɕ'juet──→tʂ'u˥；蟀 ʃjuet──→ʂuai˥˩

(15) 深攝如臻三等：

品 °p'jem──→p'in˨˩˦，林 ljem──→lin˥，心 sjem──→ɕin˥，金 kjem──→tɕin˥，音 ʔjem──→in˥；沉 ȡ'jem──→tʂ'ən˥，森 ʃjem──→ʂən˥，甚 °ʑjem──→ʂən˥˩

立 ljep──→li˥˩，習 zjep──→ɕi˥，及 g'jəp──→tɕi˥，吸 xjem──→ɕi˥，蟄 ȡ'jəp──→tʂï˥，十 ʑjep──→ʂï˥

(16) 山咸兩攝全不分；舒聲開合四等的元音都是 a。

耽 tʌm──→tan˥，三 sam──→san˥，感 °kʌm──→kan˨˩˦，邯 ɣɑm──→xan˥

斬 °tʂɐm──→tʂan˨˩˦，監 kam──→tɕian˥，陷 ɣɐm°──→ɕian˥˩

貶 °pjæm──→pian˨˩˦，漸 °dz'jæm──→tɕian˥˩，沾 tɕjæm──→tʂan˥，欠 k'jɐm°──→tɕ'ian˥˩，凡 b'juɐm──→fan˥

甜 d'iɛm──→t'ian˥，嫌 ɣiɛm──→ɕian˥

丹 ta——→ntanˉ，散 san°——→sanˋ，漢 xan°——→xanˋ

半 puan°——→panˋ，段 dʻuan°——→tuanˋ，算 suɑn°——→
suanˋ，款 °kʻuɑn——→kʻuanˇ

板 °puan——→panˇ，棧 °dzʻæn——→tʂanˋ，諫 kan°——→
tɕianˋ，閑 ɣæn——→ɕianˉ

悶 ʃuan——→ʂuanˉ，幻 ɣuæn°——→xuanˋ

免 °mjæn——→mianˇ，淺 °tsʻjæn——→tɕʻianˇ，展 °ȶjæn
——→tʂanˇ，然 ȵjæn——→ʐanˉ，建 kjɛn°——→tɕianˋ

反 °pjuɐn——→fanˇ，旋 zjuæn——→ɕyanˉ，川 tɕʻjuæn——→
tʂʻuanˉ，倦 gʻjuæn——→tɕɕyanˋ，元 ȵjuɐn——→yanˉ

片 pʻiɛn°——→pʻianˋ，電 dʻiɛn°——→tianˋ，千 tsʻiɛn——→
tɕʻianˉ，見 kiɛn°——→tɕianˋ

犬 °kʻiwɐn——→tɕʻyanˇ，淵 ʔiuɛn——→yanˉ

入聲一等開口舌齒音是 a，牙喉音是 ɤ；合口全是 uo。

塔 tʻɑp——→tʻaˇ，雜 dzʻʌp——→tsaˉ：鴿 kʌp——→kɤˉ，
盍 ɣɑp——→xɤˉ

達 dʻɑt——→taˉ，撒 sɑt——→saˉ：渴 kʻɑt——→kʻɤˇ，遏
ʔɑt——→ɤˋ

潑 pʻuɑt——→pʻuoˉ，奪 dʻuɑt——→tuoˉ，闊 kʻuɑt——→kʻuoˋ
，斡 ʔuɑt——→uoˋ

二等開合口全是 a，（與假攝同）

劄 ȶʌp——→tʂaˉ，甲 kap——→tɕiaˇ，狹 ɣɐp——→ɕiaˉ，鴨
ʔap——→iaˉ

殺 ʂæt——→ʂaˉ，瞎 xat——→ɕiaˉ

刷 ʃuat——→ʂuaˉ，刮 kuat——→kuaˉ，滑 ɣuæt——→xuaˉ

三四等知章系爲 ɤ（開）uo（合），非系爲 a，其他爲 e。（與假攝同）

獵 jæp──→lie＼，妾 tsʻjæp──→tɕʻie＼，刦 kjæp──→tɕie⅂，脅 ɤjæp──→ɕie⅂，葉 jæp──→ie＼：法 pjuɐp──→fa√：輒 ʈjæp──→tʂɤ＼，涉 ʐjæp──→ʂɤ＼

別 bʻjæt──→pie⅂，列 ljæt──→lie＼，泄 sjæt──→ɕie＼，傑 gʻjæt──→tɕie⅂，歇 xjɐt──→ɕie⅂：哲 ʈjæt──→tʂɤ⅂，舌 dʐʻjæt──→ʂɤ＼

髮 pjuɐt──→fa√，劣 ljuæt──→lie＼，雪 sjuæt──→ɕye√，月 ŋjuɐt──→ye＼：輟 ʈjuæt──→tʂuo⅂，說 ɕjuæt──→ʂuo⅂

籤 miɛt──→mie＼，鐵 tʻiɛt──→tʻie√，切 tsʻiɛt──→tɕʻie⅂，結 kiɛt──→tɕie⅂

決 kiuɛt──→tɕye⅂，穴 ɤiuɛt──→ɕye＼

(17) 效攝各等都是 au。

保 °pau──→pau√，刀 tau──→tau⅂，早 °tsɑu──→tsau√，考 °kʻɑu──→kʻau√

飽 °pau──→pau√，爪 °tʃau──→tʂau√，交 kau──→tɕiau⅂

票 pʻjæu°──→pʻiau＼，小 °sjæu──→ɕiau√，兆 °ɖʻjæu──→tʂau＼，轎 gʻjæu°──→tɕiau＼

銚 dʻiɛu──→tʻiau＼，蕭 siɛu──→ɕiau⅂，堯 ŋiɛu──→iau⅂

(18) 果攝開口一等舌齒音字是 uo，牙喉音字是 ɤ；合口全是 uo。

舵 dʻɑ°──→tuo＼，羅 lɑ──→luo⅂，左 °tsɑ──→tsuo√：哥 kɑ──→kɤ⅂，河 ɤɑ──→xɤ⅂

婆 bʻuɑ──→pʻuo⅂，妥 °tʻuɑ──→tʻuo√，騾 luɑ──→luo⅂，

坐 °dzʻuɑ──→tsuo\ ，禍 ɣuɑ°──→xuo\ ，過 kuɑ°──→
kuo\

喉牙音有例外讀 ɤ 的：

科 kʻuoɑ──→kʻɤ˥ ，和 ɣuɑ──→xɤ˥ 。（參看本節第3條）

三等開口是 a,e，合口是 e 。

伽 gʻjɑ──→tɕʻie˥ ，迦 kjɑ──→tɕia˥

靴 xjuɑ──→ɕye˥

(19) 假攝二等全是 a 。

巴 pa──→pa˥ ，茶 ɖʻa──→tʂʻa˥ ，牙 ŋa──→ia˥

抓 tʃua──→tʂua˥ ，瓜 kua──→kua˥ ，華 ɣua──→xua˥

三等知章系是 ɤ，其他是 e 。

謝 zjɑ°──→ɕie\ ， 野 °jɑ──→ie√ ：蛇 dʐʻjɑ──→ʂɤ˥ ，惹
°ȵjɑ──→zɤ√

(20) 宕江兩攝混，舒聲全是 a 。

忙 mɑŋ──→maŋ˥ ，當 tɑŋ──→taŋ˥ ，桑 sɑŋ──→saŋ˥ ，康
kʻɑŋ──→kʻaŋ˥

光 kuɑŋ──→kuaŋ˥ ，汪 ʼuɑŋ──→uaŋ˥

邦 pɔŋ──→paŋ˥ ， 樁 ʈɔȵ──→tʂuaŋ˥ ， 雙ʃɔŋ──→ʂuaŋ˥
，江 kɔŋ──→tɕiaŋ˥

良 ljaŋ──→liaŋ˥ ，將 tsjaŋ──→tɕiaŋ˥ ，張 ʈjaŋ──→tʂaŋ˥
，莊 tʃjaŋ──→tʂuaŋ˥ ，常 ʑjaŋ──→tʂʻaŋ˥ ，強 gʻjaŋ
──→tɕʻiaŋ˥

方 pjuaŋ──→faŋ˥ ，狂 gʻjuaŋ──→kʻuaŋ˥ ，王 ɣjuaŋ──→
uaŋ˥

入聲一等如果攝。

博 puɑk——→puoˊ，託 t‚ɑk——→t‘uoˊ，作 tsɑk——→tsuoˊ：
各 kɑk——→kɤˇ，鶴 ɤɑk——→xɤˇ

郭 kuɑk——→kuoˊ，霍 xuɑk——→xuoˊ

二三等唇音爲 uo，餘大致如山攝入聲三等合口。

剝 pɔk——→puoˊ，桌 ţɔk——→tʂuoˊ，捉 tʃɔk——→tʂuoˊ，
覺 kɔk——→tɕyeˊ，學 ɤɔk——→ɕyeˊ

略 ljɑk——→lyeˇ，爵 tsjɑk——→tɕyeˊ，酌 tɕjɑk——→tʂuoˊ，
若 ȵjɑk——→ʐuoˇ，却 k‘jɑk——→tɕ‘yeˇ，約 ʔjɑk——→
yeˇ

縛 b‘juɑk——→fuoˇ

不過語音中有些字是 au。

薄 b‘uɑk——→pauˊ，角 kɔk——→tɕiauˇ，脚 kjɑk——→
tɕiauˇ

(21) 曾梗兩攝不分，舒聲一等（登）開口爲 ə，合口爲 u。

崩 həŋ——→pəŋˊ，等 ˚təŋ——→təŋˇ，增 tsəŋ——→tsəŋˊ，
恒 ɤəŋ——→xəŋˊ

弘 ɤuəŋ——→xuŋˊ

二等（庚、耕）開口牙喉音有些字是 i（聲母顎化），其他都是
e；合口爲 u。

孟 mɐŋ˚——→məŋˇ，冷 ˚lɐŋ——→ləŋˇ，爭 tʃɐŋ——→tʂəŋˊ，
耕 kæŋ——→kəŋˊ，衡 ɤɐŋ——→xəŋˊ：行 ɤɐŋ——→ɕiŋˊ，
鸚 ʔæŋ——→iŋˊ

轟 xuæŋ——→xuŋˊ

三四等（清、庚、蒸、青）開口：知莊章系是 ə，其他是 i；合
口是 u。

名 mjɛŋ——→miŋ˩，陵 ljəŋ——→liŋ˩，青 tsʻieŋ——→tɕʻiŋ˩，

京 kjɛŋ——→tɕiŋ˩：鄭 ȡ,jɛŋ°——→tʂəŋ˅，省 °ʃjɛŋ——

ʂəŋ˅，勝 ɕjəŋ°——→ʂəŋ˅，

瓊 gʻjuɛŋ——→tɕʻyuŋ˩，兄 xjuɐŋ——→ɕyuŋ˩，扃 kiuɛŋ——→

tɕyuŋ˅

入聲一等（德）開口是 ɤ，或ei。

得 tək——→tɤ˩，則 tsək——→tsɤ˩，克 kʻək——→kʻɤ˅：北

pək——→pei˅，賊 dzʻək——→tsei˩，黑 xək——→xei˩

合口是uo。

國 kuək——→kuo˩，或 ɤuək——→xuo˅

二等（陌、麥）開口脣音是 ai，其他是 ɤ。

白 bʻɐk——→pai˩：擿 ȶæk——→tsɤ˩，策 tʃʻæk——→tsʻɤ˅，

客 kʻɐk——→kʻɤ˅，核 ɤæk——→xɤ˩

合口是uo。

虢 kuɐk——→kuo˅，獲 ɤuæk——→xuo˅

三四等開口莊系爲ɤ，知章系爲 ï，其他爲 i；合口爲y。

色 ʃjəl——→sɤ˅：擲 ȡ,jɛk——→tʂï˩，識 ɕjək——→ʂï˅：碧

pjɛk——→pi˅，力 ljək——→li˩，寂 dzʻiek——→tɕi˩，戟

kjɛk——→tɕi˅

域 juək——→y˅

（22）流攝全爲ou。

某 °mu——→mou˅，頭 dʻu——→tʻou˩，奏 tsu°——→tsou˅，

口 °kʻu——→kʻou˅，歐 ˀu——→ou˩。

謀 mju——→mou˩，流 lju——→liou˩，袖 zju°——→ɕiou˅，

抽 ȶʻju——→tʂʻou˩，瘦 ʃju°——→ʂou˅，壽 ʐju°——→ʂou˅，

，九 °kju——→tɕiou√ ，又 ɤju——→iou\ ，謬 mjəu°——→

miou\ ，糾 °kjəu——→tɕiou˥ ，幼 ˀjəu——→iou\

不過侯尤韻脣音有許多讀 u 的。

浮 bʻju——→fu˥ ，富 pʻju°——→fu\ ，母 °mu——→mu√

侯幽韻脣音有讀 au 的。

彪 pjəu——→piau˥ ，貿 mu°——→mau\

§9.6 聲調的變化

演變 ＼ 調／條件	平	上	去	入
清	˥			˥,˧, √,\
次　濁	˧	√	\	\
全　濁		\		˥,\

（1）平聲清聲母字變˥ （陰平）

　邦 pɔŋ——→paŋ˥ ，偷 tʻu——→tʻou˥ ，三 sam——→san˥ ，

　英 ˀjɐŋ——→iŋ˥

濁聲母字變˧ （陽平）

　旁 bʻaŋ——→pʻaŋ˧ ，頭 dʻu——→tʻou˧ ，蠶dzʻam——→tsʻan˧ ，

　紅 ɤuŋ——→xuŋ˧ ，迷 miɛi——→mi˧ ，奴nuo——→nu˧ ，

　尼 njei——→ni˧ ，良 ljaŋ——→liaŋ˧ ，迎 ŋjɐŋ——→iŋ˧ ，

　炎 ɤjæm——→ian˧

（2）上聲清聲母及次濁聲母字變√ （上）

貶 °pjæm——→pian√，請 °ts'jɛŋ——→tɕ'iŋ√，許 °xjo——→
ɕy√，隱 °ʔjən——→in√，買 °mæi——→mai√，暖 °nan
——→nuan√，眼 °ŋæn——→ian√，冷 °lɐŋ——→ləŋ√，友
°ɤju——→iou√，惹 °nja——→ʐɤ√

全濁聲母字變\（去）

倍 °buʌi——→pei\，柱 °ɖ'juo——→tʂu\，視 °ʑjei——→ʂï\，
舅 °gju——→tɕiou\，旱 °ɤan——→xan\

（3）去聲全變\（去）

且 tan°——→tan\，但 d'an°——→tan\，慢 man°——→man\

（4）入聲次濁字變\（去）

沒 muət——→mu\，納 nʌp——→na\，暱 njet——→ni\，若
njak——→ʐuo\，逆 ŋiɐk——→ni\，欲 juok——→y\

全濁字可以說大體變ㄱ（陽平）

雜 dz'ʌp——→tsa1，十 ʑjəp——→ʂï1，達 d'ɑt——→ta1，掘
g'juæt——→tɕye1，薄 b'uɑk——→pau1，核 ɤæk——→xɤ1

只有少數變\（去）的

鶴 ɤɑk——→xɤ\。術 dʑ'juet——→ʂu\，涉 ʑjæp——→ʂɤ\

清聲母字分入ㄱ1√\四調，不能知其條例。

郭 kuɑk——→kuo1，格 kɐk——→kɤ1，谷 kuk——→ku√，棘
kjək——→tɕi\

拍 p'ɐk——→p'ai1，察 tʃ'æt——→tʂ'a1，尺 tɕ'jɐk——→tʂ'ï√，
客 k'ɐk——→k'ɤ\

蓄 xjuk——→ɕy1，脅 xjɐp——→ɕie1，血 xjuɛt——→ɕye√，
設 ɕjæt——→ʂɤ\

— 236 —

第十章 古韻分部

§10.1 在第一章裏，我們曾經說過，古代典籍中的韻語與諧聲字是我們考訂先秦古音的主要資料。

在研究過程上，古代韻語的利用遠在諧聲字之前，並且我們能對古代韻語有正確的認識，又曾經過一個相當長的時期；有些錯誤的觀念，到現在還在支配讀古書的人。所以講到上古音，這一段歷史，是不能置之不顧的。

我們一向用方塊字。古書中押韻的詩句，現代人用自己的音唸起來不能協調，自然會想到古今語音不同。但在時代觀念沒有確立的時候，人們可不那樣想。詩邶風燕燕三章：

> 燕燕于飛，上下其音，之子于歸，遠送于南，瞻望弗及，實勞我心。

"南"字下經典釋文引沈重"毛詩音"云：

> 協句，宜乃林反。

又日月首章：

> 日居月諸，照臨下土，乃如之人兮，逝不古處，胡能有定，寧不我顧。

釋文"顧"字下云：

> 徐音古，此亦協韻也。

釋文中如這樣的例很多，有的又叫"取韻"，有的又叫"合韻"，不過意思都是一樣的，就是說：他們用自己的音來讀詩經，覺得某字不合，就臨時改為自己認為合宜的音。後來一度盛行的"叶韻"說，也就是從此開始的。

　　唐宋時代的人，非但更改字音以求"叶韻"，更有因叶韻而改動古書文字的。史載唐玄宗開元十三年敕曰：

　　　　朕聽政之暇，乙夜觀書，每讀尙書洪範至"無偏無頗，遵王之
　　　　義"，三復茲句，常有所疑。據其下文，並皆協韻，惟"頗"一
　　　　字，實則不倫。……其尙書洪範"無偏無頗"字，宜改爲"陂"。

這是一個最有名的故事，同類的事還很多。

　　由我們看，所謂"叶韻"實在是以今律古而削足適履的辦法，只要看朱子注詩經，大量用叶韻說的結果就明白了。

　　召南行露二章：

　　　　誰謂雀無角，何以穿吾屋？誰謂女無家，何以速我獄？雖速我
　　　　獄，室家不足。

詩集傳以"家"音"谷"，使可以與"角、屋、獄、足"叶韻，但同篇三章：

　　　　誰謂鼠無牙，何以穿我墉？誰謂女無家，何以速我訟？雖速我
　　　　訟，亦不女從。

同是"家"字，又音"各空反"，使可以與"墉、訟、從"叶韻。所以明焦竑在"筆乘"內說：

　　　　如此則東亦可以音西，南亦可以音北，上亦可以音下，前亦可
　　　　以音後，凡字皆無正呼，凡詩皆無正字矣。

　　能澈底廓清叶韻說的是與焦竑同時的陳第。他悟到"時有古今，地有南北，字有更革，音有轉移"。就把詩經韻語與後代詩韻的不同，整個的與以歸納，發現：

　　　　"母"非韻"杞"韻"止"，則韻"祉"韻"喜"矣；"馬"亦非韻"組"韻
　　　　"黼"，則韻"旅"韻"土"矣……。厥類實繁，難以殫舉。其矩律
　　　　之嚴，卽唐韻不啻，此其何故也耶？又易象左國楚詞秦碑漢賦，

以至上古歌謠箴銘頌贊，往往韻與詩合，實古音之證也。

這是他所著"毛詩古音考"序文裏的話，末一句如改作"實古音不同今音之證也"，意思就更清楚了。"毛詩古音考"這部書就是列舉了如"母""馬"那樣的幾百個字，每字以詩經韻語爲"本證"，其他古韻語爲"旁證"，確定那些字在古代本來就是那麼押韻的，實與後代大不相同，而不同的原因就是古今語音的不同。

§10.2　詩經邶風燕燕三章，"南"字與"音""心"兩字押韻，陸德明經典釋文旣引沈重的"協句"說（見上節），自已又在後面加上一句：

今謂古人韻緩，不煩改字。

這是表明他又不大贊成改音叶韻的說法。對於古書韻語與後代不同，他的看法是：古人用韻比較寬，"南"與"音""心"雖不同韻，也可以勉強押得。

也許是受了陸德明那句話的影響，到了宋朝，吳棫（字才老）作"韻補"，講古代韻語，就澈底實行"古人韻緩"的主張了。韻補以廣韻爲據，凡某韻字古書上有和別的韻的字押韻的，就在那個韻的韻目下注：古通某，古轉聲通某，古通某或轉入某。照各韻所注，廣韻平聲各韻可以併爲九類。

一　東（多鍾通，江或轉入）

二　支（脂之微齊灰通，佳皆咍轉聲通）

三　魚（虞模通）

四　眞（諄臻殷痕耕庚清青蒸登侵通，文元魂轉聲通）

五　先（仙鹽添嚴凡通，寒桓刪山覃談咸銜轉聲通）

六　蕭（宵肴豪通）

七　歌（戈通，麻轉聲通）

八　陽（江唐通，庚耕清或轉入）

九　尤（侯幽通）

這就是吳氏心目中古人用韻的範圍了。

由我們看來，“古人韻緩”的觀念，雖然已經比改音叶韻的辦法進步得多，但是仍然不免有以今律古的弊病。古人根本沒有韻書，何從去“通”，又何從去“轉聲通”或“轉入”呢？

不過韻補最為後人不滿的還是他的取材過於冗繁。“四庫全書總目提要”云：

> 所引書五十種中，下逮歐陽修蘇軾蘇轍諸作，與張商英之偽三墳，旁及黃庭經道藏歌詩，故參錯冗雜，漫無體例。

除此之外，吳氏的理董工夫也頗欠精密，例如他表面上雖說“通”或“轉入”一東韻的是二冬三鍾四江的字，但是實際上在一東韻內還補入“登”“唐”“分”“朋”“務”“尋”等字，又與其他各類界限不清。為改正他的錯誤，清儒顧炎武就作了“韻補正”一部大書。

然而吳棫在古音研究上畢竟有他的功勞。清儒錢大昕“韻補跋”云：

> 才老博考古音，以補今音之闕，雖未能盡得六書諧聲原本，而後儒因知援詩易楚辭，以求古音之正，其功已不細。

我們還有一點要注意的。就是韻補只說“通”或“轉入”，從來沒有談到叶韻。自來以為朱子詩集傳叶韻之說本於吳才老的“毛詩補音”，補音今已不傳，無從證明；縱然是，也與韻補無關。

宋朝又有鄭庠作“古音辨”，書已不傳。據後人引載，他以為古人用韻：

> 東、冬、江、陽、庚、青、蒸不分；（舉平以該上去入，下同

，韻目是後代詩韻而非廣韻）

支、微、齊、佳、灰不分；

魚、虞、歌、麻不分；

眞、文、元、寒、刪、先不分；

蕭、肴、豪、尤不分；

侵、覃、鹽、咸不分。

段玉裁云：“其說合於漢魏及唐之杜甫韓愈所用，而於周秦未能合也”。江有誥云：“雖分部至少，而仍有出韻，蓋專就唐韻求其合，不能析唐韻求其分，宜無當也。”那麼鄭氏的作品大概與吳棫大同小異。

§10.3　古代韻語的研究走上系統化的路，是從明末清初的顧炎武開始的。他一方面受陳第和焦竑的影響而認爲古人用韻與後代不同，就是古音與後代不同的表現；另一面則鑒於吳才老以古韻遷就後代韻書的失敗與其疏漏，於是積三十年之功，成“音學五書”以明古韻。在材料方面他是謹愼的只取之於較古的典籍而以詩經韻爲主體；方法則完全客觀的歸納韻脚，凡實在押韻的字總爲一類，不押韻的分開。這樣，他就得到古人用韻的十個大類，他叫做“古音十部”。

顧氏古音十部與廣韻二百零六韻的關係如下：（舉平以該上去，入聲另列。）

“東多鍾江第一”——東、多、鍾、江

“支脂之微齊佳皆灰咍第二”——支之半、脂、之、微、齊、佳、皆、灰、咍、尤之半，又去聲祭、泰、夬、廢，又入聲質、術、櫛、昔之半，職、物、迄、屑、薛、錫之半，月、沒、曷、末、黠、鎋、麥之半，德、屋之半。

（所謂某韻之半，實際上是指那一韻的一部分，不是恰恰的一半，顧氏在那些地方都字字列舉出來。以下均同。）

"魚虞模侯第三"——魚、虞、模、麻之半，侯，又入聲屋之半、燭、覺之半、藥之半、鐸之半、陌、麥之半、昔之半。

"眞諄臻文殷元魂痕寒桓刪山先仙第四"——眞、諄、臻、文、殷、元、魂、痕、寒、桓、刪、山、先、仙。

"蕭宵肴豪幽第五"——蕭、宵、肴、豪、尤之半，又入聲屋之半，沃之半、覺之半、藥之半、鐸之半、錫之半。

"歌戈麻第六"——歌、戈、麻之半、支之半。

"陽庚第七"——陽、唐、庚之半。

"耕清青第八"——庚之半、耕、清、青。

"蒸登第九"——蒸登（又東韻"弓""雄""曹"等字）

"侵覃談鹽添咸銜嚴凡第十"——侵、覃、談、鹽、添、咸、銜、嚴、凡（又東韻"芃""風""楓"等字），入聲緝、合、盍、葉、帖、洽、狎、業、乏。

由上可知

（1）某些字，在後代韻書中雖然同屬一韻，可是在古代韻語中却各有自己的範圍，互不相涉的，就讓他們分入兩個或多個不同的部，例如：

支韻的"支""卮""祇""規""恚"……歸入第二部；而"離""池""爲""麾""縻"……則歸入第六部。

麻韻的"麻""嗟""加""沙"……歸入第六部；而"蟆""車""奢""賒"……則歸入第三部。

屋韻的"福""伏""郁""牧"……歸入第二部；"屋""獨""哭""木"……歸入第三部；"燠""暴""六""肉"……則歸入第五部。

（2）因爲入聲字古代常與陰聲字押韻而不與陽聲字押韻，所以除緝、合……諸韻字仍與陽聲侵、覃……諸韻字爲一部外，其他的入聲字都分別與陰聲字同在一部。例如第一部僅有東多鍾江諸韻的字；而第三部旣有魚虞模侯麻的字，又有屋沃燭覺藥鐸陌麥昔的字。

這都是就古韻言古韻，不爲後代韻書覊絆的表現，替後人奠定了一個穩固的基礎。

顧氏研究古音，在觀念上還有一點不很清楚的，就是他以爲後代韻書與古人用韻不合的都是後人錯了。所以音學五書內，專有"唐韻正"一部分，意思是據先秦古韻來改正切韻以後的韻書。在他之後不久的江永，在"古韻標準"例言裏說得好：

> 顧氏音學五書與愚之古韻標準，皆考古存古之書，非能使之復古也。

唐韻正引證詳博，我們倒可以把他當廣韻分韻與古韻的比較看。

§10.4　清代承繼顧炎武作古韻分部的人很多，貢獻比較大的是
江永——著"古韻標準"，增訂顧氏分古韻爲十三部。江氏深通等
　　韻之學，所著"音學辨微"是古人講語音最精的書。不過他考
　　古音也利用他"審音"知識，那是很危險的。例如他以侯韻字
　　與尤幽韻字爲一部而不爲後人接受，就是很好的例。
段玉裁——著"六書音韻表"，增訂顧江二氏，分古韻爲十七部。
　　立"古本韻"與"古合韻"之說，本末分明，體例謹嚴，古韻分
　　部至此大體已定。
戴震——著"聲類表"，分部有改正段氏的，爲後人接受。
孔廣森——著"詩聲分例"，"詩聲類"。所謂"東""多"分部是他的
　　創獲。

王念孫——著"古韻譜"，訂古韻為二十一部。書成在段氏之後，
　　比段氏更精密。

江有誥——著"音學十書"。在古韻家之中，江氏是後輩，成就也
　　最大，所說能與王念孫等不謀而合。他也分古韻為二十一部，
　　不過與王氏略有不同。

他們能後來居上，獲得許多進展，是因為：

（1）顧氏在古韻上做的是開創工作，前人的羈絆還沒有完全擺
脫，自己的條例也沒有能夠完全實行，而這些後繼者都替他一一發展，
所以：

（a）在根據古韻以離析後代韻書方面，離他不久的江永便
在好幾處有了成就。例如：凡屬廣韻自眞至仙各韻的字，顧氏合為
"第四部"，是因為先韻字有與寒桓刪山元的字押韻的，同時也有與痕
魂眞臻文欣的字押韻的；江氏却能看出先韻這兩種字"詩中用韻截然
不紊"，就此把先韻字分開，一部分與寒桓……韻的字為一部，另一
部分則與痕魂……韻的字為一部。此外江氏分覃咸韻字為二，一與侵
同部，一與談銜同部；又江氏與段玉裁劃蕭肴豪為二，一與尤幽合為
一部，一與宵合為一部，都是同樣的道理。

（b）又在入聲方面，自緝至乏九韻的字，顧炎武與段玉裁
仍與陽聲自侵至凡的字合併。江有誥云："平入分配，必以詩騷平入
合用之章為據……，今考侵覃九韻，詩易左傳楚辭共五十七見，緝合
九韻詩易楚詞大戴共二十二見；並無一字合用，即徧檢先秦兩漢之文，
亦無之，……蓋幾於此疆爾界，絕不相蒙，烏能強不類者而合之也
……"。從此，侵、覃……與緝、合……就各自獨立了。又如段玉裁
以質櫛屑韻的字與眞諄韻的字合為一部，還未免有韻書的影響，王念
孫則據詩韻讓他們分立。

（c）從段玉裁起，大家又看出兩漢用韻比先秦寬，所以取材方面就更嚴格的以詩經爲主。在這樣的情形下，段氏又能分痕魂文欣諄與眞爲二；劃虞之半與侯爲一，另一半與魚模爲一。

（2）古代韻文如何押韻，本來沒有明文規定，說某處是韻或某處非韻，完全靠參伍比較，從經驗中得來，所以後人對"韻例"的認識比前人精是沒有問題的。例如詩鄘風相鼠：

　　　　相鼠有皮，人而無儀，人而無儀，不死何爲。
　　　　相鼠有齒，人而無止，人而無止，不死何俟。
　　　　相鼠有體，人而無禮，人而無禮，胡不遄死？

顧炎武與江永都以爲首章的"皮儀儀爲"是一個韻，二章的"齒止止俟"與三章的"體禮禮死"是一個韻。但是段玉裁、王念孫、江有誥却不謀而合，以爲二章三章都各自是一個韻。又如楚辭卜居：

　　　　甯與騏驥抗軛乎，將隨駑馬之迹乎。
　　　　甯與黃鵠比翼乎，將與鷄鶩爭食乎。

也是到段江王三氏才認定"軛"與"迹"是一個韻，而"翼"與"食"是另一個韻。像這樣的情形很多，都解決之後，就完成有名的支脂之分三部說了。此外，孔廣森把東多鍾江的字分爲兩部，也是從韻脚的認識入手。

（3）有時候他們能利用音韻結構的觀念，來破除少數例外的韻脚的糾葛。例如戴震、王念孫、江有誥三人把祭泰夬廢曷末黠鎋薛月屑諸韻的字，從段氏十五部分出來，就是看出他們只有去入聲，而段氏十六部的其他部分都是四聲俱全。

（4）有時候他們更能利用部與部之間的關係來消除一些例外的韻脚的障礙。例如段氏眞文之分與孔氏東多之分。本有許多爭執，江有誥云：

　　　　段氏之分眞文，孔氏之分東多，有誥初亦不信。細細繹之，

> 眞與耕通用爲多，文與元合用較廣，此眞文之界限也。東
> 每與陽通，多每與蒸侵通，此東多之界限也。

從此，這兩部的劃分就成了定論。

（5）從段玉裁起，古韻的研究又有了一項進展。段氏旣作說文解字注，便發現：如依諧聲偏旁把古字歸類，結果竟是和古韻的類別大致相同。這項發現，固然可以增加古韻分部的可靠性，更重要的是：以諧聲偏旁爲綱領，不見於古書韻脚的字，也可以網羅無餘了。並且因爲材料從此添了許多，各韻部的內容又得到不少的新修正。江有誥改訂段氏入聲各韻的分配，多半是利用諧聲。

古韻的研究，從段玉裁起又有一項新設施，就是各韻部的次序也完全脫離了切韻的始東終乏，而另依古韻的關係排列了。段氏"古十七部合用類分表"序云：

> 今韻二百六部，始東終乏，以古韻分之，得十有七部，循其條
> 理，以之咍職德爲建首，蕭宵肴豪音近之，故次之；幽尤屋沃
> 燭覺音近蕭，故次之；侯音近尤，故次之；魚虞模藥鐸音近侯，
> 故次之；是爲一類，⋯⋯

這裏的"音近"，實在就是指兩部間有例外的押韻或諧聲的情形，與上文所引江有誥的"合用""通用"或"通"同是一個意思，段氏在別處稱爲"古合韻"。後來王念孫與江有誥分部旣比段氏精密。韻部的排列也略有變更，證之於現代學者的研究，他們的排法確是有些道理的。

§10.5　古韻分部的工作，到王念孫與江有誥可以說是大體完成。江氏的朋友夏炘作"古韻表集說"，則是清儒成績的總表現。後來再經過章炳麟、王力、與本人的補苴，古韻分部的最後結果如下：

之部——凡與

絲來思箕其臣龜辝疑丌而屮才醫臺牛茲巛娎辭司丘裘灰甾郵

里某母久目已止亥不采宰啚巳耳士史員婦臼子乃喜

意又佩戒異再菑毐圈

息弋畐北乀戠直悳圣則麥革或亟力琿棘黑匿畟色塞仄矢棘𠬝伏

克牧嗇酀旬啬

諧聲的字悉入本部，後來變入廣韻下列諸韻：（括弧內是例字，以下
各部均同。）

　　咍海代（待、哉、該）

　　皆駭怪（戒、挨、憊、怪）

　　之止志（理、慈、緇、治、耳、姬）

　　灰賄隊（梅、賄）

　　侯厚候（某、母）

　　脂旨至（否、龜）

　　尤有宥（婦、丘、郵）

　　德　　（特、則、克、墨、國）

　　麥　　（革、核、麥、馘）

　　職　　（直、稷、識、棘、堛、閾）

　　屋　　（福、郁）

廣韻之韻的字可以說是全由這一部變來的，所以這一部的名稱訂作
"之"

　　幽部——凡與

　　　州求流休舟富汓曹攸本髟周矛勹䍃酋孚㯱𢇻牢劉丩囚雔由夒彪

　　　卤麀牟蒐𡕢务

　　　九舀卯酉邪缶叟爪叉好手老牡帚首百守早皁丑万禾簋肘受棗韭

　　　咎艸𡗞鳥牖早丩討

蓼臭戊孝奧采幼殷就秀曰報嚚告

六孰肅求畜祝匊复肉毒夙佃目竹逐 學翼曰昱

諧聲的字皆屬本部，後來變入廣韻下列諸韻：

　　　豪晧號（寶、滔、曹、告）

　　　肴巧效（包、鵃、膠）

　　　尤有宥（矛、抽、愁、修、周、救）

　　　幽黝幼（謬、蚴、幼）

　　　蕭篠嘯（雕、嘯、叫）

　　　沃　　（楅、督、鵠）

　　　覺　　（雹、學）

　　　屋　　（腹、竹、蕭、縮、淑、菊）

　　　錫　　（滌、戚）

廣韻幽韻的字差不多全是由這一部去的，所以用"幽"作這一部的名
稱。

　　宵部——凡與

　　　毛票影敖勞交高刀苗炎巢垚朙梟焱囂幺焦壵朝料戈

　　　小夭兆表了受皀罩剿森杳窅鼂敫少

　　　梟兒須暴鬧尞弔盜號

　　　樂卓侖翟爵羋勺隺弱敫儵虐雀

諧聲的字都屬本部，後來變入廣韻下列諸韻：

　　　豪晧號（毛、桃、操、高）

　　　肴巧效（貌、罩、巢、教）

　　　宵小笑（標、朝、焦、招、喬）

　　　蕭篠嘯（貂、堯、幺）

　　　沃　　（瀑、沃）

鐸　　（曝、樂、鶴）

屋　　（嚛）

覺　　（駁、卓、榷）

藥　　（爵、綽、藥）

錫　　（翟、激）

本部得名，是因廣韻宵韻只有這一個來源。

侯部——本部包括從

朱區几需俞芻臾母婁句侯兜壴須

取丨乳𠚑后後口孞走斗

𪊽禺壴付具戍𠦝奏冓豆扁救寇晝鬥區

谷角族屋獄足束賣𡰣曲玉蜀木𣎳粟婁豕卜局鹿禿

得聲的字，後來變入廣韻下列諸韻：

侯厚候（戀、斗、奏、鉤）

虞麌遇（附、柱、須、芻、珠、俱）

尤有宥（驟、騶）

屋　　（樸、讀、族、轂）

覺　　（剝、濁、捉、角）

燭　　（綠、俗、辱、曲）

廣韻侯韻大部分的字來源在此。

魚部——包括從

且于夫牙瓜巴吳庐䖺壺舁車烏於魚冎圖乎巫疋殳凵居初

父叚古與巨土舞馬呂鹵下女処羽乇鼓股雨五予午戶武鼠禹夏宁

　旅寡圉蠱學普䇂

卸射亞舍素睪而莫庶乍步互

各亦夕石舄隻岩䒑睪谷郭戟毛昔霍炙白尺赤赫壑叡𡈼𧗽辵兔夔䕫

索乳虢

得聲的字，後來變入廣韻下列諸韻：

模姥暮（補、都、組、固、狐）

魚語御（貯、疽、疏、諸、許）

虞麌遇（撫、宇）

麻馬禡（馬、挐、詐、假、瓜、華、借、者、牙）

鐸　　（託、作、閣、薄、郭）

藥　　（斮、箸、若、卻、矍）

陌　　（宅、客、柏、虢、戟、逆）

昔　　（繹、惜、赤）

廣韻模魚兩韻的來源都全在本部，本部以"魚"為名是因為大部分的韻部都取三等韻的名稱。

佳部——凡從

兮支知卑斯乁圭卮兒規又醯嘗

是豕匸只鷹解此屰巤广后買丫

厂易朿畫𠂢卌瑞囟系

益析辟畐脊臬尼狄秝彳冊設糸

得聲的字在本部，後來入廣韻下列諸韻：

佳蟹卦（綷、街、隘、卦）

支紙寘（避、知、賜、是、歧、規）

齊薺霽（閨）

麥　　（脈、摘、策、隔、劃）

昔　　（壁、迹、適、役）

錫　　（剔、析、擊、鷁）

這一部的名稱有人用"支"，支韻字的來源不只這一部，所以不如"佳"

好。

歌部——從

虧它爲离加多麻乁吹叉沙禾乁那罷戈

吶夋我罷丁瓦果朶貧惢徙羸𠦒叵也

瞿七坐臥麗些戲

得聲的字都在本部，後來入廣韻以下諸韻：

歌哿箇（多、娑、何）

麻馬禡（差、加、蛇、蝸）

支紙寘（離、施、奇、糜、隋、吹）

戈果過（波、墮、坐、過）

廣韻歌戈兩韻的字全部來自本部，切韻歌戈不分韻。統名歌。

脂部——本部字的諧聲偏旁是

妻皆厶禾夷齊眉尸夒卟伊屖

几豸犀氏㣺比米兂豊死𠂔美水矢兒履癸夊豕匕

示閉二戻利𥁕棄四惠計医繼自𠴢㞒至𡐦季

悉八必實吉戔質七卪日栗柰𠆢䢨畢一血逸抑丿失頁劍

後來分入廣韻：

皆駭怪（齋、喈）

脂旨至（比、遲、杏、柿、至、脂、肌、水、葵）

齊薺霽（迷、體、棲、稽、惠）

支紙　　（爾）

黠　　（八、黠）

櫛　　（櫛）

質　　（蜜、姪、疾、質、吉）

屑　　　（楔、鐵、屑、結、ヷ）

術　　　（恤）

廣韻脂韻大部份的字來源在此。

微部──本部字的諧聲偏旁是

飛𦣞衣褱綏非枚敳口幾隹累希威𨒅衰肥乖危開

鬼畾尾虫罪委毇火卉

臾貴气（乞）旡胃未位退隶祟凷尉對頪內字器配冀未㕚㣇畏

卒率尣出兀弗𡊅𠕎勿甶去乙乀骨帥鬱

後來分入廣韻

咍海代（闓、哀）

皆駭怪（巀、俳、懷）

脂旨至（綈、肆、器、鼻、追、翠、誰、匵）

微尾未（幾、衣、非、鬼、葦）

灰賄隊（配、隤、罪、回）

戈果　　（火）

支紙寘（縋、毀）

沒　　　（齜、浡、突、卒、骨）

黠　　　（軋、胐、滑）

質　　　（肸、乙）

迄　　　（訖）

術　　　（筆、術）

物　　　（屈）

廣韻微韻完全導源於此。

（脂部與微部江有誥氏不分；合稱"脂部"，王念孫據段玉裁分

爲"脂部"與"至部"，章太炎分"脂部"另成"至部"與"隊"部，近

人王力先生據章氏改爲"脂部"與"微部"，爲本書所用。）

祭部——諧聲偏旁

祭衛贅毳㣇制裔埶世𠀠罽彗叀拜介大太匃帶貝會兌巜最外蠆吠乂丰砅筮竄夬叡摯泰

戌首月伐敓乚㬥𡳾刺𢧵歺末夅犮𡴆桀折舌絕叕𣥂𠁥聅亅乞𣥠臬𠂔䜌㡿威𢇍𤔔𦙶𥝢㚔奪徹設𣎵劣別㕟孑𣎳

變入廣韻，都在去聲及入聲韻：

泰（帶、蔡、蓋、沛、兌、最、檜）

夬（蠆、犗、敗、快）

怪（介、拜、𧗿）

祭（蓺、厲、制、蔽、綴、芮、㓹）

廢（刈、肺、喙）

霽（蠐、慧）

曷（達、割、遏）

鎋（轄、纂、刮）

黠（殺、扨、𥨊、刷）

薛（哲、泄、設、竭、別、捋、絕、說）

月（歇、伐、厥）

屑（截、潔、蔑、決）

末（撥、脫、撮、濶）

廣韻去聲祭泰夬廢及入聲曷末鎋薛月的來源全在本部。

元部——諧聲偏旁

鮮叀䇂泉難原䜌官爰閒亘連西䙴干安𡕩吅肙𠕁閑㢈丹焉元𠕁山戔㸚延次䌛耑丸虔𦏧攀寒姦般𠜾便宽䌛𡿨前䜌𢿢煩穿全雚虤莧班𢆉

厂㚊卵縣反夗く㪔柬繭耎衍㕣犬雋㚘舛侃免辡𢍏件㕜訔善典

釆关㢨旦半彖扇見𠂡㝁曼奐弁𦣻縣憲㭒䖍宦燕㬎睿㓂面贊算建

萬片斷㗊㥏

變入廣韻：

寒旱翰（箪、餐、竿、安）

桓緩換（槃、端、算、觀）

刪潸諫（潸、諫、雁、板、僎、關、患）

山產襉（訕、簡、莧、辦、幻）

仙獮線（衍、連、翦、旃、遣、免、卷、翩、篆、詮、專、捐）

元阮願（建、偃、藩、勸、垣、怨）

先銑霰（練、肩、燕、邊、猵）

廣韻寒桓刪元仙韻字來源全在此。

文部——諧聲偏旁

塵㞙昏𤇾豚辰先困春屯門分孫賁君員㒸昆𦎧㒼川雲存巾侖堇壺

文豩軍斤昷熏筋飧蚰㒺㞢

盾㐱𡚶ㄣ壼丨本允

艮刃寸圂奮胤𢍰薦容困丸

變入廣韻：

痕很恨（吞、根）

魂混慁（盆、遁、遜、昆、溫）

山產襉（艱、盼、鰥）

臻眞軫震（吝、振、勤、詵）

諄準稕（邠、倫、俊、春、窘）

欣隱焮（芹）

文吻問（忿、運、羣）

先銑霰（珍、銑、殿）

廣韻痕魂欣文諸韻字的來源全在此部。

眞部——諧聲偏旁

秦人頻寅閵身旬辛天田千令因眞勻臣民聿申

丐扁引乚尹

粦信命兩兆印莢佞晉奞腘

變入廣韻：

山產襇（堅）

臻眞軫震（賓、陳、進、神、緊、臻）

諄準稕（旬、均）

先銑霰（顛、千、堅、咽、絢、淵）

廣韻眞韻字的大部分出於本部。

耕部——諧聲偏旁

熒丁生盈鳴名平盈䀠粤円爭幷霝贏晶解

呈鼎頃幷耿幸省黽

正殸敬令夐命

變入廣韻：

耕耿諍（抨、琤、莖、鸚、轟）

庚梗映（笙、驚、榮）

清靜勁（形、貞、靜、征、勁、傾）

青迥徑（冥、頂、星、刑、炯）

廣韻清青兩韻的來源都在本部，部名不用"清"而用"耕"，因爲本部與佳部有關係（見下節），而佳部不用"支"爲名。

陽部——諧聲偏旁

王㞷亾行昜爿方亢兵光京羊庚啟畺強兄桑丞彭央昌倉相亨卬慶

亡量糞香㡍茨皂明

网永爽囧网象皿竝丙弜秉丈杏上

向訂亞甾竟堅

變入廣韻

　　唐蕩宕（當、藏、康、旁、曠、皇）

　　庚梗映（樘、鎗、羹、黽、猛、觥、丙、永）

　　陽養漾（張、將、場、壃、魴、匡）

廣韻唐陽韻字來源全在此部。

　東部——諧聲偏旁

　　東公丰同邕豐叢冢从封容凶充茸舂囪雙嵩尨

　　孔冡竦宂𠈌

　　送共弄

變入廣韻：

　　東董送（蓬、通、總、功、洪）

　　江講絳（蚌、撞、雙、講）

　　鍾腫用（封、寵、從、腫、容）

廣韻東一等與鍾韻字的來源全在此。本部不用"鍾"爲部名，因爲大家受切韻的影響，總容易把"鍾"與"多"連起來，而在上古，事實恰恰相反。

　中部——諧聲偏旁

　　中躬蟲戎多宗彤農夅夂

　　冢眔宋

變入廣韻：

　　冬腫宋（宗）

　　江講絳（降）

東董送（忠、終、宮）

廣韻多韻字全部來源在此。"中"代表東三等，有些人把這一部稱爲"多部"。

蒸部── 諧聲偏旁

曹蠅朋弓曾升鷹興恆徵兢厷冰登乘再熊丞承凭䑞登仍

弅肯

變入廣韻：

登等嶝（滕、增、恆、朋、弘）

耕耿諍（橙、堯、宏）

蒸拯證（陵、乘、興、冰）

東董送（夢、弓、雄）

廣韻登蒸兩韻字全由本部變入。

侵部──諧聲偏旁

尤咸林心今凡男琴彡昔兂侵宊壬陰三仈

羊甚品卤審

闖

變入廣韻：

覃感勘（耽、簪、堪、暗）

咸豏陷（湛、緘）

侵寢沁（品、侵、岑、審、禁、音）

鹽琰豔（僭）

東董送（尤、風）

添忝㮇（簟、貪）

（又"三"一字廣韻入談韻）

廣韻侵韻字全部來源在此。

談部——諧聲偏旁

占兟兼僉甘猒炎詹毚甜茇

弓閃冉臽敢广斬奄弇染夾焱夋凵

丙欠

變入廣韻：

談敢闞（藍、憨、敢）

覃感勘（柟、贛、函）

銜檻鑑（讒）

咸豏陷（斬、陷）

鹽琰豔（檐、塹、拑、沾、懺、險）

嚴儼釅（劍、俺）

添忝㮇（點、謙）

凡范梵（犯）

廣韻談銜鹽嚴凡諸韻字大致出於本部。

葉部——諧聲偏旁

妾枼涉業聿曄毚𦕑燮聶甲法夾昜舌䰜乏帀籋聿劫劦盍

變入廣韻，

盍（蹋、闔）

合（韐）

狎（靨、狎、壓）

洽（挿、夾）

葉（獵、妾、聶、捷、惵、曄）

業（劫、脅）

帖（諜、燮、靨）

乏（法）

又或有一些字，入廣韻的去聲韻，如"蓋"入泰韻，"琊荔"入霽韻，詳見下一章。

緝部——諧聲偏旁

毐及立邑集入十習廿卒㗊皀㮯合龖籴沓軜

變入廣韻：

合（答、雜、郃）

洽（裕）

緝（立、集、執、給、吸、邑）

帖（疊）

廣韻緝韻來源全在本部。又或有本部字廣韻入去聲韻者，如“內”入隊韻，“褢”入怪韻，詳下章。

§10.6　古人沒有韻書，押韻完全本乎自然。先秦韻語，時與地的差異都很大。歸納起來，此疆彼界，不能絕對分開，則是極自然的事。所以從段玉裁起，清儒一方面根據古人用韻的一般傾向，作古韻分部，一方面也就承認有少數所謂“合韻”或“通韻”的存在。“合韻”或“通韻”都指不同部的例外押韻，如之部的

“炊”在大雅閔予小子韻幽部的“造、考、孝”

“來”在鄭風女曰雞鳴三章韻蒸部的“贈”

“謀”在小雅巷伯六章韻魚部的“者、虎”

幽部的“俅”在周頌絲衣韻之部的“紅、基、牛、鼒”

“糾”在陳風月出一章韻宵部的“皎、僚、悄”

侯部的“後”在大雅瞻卬七章韻東部的“鞏”

諧聲字中也有這一類現象，如：

“裘”在之部，而所從“求”聲在幽部

“講”在東部，而所從“冓”聲在侯部

"侮"在侯部，而所從"每"聲則在之部

"仍"在蒸部，而所從"乃"聲則在之部

把這些例外歸納起來可以看出：

（1）照上節所列各部的次序，他們是見於相鄰兩部之間的比較多。這是很自然的，因爲我們曾經說過，清儒排列各部的次序，實際上就是依例外韻排的。

（2）值得我們注意的是：

之部與蒸部	祭部與元部	葉部與談部
幽部與中部	歌部與元部	緝部與侵部
侯部與東部	微部與文部	
魚部與陽部	脂部與眞部	
佳部與耕部		

之間又比較多一些。很顯明的，他們在一方面都是陰聲與入聲而另一方面是陽聲，這不是偶然的，看入聲字的演變，可知其中關鍵。以下姑舉二例。

職德韻字古代屬之部，而切韻配蒸登

曷末鎋……的字古代屬祭部，而切韻配寒桓刪元……

其他關係，學者可以從上節所列一一參驗。

對於這些"合韻"現在大家喜歡改用創自戴震與孔廣森的名詞，即"陰陽對轉"。同時，凡陰聲韻之間，或陽聲韻之間的"合韻"，章太炎又名之爲"旁轉"，關於這兩個名詞，我們應當注意的是：如果只用他們來指例外的古韻語與諧聲，那是沒有什麼不可以的；然而除此之外，其他種種都不免無根無據。

古韻分部，近年又有黃侃二十八部之說，實在並無新奇之處。他所以比別人多幾部，是把些入聲字從陰聲各部中抽出獨立成"部"的緣

故。就古韻諧聲而論，那是不能成立的。因爲陰聲字與入聲字押韻或
諧聲的例子很多，如可分，清儒早就分了。（清儒朱駿聲著"通訓定
聲"在陰聲韻部之內立了所謂"分部"，專收一些入聲字。黃氏的意向，
他早已有了，不過到底比黃氏謹愼，只稱"分部"而已。）

附錄——本書古韻部名與段王江三家的對照

本書	江	王	段
之	之	之	第一部
蒸	蒸	蒸	第六部
幽	幽	幽	第三部（"去入聲"一部分除外）
中	中	東（一部分）	第九部（一部分）
宵	宵	宵	第二部
侯	侯	侯	第四部（又"第三部"去入聲的一部分）
東	東	東（一部分）	第九部（一部分）
魚	魚	魚	第五部
陽	陽	陽	第十部
佳	支	支	第十六部
耕	耕	耕	第十一部
歌	歌	歌	第十七部
脂	脂（一部分）	至、脂（一部分）	第十二部（入聲），第十五部（一部份）
眞	眞	眞	第十二部（除"入聲"）
微	脂（一部分）	脂（一部分）	第十五部（一部分）
文	文	諄	第十三部

祭	祭	祭	第十五部（一部分）
元	元	元	第十四部
葉	葉	盍	第八部（入聲）
談	談	談	第八部（陽聲）
緝	緝	緝	第七部（入聲）
侵	侵	侵	第七部（陽聲）

爲求一律，以後稱述都用本書部名以代各家，只遇必要時才引用原名，用時也加引號以資區別。

附註：上表與以後所用的"陽聲"，"入聲"，與"陰聲"，三名詞不特別說明時，其涵義如下：

陽聲——指所有帶鼻音韻尾的字音

入聲——專指帶 -p-t-k 韻尾的字音

陰聲——指陽聲與入聲以外的字音

注意：陰聲與入聲的界限，跟某些古韻家的用法是不同的。

第十一章　上古韻母系統的擬測

§11.1　清儒如何利用他們的古韻分部去解釋先秦韻語與後代的
不同呢？自顧炎武以下，大家都在用一個辦法，就是在一部之中，以
變入廣韻某韻或某幾韻（同攝）的字爲"正音"，而以變入其他韻的字
爲"變音"或"音轉"。段玉裁"古十七部本音說"：

> 三百篇音韻，自唐以下不能通，僅以爲協韻，以爲合韻，以爲
> 古人韻緩不煩改字而已。自有明三山陳第，深識確論，信古本
> 音與今音不同。自是顧氏作詩本音，江氏作古韻標準，玉裁抱
> 殘守闕，分別古音爲十七部。凡一字而古今音異，以古音爲本
> 音，以今音爲音轉。如尤讀怡，牛讀疑，丘讀欺，必在第一部
> 而不在第三部者，古本音也，今音在十八尤者，音轉也。舉此
> 可以隅反矣。

又"古十七部音變說"：

> 古音分十七部矣，今韻平五十有七，上五十有五，去六十，入
> 三十有四，何分析之過多也。因音有正變也，……之者音之正
> 也，咍者音之變也，蕭宵者音之正也，豪肴者音之變也。……
> 音不能無變，變不能無分，明乎古有正而無變，知古音之甚
> 諧矣。

以之部爲例，段氏以爲變入廣韻

　　　之止志職的都是正音，

而變入

　　咍海代德⎫
　　灰賄隊　⎬的都是變音，
　　皆駭怪麥⎭

又變入

> 尤有宥屋
> 侯厚候 ⎬ 的都是音轉。

其他各家的觀念也都大同小異。所以依江有誥的詩經韻讀：

> 關雎二章：求之不得（丁力反），寤寐思服（扶逼反）
>
> 悠哉悠哉，輾轉反側。

"得"廣韻入德韻，"多則切"；現在改用職韻的"力"爲反切下字。"服"廣韻入屋韻，"房六切"；現在改用職韻的"逼"，爲反切下字。

> 關雎三章：參差荇菜，左右采（此止反）之，
>
> 窈窕淑女，琴瑟友（音以）之。

"采"廣韻入海韻，"倉宰切"；現在改用止韻"止"字爲反切下字。"友"廣韻入有韻，"云久切"；現在改音止韻的"以"。

　　總之他們以爲凡之部字的古讀的應當全如後來的之止志職韻的字而如"得""服""采""友"等後來不入之止志職的，都是古音有了變化。其他各部都可以據所謂"本音"（或正音）與"變音""音轉"之說類推。

　　生在清儒的時代，談古字的音讀，毫無問題的他們只能做到這個地步。然而，由我們來看，這裏面問題就多了。

　　（1）"正"與"變"（或"轉"）的規定，未免持之不能有故，言之不能成理。之止志職的字全自上古的之部來，就是這幾韻代表先秦整個之部字的古讀的證據嗎？咍德尤屋諸韻字，只有一部分來自上古之部，這就是"采""友""服"諸字不能代表古讀的證據嗎？關於這一點，是清儒未能把音類與音值兩個觀念分清楚。祭泰夬廢都是完全導源於上古祭都，那又如何決定誰是祭部的正音呢？

　　（2）照他們那樣歸併，是不是承認古代只有二十多個韻母呢？（其實依照顧炎武只能說十個，依江永只能說十三，依段玉裁只能說

十七。）由古至今，語音的變化都是由繁而漸簡，難道由先秦至隋唐
是由極簡至繁的嗎？

（3）以"服"爲"扶逼反"，就得承認他在古代與職韻的"愎"（並
母）同音，然而後來"愎"入職韻而"服"入屋韻又是什麼道理呢？

這些問題一經提出，上古韻語如何處理，就自然要走上另一條道
路了。

§11.2　根據清儒的古韻分部，利用現代語言學的理論爲工具，
作有系統的研究上古韻母而有貢獻的是下列幾家：

高本漢（Bernhard Karlgren）——有關的著作是：

　　The Reconstruction of Ancient Chinese

　　Analylic Dictionary of Chinese and Sino-Japanese

　　Problems in Archaic Chinese

　　Tibetan and Chinese

　　Shih King Researches

　　Word Families in Chinese

西門華德（Walter Simon）——著

　　Zur Rekonstruktion Der Altchinesechen Endhonsona-
　　nten

李方桂——著

　　切韻 â 的來源

　　Ancient Chinese -ung -uk -uong -uok etc,in Arch-
　　aic Chinese

　　Archaic Chinese*-jwəng, *-jwək and *-jwəg

本書作者也有"上古音韻表稿"附驥。

這些人主要的觀點是：

（1）韻部是歸納古代韻語的結果，所以他們當是若干可以押韻的古代韻母的總類。一個韻部，非但不只包括一個韻母，並且他的範圍應當比切韻系韻書的"韻"還要大。大致說，應相當於後代所謂"攝"。押韻並不要求韻母完全相同，所以我們說一個韻部不只包含一個韻母。不過還有一點最要緊的，就是：每個韻部的字，都分別變爲後代的好幾個韻母。如果假定他們在古代只是一個韻母，那麼後來種種的不同就毫無來由了。

（2）至於每一個韻部內到底有幾個韻母，我們是根據他變入切韻的結果去推測的。如果有線索可以證明若干中古韻母是由一個上古韻母在不同的條件下變出來的，那就可以說他們同出一源。如果沒有，暫時只能假定他們在上古仍有分別。因爲就一般語音變化的例看，我們知道：在相同的條件下，音的變化不是可東可西的。

（3）上古音讀沒有直接可以引證的材料，現在是根據他們演變的結果，即切韻時代的音讀，與以合理的擬測。擬測出來的音讀，一方面要能解釋古語押韻或諧聲的現象，一方面要適合說明某音是如何演變爲後來的某音的。

以下先從韻尾、介音與主要元音幾個方面敍述上古韻母的系統，然後再就各個韻部一一擬訂每個韻母的古讀。

§11.3　看上古韻文與諧聲字，我們覺得最引人注意的是中古有 -t尾與有 k尾的入聲字常常和陰聲字發生關係，並且他們的關係還有條理可尋，卽：

（1）凡中古有k-尾的入聲字，只跟之幽宵侯魚佳諸部的陰聲字押韻或諧聲，詩韻如：

小雅出車一章——牧 mjuk：來 lʌi：載 tsʌi：棘 kjək

大雅烝民二章——若 ȵjak：賦 b'juo

小雅楚茨六章——奏 tsu：祿 ljuok

王風中谷有蓷二章——脩 sju：歗 siɛu：淑 ʑjuk

小雅正月十一章——沼 tɕjæu：樂 lak：炤 tɕiæu：懆 sɑu
　　　　　　　　　：虐 ŋjak

商頌殷武三章——辟 p'iek：績 tsjɛk：辟 p'iek：適 ɕjɛk
　　　　　　　　：解 kæi

諧聲如：

之 tɕi：寺 zi：特 d'ɔk

由 ju：廸 d'iek

爻 ɣau：駁 pɔk

竇 d'u：讀 d'uok

古 kuo：固 kuo：涸 ɣɑk

帝 tiɛi：禘 ɕje：敵 d'iek

（2）凡中古有-t尾的入聲字只跟祭微脂諸部的陰聲字押韻或諧
聲，詩韻如：

小雅節南山五章——惠 ɣiuɛi：戾 liɛi：屆 kɐi：闋 k'iuet
　　　　　　　　　：夷 jei：違 ɣjuəi

大雅皇矣八章——茀 p'juɐt：仡 ŋjət：肆 sjei：忽 xuɐt：
　　　　　　　　拂 p'juɐt

邶風匏有苦葉一章——厲 ljæi：揭 kjɐt

諧聲如：

必 pjet：秘 pjei　　　弗 pjuət：費 pjuəi

至 tɕjei：垤 d'iɛt　　　害 ɣɑi：轄 ɣɑt

面對這種現象，我們不能說：中古的入聲字在古代原來沒有輔音韻尾，因此得與陰聲字常常押韻或諧聲。因爲如果是那樣的話，他們與陰聲字的接觸應當是雜亂的，決不可能如此劃然分居。所以相反的，我們非但要假定那些入聲字在古代仍有不同的韻尾，而且又必須假定那些陰聲字在古代也分別有不同的輔音韻尾，凡與後來收-t的入聲字接觸的是一種，與後來收-k的入聲字接觸的又是一種。

現在大家都同意，暫且假定切韻時代收-t的入聲字在先秦原來就收 *-t，和他們押韻或諧聲的祭微脂諸部的陰聲字，大致都收 *-d；切韻時代收-k的入聲字，在先秦原來就收 *-k，和他們押韻或諧聲的之幽宵侯魚佳諸部的陰聲字都收 *-g。*-d與 *-g到後代或消失，或因前面元音的影響變爲-i尾複元音的 -i，或-u尾複元音的-u；*-t與 *-k 則仍舊。所以如此，就是因爲從一般的語音演變通例看，濁輔音韻尾容易消失或變元音，清輔音韻尾則容易保持不變。

§11.4　切韻收-p的入聲字，在古代韻語裏都自成一個系統。所以廣韻自緝至乏諸韻的字，上古分別獨自成部（"緝""葉"）。我們可以很自然的假定他們在上古仍然都收*-p。

不過是在諧聲字中，我們却可以發現有些後代的陰聲字與緝葉兩部字有接觸：

　　　　世 ɕjæi：葉 jæp
　　　　痰 kʻiɛp：瘞 ʾiɛi：瘞 ʾjæi
　　　　劦 ɣiɛp：荔 liɛi
　　　　盍 ɣɑp：蓋 kɑi
　　　　內 nuＡi：納 nＡp
　　　　習 zjep：彗 zjuæi（"彗"古文作"篲"）

證之於"內"字古書多用作"納","蓋"又有"盍"音，……可知凡與-p尾入聲字接觸的陰聲字，最初還有一個唇音韻尾，今擬作＊＊-b。

不過我們要注意的是：上述諸陰聲字，按諸韻語，都是在祭微脂部，而當有 *-d韻尾的。現在大家都承認，諧聲字表現的現象，一般比詩韻表現的要早，所以我們說＊＊-b尾只存在於諧聲時代，到詩經時代變爲 *-d。關於"內"，我們更假定他由＊＊nuəb——→*nuəd 是＊＊-b受〔u〕的異化作用的結果，如中古"凡""乏"諸字 b'juam(p)變現代廣州的 fan (t)。至於"蓋"由＊＊kɑb——→ *kɑd，則是由於＊＊-b 尾字少了，類化於"內"類字而來。

§11.5 ＊＊-b、*-d、*-g之外，古韻語裏還有一個舌尖音韻尾的痕跡。我們知道：脂微兩部的陰聲字，大多數都變入廣韻的哈灰皆脂微齊，不過也有很少的幾個是變入戈韻與支韻的，如"火""爾"是。"火"、"爾"等與哈灰諸韻的字既常常押韻，古代元音同屬一類就應該沒有問題。但"火"後來不入灰韻而入戈韻，"爾"後來不入脂韻而入支韻，又顯示著他們原來在元音之外，還與灰脂諸韻字有所不同。灰韻字中古是-uAi，脂韻是-ei，最後都有 -i，-i就是古代 *-d 的遺留。反之"火"中古是-uɑ，"爾"是-ie，最後都沒有-i，那就表示他們原有的韻尾與 *-d 不同，後來完全失落了。那個韻尾現在訂作 *-r，在語音史中，-r完全失落的例子是很多的。

§11.6 凡燕中東陽耕諸部的字，切韻全收-ŋ尾，文元眞諸部的字全收 -n尾，侵談兩部的字全收 -m尾。我們假定古代原來就是那樣的，因爲如此，每部之內的字才可以因元音同類韻尾相同而常常押韻或諧聲；相鄰諸部的字也可以因元音相差不多與韻尾相同或韻尾不同但元音相同而偶爾"旁轉"；凡陽聲字與陰聲入聲字"對轉"的，也是因爲元音同類而韻尾的部位也相同。

之、幽、宵、侯、魚、佳、*-g、*-k：蒸、中、東、陽、耕——*-ŋ

祭、脂、微——*-d、*-r、*-t：元、文、眞——*-n

緝、葉——(**-b)、*-p：侵、談——*-m

總結起來，在所有的韻部中，只有歌部是沒有韻尾的。

§11.7　擬測上古韻母的主要元音與介音，一般原則是：

（1）凡屬同一部的字，雖然韻尾同（或僅爲清濁的分別），主要元音也必同類。他們在聲母，介音或韻尾的影響之下，變爲後代各種不同的元音。

（2）凡常有"對轉"現象的兩部，韻尾旣已有塞音與鼻音的分別，主要元音必是一類的。

（3）凡韻尾不同部位，而仍有例外叶韻或諧聲情形者（如眞部與耕部，侵部與蒸部……），也可以假定爲主要元音同。

（4）對照中古韻母，可知陽聲字與入聲字的變化是比較簡單的，所以擬定主要元音時，我們常常可以從陽聲韻與入聲韻入手，進而至於與他們相當的陰聲韻。陰聲韻的韻尾都失落，元音變化複雜是自然的。

（5）各韻部的字變至中古，差不多都有開合與等第的分別，我們旣把韻部看作上古的韻攝，就假定開合與等第的分別原來也存在於上古。並且，除非詩韻與諧聲另有不同的表現，我們暫以爲：

（a）中古的開口字上古原來也是開口，合口字原來也是合口；

（b）變入中古一等韻與二等韻的字，上古原來也沒有介音
-i-；

（c）變入中古三等韻的字，上古原來 也有輔音性的 介音
-j-；

（d）變入中古 四等韻的字， 上古原來也有元音 性的介音
-i- 。

（6）不過我們要注意：上古三四等的元音，決不會和一二等差
得如中古那樣遠。否則他們是不會常常押韻或諧聲的。所以上古〔a〕
元音韻部的四個等當如下式：

一	二	三	四
ɑ	a	ja、jæ	iæ

三等介音 j 與四等介音 i 在中古可以忽略（因為元音還不同），
上古就非分不可了。

（7）中古同時有一等韻與二等韻的韻攝只有包含〔a〕類元音的
蟹山效咸諸攝。所以我們可以很容易的分別 ɑ 與 a，但上古需要作一
二等分別的，在〔a〕類元音之外，還有〔ə、o、ɔ、u〕等，（分見下一
節）問題就不那麼簡單了。不過看他們的演變，這些元音

變入中古一等韻時，結果是 ə、o、u、ɑ、A

變入中古二等韻時，結果是 æ、ɔ、a、ɐ

整個的比較起來，又可以很清楚的看出，在上古，前者元音較關而後
者較開。現在就根據這個觀念，把變入中古一等韻的字，主要元音上
加〔^〕號，二等韻字無號。以〔ə〕為例，四個等的分別是。

一	二	三	四
ə̂	ə	jə	iə

（8）上古音中還有元音"緊"與"鬆"的不同。我們如何推測得到，

爲方便計，下一節隨時來說。凡"緊"的元音不加任何符號，"鬆"的元音加〔ᵛ〕或〔·〕號。

§11.8 根據最近的考訂，上古各韻部的韻母如下

（1）之部與蒸部——有〔ə〕類主要元音，陰聲字有韻尾-g，入聲字有韻尾-k，陽聲字有韻尾-ŋ。

*-ə̂g（待、哉、該）——→-ʌi（咍）

*-uə̂g（梅、脢）——→-uʌi（灰）

*-uə̂̌g（母）——→-u（侯）

*-əg（戒、械）（*k-系）——→-ɐi（皆）

*-uəg（備、怪）——→-wɐi（皆）

　　　（緇）（*ts-系）——→-i（之）

*-jəg（理、慈、治、耳、基）——→-i（之）

*-juəg（否、龜、洧）——→-juɐi（脂合）

*-juə̌g（謀、丘、郵）——→-ju（尤）

---

*-ə̂k（特、則、克）——→-ək（德）

*-uə̂k（默、國、或）——→-uək（德）

*-ək（革、核）（*p- *k-系）——→-æk（麥）

*-uək（麥、馘）——→-uæk（麥）

　　　（色）——→-jək（職）

*-jək（直、息、食、棘）——→-jək（職）

*-juək（堛、閾）——→-juək（職）

*-juə̌k（福、郁）——→-juk（屋三）

---

*-ə̂ŋ（滕、曾、恆）——→-əŋ（登）

*-uə̂ŋ（崩、弘）——→-uəŋ（登）

*-uə̂ŋ（鶯）——→-uŋ（東一）

*-əŋ（橙）——→-æŋ（耕）

*-uəŋ（薨、宏）——→-uæŋ（耕）

*-jəŋ（陵、繒、乘、蒸、競）——→jəŋ（蒸）

*-juəŋ（冰）——→-juəŋ（蒸）

*-juə̂ŋ（夢、弓、雄）——→-juŋ（東三）

我們把這兩部的主要元音訂作〔ə〕類元音，很明顯的，是根據多數入聲字與陽聲字的中古音讀。入聲字與陽聲字在中古沒有〔ə〕類元音的只有麥韻耕韻，以及屋韻東韻的一些字。"革"-æk，宏 -uæŋ……是二等音字，所以他們的 æ 當係二等韻特有的變化，屋與東的中古主要元音是 u，然而"福""弓"等字既屬之部與蒸部，主要元音就不會是 u。現在假定他們原有一個鬆的 ə，後來受介音 u 的影響而消失，也是很自然的。

之部陰聲字到中古，音讀頗爲分歧，不過同部入聲字與蒸部字的問題既定，他們的原來面目也就很容易看出了。至於各個韻母的演變之道，我們也可以很清楚的理出來。

（a）凡緊的〔ə〕都影響韻尾 *-g，使變作 -i；他們自己則一等變 A，二等變 æ，三等開口消失，三等合口變 ě。

（b）凡鬆的〔ə〕都消失，使介音 u 發展爲主要元音，至於韻尾 *-g，則受影響變-u而併於主要元音。

（2）幽部與中部——有〔o〕類元音，陰聲韻尾是-g，入聲-k，陽聲-ŋ。

*-ôg（保、滔、草、告、好）——→au（豪）

*-og（包、鵃、膠）（*p- *t- *k-)系——→-au（肴）

　　　　（愁）（*ts-系）——→-ju（尤）

*-jŏg（蜉、抽、修、周、鳩）——→ju（尤）

*-jog（繆、蚪、幼）——→jəu（幽）

*-iog（條、蕭、叫）——→-ieu（蕭）

---

*-ôk（勖、毒、酷）——→-uok（沃）

*-ok（雹、學）（*p- *k-系）——→-ɔk（覺）

　　　　（縮）（*ts-系）——→-juk（屋三）

*-jok（腹、竹、蹴、淑、育）——→-juk（屋三）

*-iok（（迪、寂）（——→iœk)——→-iek（錫）

---

*-oŋ（多、宗、筝）——→-uoŋ（多）

*-oŋ（降）（*k-系）——→-ɔŋ（江）

　　　　（崇）（*ts-系）——→juŋ（東三）

*-joŋ（豐、中、終、宮）——→-juŋ（東三）

　　還是從入聲與陽聲字着手，他們在上古當有〔u〕或〔o〕類元音是很容易看出來的。

　　現在選擇〔o〕，因爲他又適合於陰聲字的變化。在入聲與陽聲，這個〔o〕後來在一等分化爲 uo。o 分化爲 uo 是語音史上常見的。二等變爲ɔ，因爲二等元音本來比一等開。三等有介音 j，j 的舌位高，所以 o 變 u；四等則受元音性 i 的影響，第一步舌位前移而變 œ，然後發展爲 e。

　　陰聲的字的中古音讀比上述之部一致得多，把入聲與陽聲的古讀〔o〕代入，演變之道也比較清楚。

　　（a）因爲〔o〕爲後元音，所以韻尾 *-g 都變-u。

　　（b）〔o〕本身在一等變 α；二等變 a；三等因緊與鬆不同，或變 ə，或消失；四等變 e。

　　（3）宵部——主要元音是〔ɔ〕，韻尾是 -g，-k

*-ôg（毛、刀、操、高）——→-ɑu（豪）

*-ɔg（豹、罩、巢、交）——→-au（肴）

*jɔg（標、趙、霄、昭、搖）——→-jæu（宵１）

*-jôg（表、喬、妖）——→-jɐ̆u（宵２）

*-iɔg（跳、曉）——→-iɛu（蕭）

---

*-ôk（襮、樂、鶴、沃）——→-uk,-uok,-ɑk（屋、沃、鐸）

*ɔk（駮、濯、塙）——→-ɔk（覺）

*-jɔk（爵、弱、虐）——→-jɑk（藥）

*-iɔk（礫、激）——→-iek（錫）

　　拿宵部字變到中古的結果和上述幽部字比較，可知唯一的異點是三等字。宵部三等字入宵韻與藥韻，而幽部三等字入尤韻幽韻與屋韻。現在就根據宵韻藥韻的元音（æ,ɑ）與尤韻幽韻屋韻（u,ə）的不同，訂上古宵部字的主要元音爲開〔ɔ〕。

　　關於本部字的擬音，還有兩點要說明一下。

　　（a）*-ôk 韻字廣韻屋一，沃鐸三韻多互見，今以爲不規則的
　　　　　變化。

　　（b）*-jɔg 與 *-jôg 是參照中古的-jæu與-jɐ̆u訂的，宵韻１類
　　　　　與２類字諧聲偏旁不大混。

　　（4）侯部與東部——→主要元音〔u〕，韻尾是-g,-k,-ŋ。

*-ûg（頭、走、鉤、甌）——→-u（侯）

*-ug（芻、數）——→-juo（虞）　｜均 *ts-系，*ts-母及 *dz'-
　　　　（騶、驟）——→ -ju（尤）　｜母去聲變-ju，其他變-juo。

*-jug（符、誅、需、主、愚）——→-juo（虞）

---

*-ûk（濮、讀、族、谷）——→-uk（屋一）

*-uk（剝、濁、捉、角）——→-ɔk（覺）

*-juk（綠、足、辱、玉）——→-juok（燭）

---

*-ûŋ（蓬、東、葱、工）——→-uŋ（東一）

*-uŋ（邦、撞、雙、扛）——→-ɔŋ（江）

*-juŋ（封、重、從、鍾、鞏）——→-juoŋ（鍾）

這兩部的入聲字與陰聲字，與幽中兩部的入聲陽聲字，都變入中古東多鍾江的系統。不過有一點要注意的，就是中古東一等與東三等同元音，多與鍾同元音；上古則東一等與鍾同元音，多與東三等同元音。

幽中兩部的主要元音既已訂爲〔o〕，這兩部訂作〔u〕就是順理成章的事了。一等的〔u〕後來都保持；三等都分化爲 uo；二等則在入聲與陽聲變ɔ，在陰聲因產生新介音 j，就採取了三等的演變方式。但我們還要注意：

（a）*-ug 韻只有 *ts-系字，分入廣韻虞尤兩韻而可以互補，所以仍然可以假定同出一源。

（b）陰聲字的 *-g 尾並非完全消失，是變爲 u 而與主要元音合併。

（5）魚部與陽部——主要元音〔a〕類，韻尾-g,-k,-ŋ。

*-ɑg（都、組、故）（——→-o）——→-uo（模）

*-uɑg（圖、孤）——→-uo（模）

*-ag（助）（*ts-系）——→-jo（魚）

*-jag（貯、絮、庶、許）——→-jo（魚）

*-juag（父、宇）——→-juo（虞）

*-ăg（茶、乍、葭）——→-a（麻二）

*-uăg（馬、華）——→-ua（麻二）

*-jɛ̆g（斜、射）──→-ja（麻三）

---

*-ɑk（託、昨、各）──→-ɑk（鐸）

*-uɑk（博、郭）──→-uɑk（鐸）

*-ak（斯）（*ts-系）──→-jak（藥）

*-jak（箸、舃、斫、卻）──→-jak（藥）

*-juak（縛、戄）──→-juɑk（藥）

*-ăk（澤、客）──→-ɐk（陌二）

*-uăk（白、穫）──→-uɐk（陌二）

*-jăk（席、赤）（*ts-，*ţ-系）──→-jɛk（昔）

　　　　（隙、逆）（*k-系）──→-jɐk（陌三）

---

*-ɑŋ（當、倉、康）──→-ɑŋ（唐）

*-uɑŋ（旁、黃）──→-uɑŋ（唐）

*-aŋ（莊）（*ts-系）──→-jaŋ（陽）

*jaŋ（場、將、章、疆）──→-jɑŋ（陽）

*-juaŋ（旁、匡）──→-juɑŋ（陽）

*-ăŋ（樘、更）──→-ɐŋ（庚二）

*-uăŋ（彭、橫）──→-uɐŋ（庚二）

*-jăŋ（京、英）──→-jɐŋ（庚三）

*-juăŋ（兵、永）──→-juɐŋ（庚三）

　　這兩部的主要元音是〔a〕類元音，入聲與陽聲字的中古音表現得最一致。至陰聲字中有一部分中古主要元音是 o，也很容易看出與韻尾 *-g 有關。*-g 雖然在低元音前消失，可是他也留下了痕跡，就是使元音〔a〕變作 o，有如中古 -ak 韻字現代官話多變為 -o 或 -ɤ。（託 tâk，"各" kɑk 國語讀 tʻuo，kɤ）

　　凡標〔ă〕元音的字，在諧聲中還跟標〔a〕的有些距離。庚陌韻的字，中古音讀〔ɐ〕，顯示上古有較鬆的元音，麻韻字中古爲 a 而不是 ɐ，也可以說是韻尾 *-g 的影響。*-g 消失而使 ǎ──→a，是語音史中所謂抵補音長的作用。

關於各個韻母，現在還有三點說明：

（a）三等的 *a──→ɑ，當與韻尾仍然保存 -k，-ŋ 有關。

（b）模韻字都是合口，但由諧聲看，他們確有一部分專與魚韻字以及麻鐸等韻的開口字接觸；又有一部分專與虞韻字以及麻鐸等合口字接觸；所以上古當分開合，開口字第一步變-o，然後與合口字混爲-uo。

（c）變入中古昔韻的字都是舌齒音，變入陌三等的都是牙音字，現在假定他們同出一源，因聲母而有不同的變化。

（6）佳部與耕部──主要元音 e；韻尾 -g，-k，-ŋ。

*-eg（買、柴、解）──→-æi（佳）

*-ueg（挂）──→-uæi（佳）

*-jeg（卑、知、此、是、歧）──→-je（支）

*-jueg（規）──→-jue（支）

*-ieg（褲、帝、雞）──→-iɛi（齊）

*-iueg（圭、攜）──→-iuɛi（齊）

---

*-ek（脈、謫、責、隔）──→-æk（麥）

*-uek（劃）──→-uæk（麥）

*-jek（鬩、積、適、益）──→-jɛk（昔）

*-juek（役）──→-juɛk（昔）

*-iek（璧、惕、晢、擊）──→-iek（錫）

*-iuek（鵙）──→-iuek（錫）

---

*-eŋ（抨、打、爭、耕）（除*s-）——→-æŋ（耕）

　　生（*s-母）——→-jæŋ（庚三）

*-ueŋ（轟）——→-uæŋ（耕）

*-jeŋ（屏、貞、精、成、輕）——→-jɛŋ（清）

*-jueŋ（傾）——→-juɛŋ（清）

*-jĕŋ（平、驚）——→-jɐŋ（庚三）

*-juĕŋ（榮）——→-juɐŋ（庚三）

*-ieŋ（萍、亭、星、刑）——→-ieŋ（青）

*-iueŋ（坰）——→-iueŋ（青）

　　到中古，這兩部字的主要元音都是半低與半高之間的前元音，現在就以爲他們來自上古的 e。在入聲韻與陽聲韻，這個-e在 -i- 後不變，在-j-後變 ɛ 或 ɐ（見下文），沒有介音-j-或-i-的變 æ。

　　e 是前元音，所以他在二等與四等中影響陰聲的韻尾-g使變-i，同時 e 自己在二等變 æ 而在四等變 ɛ；至於三等，*-g 尾最初也當變-i，不過又受介音-j-的異化作用而消失，同時元音也就不變了。

　　陽聲三等的 e 與 ĕ 之分，是根據那些字的中古讀法訂的。

　　（7）歌部——→主要元音是〔a〕類，無韻尾。

*-ɑ（多、嵯、河）——→-ɑ（歌）

*-uɑ（波、朵、坐、過）——→-uɑ（戈）

*-a（沙、加）——→-a（麻二）

*-ua（麻、瓦）——→-ua（麻二）

*-ja（嗟）——→-ja（麻三）

*-jă（離、施、奇）——→-jĕ（支）

*-juă（皮、隨、垂、危）——→-juĕ（支）

　　到中古，歌部字只有變入支韻的那些元音不是〔a〕而是 ĕ。現

在假定他在上古是 ă，因介音-j-的影響而變ĕ。

（8）脂部與眞部——主要元音 *e ；韻尾 *-d，*-r，*-t，*-n。

　　*-ed（齊，皆）——→ɐi（皆）

　　　　　　（第）（*ts-系仄聲）——→-jei（脂）

　　*-jed（比、遲、資、祗、肌）——→-jei（脂）

　　*-jued（穟、水、葵）——→-juei（脂）

　　*-ied（米、涕、齊、稽）——→-iɛi（齊）

　　*-iwed（惠）——→-iuɛi（齊）

　　*-jer（攷、爾）——→-je（支）

---

　　*-et（八、黠）——→-ɐt（黠）

　　　　　　（瑟）（*ts-系）——→-jet（櫛）

　　*-uet（劀）——→-uɐt（黠）

　　*-jet（畢、姪、七、實、吉）——→-jet（質）

　　*-juet（恤、橘）——→-juet（術）

　　*-iet（槭、迭、節、結）——→-iɛt（屑）

　　*-iuet（闋、穴）——→-iuɛt（屑）

---

　　*-en（堅）——→-ɐn（山）

　　　　　　（榛）——→-jen（臻）

　　*-jen（賓、鄰、新、眞、緊）——→-jen（眞）

　　*-juen（旬、均）——→-juen（諄）

　　*-ien（天、千、堅）——→-iɛn（先）

　　*-iwen（玄、淵）——→-iuɛn（先）

這兩部的結構與佳耕兩部最像，彼此例外押韻或諧聲的現象也不，所以元音當是 e 。

（9）微部與文部——主要元音是 *ə，韻尾是 *-d，*-r，*-t，
*-n 。

　　*-əd（逮、闉、哀）——→-Ai（咍）

　　-uə̂d（枚、對、罪、回）——→-uAi（灰）

　　-əd（額）——→-ɐi（皆）be-

　　（皆）iə-（徘、懷）（*p- *k-系）——→-uɐi（皆）

　　　　　　（帥）（*ts-系）——→-juei（脂）

　　*-jəd（綈、器）——→-jei（脂）

　　*-juəd（悲、追、翠、隹、饋）——→-juei（脂）

　　*-jə̂d（幾、衣）——→-jəi（微）

　　*-juə̂d（飛、韋）——→-juəi（微）

　　*-uə̂r（火）——→-uɑ（戈）

　　*-juər（毀）——→-jue（支）

　　*-ə̂t（齕）——→-ət（沒）

　　*-uə̂t（勃、突、卒、骨）——→-uət（沒）

　　-ət（軋）——→-ɐt（黠）te-

　　（黠）iə-（聒、滑）（*k-系）——→-uɐt（黠）

　　　　　　（率）（*ts-系）——→-juət（術）

　　*-jət（乙）——→-jət（質）

　　*-juət（筆、戌、術、汩）——→-juet（術）

　　*-jə̂t（訖）——→-jət（迄）

　　*juə̂t（拂、屈）——→-juət（物）

　　*-ə̂n（吞、根）——→-ən（痕）

*-uên（本、敦、昏、渾）——→-uən（魂）

*-ən（艱）（*k-系）——→-ɐn（山）
　　　（詵）（*ts-系）——→-jen（臻）

*-uɐn（盼、鰥）——→-uɐn（山）

*-jən（吝、辰、巾）——→-jen（眞）

*-juɐn（彬、倫、俊、春、窘）——→-juen（諄）

*-jɜ̌n（斤、隱）——→-iən（欣）

*-juɜ̌n（分、軍、云）——→juən（文）

*-iən（典、先）——→-iɛn（先）

*-iuən（殷、荐）——→-iɛn（先）

這兩部的主要元音是依照大部分字的中古讀法訂的。三等〔ə〕
與〔ɜ̌〕的分別只爲標明脂質眞諄諸韻字中古仍與微迄物欣文不同。

"荐""殷"中古是開口字，但由諧聲可知上古仍爲合口，（殷tiən
：臀 dʻuən，存 dzʻuən：荐 tsiən）

（10）祭部與元部——主要元音是〔a〕類；韻尾-d，-t，-n。

*-ɑd（太、蔡、艾）——→-ɑi（泰）

*-uɑd（沛、兌、最、會）——→-uɑi（泰）

*-ad（蠆、犗）——→-ai（夬）

*-uad（敗、快）——→-uai（夬）

*-jad（藝）——→-jæi（祭2）

*-juat（劇）——→-juæi（祭2）

*-jɜ̌d（刈）——→-jɐi（廢）

*-juɜ̌d（廢、喙）——→-juɐi（廢）

*-æd（瘵、介）——→-iɐ-（皆）

*-uæd（拜、鼏、邁）——→-uɐi（皆）

*-jæd（厲、祭、世、剆）——→-jæi（祭1）

*-juæd（蔽、綴、歲、衛）——→-juæi（祭1）

*-iæd（噬、契）——→-iɛi（齊）

*-iuæd（慧）——→iuɛi（齊）

---

*-ɑt（怛、割、遏）——→-ɑt（曷）

*-uɑt（撥、脫、活）——→-uɑt（末）

*-at（轄）——→-at（鎋）

*-uat（拔、刮）——→-uat（鎋）

*-jat（桀）——→-jɐt（薛2）

*-juat（別、噦）——→-iuɐt（薛2）

*-jăt（歇）——→-jɐt（月）

*-juăt（髮、厥、越）——→-juɐt（月）

*-æt（察、扴）——→-æt（黠）

*-uæt（刷）——→-uæt（黠）

*-jæt（哲、設、孽）——→-jæt（薛1）

*-juæt（滅、劣、絕、說）——→-juæt（薛1）

*-iæt（截、絜）——→ɪɛt（屑）

*-iuæt（蔑、鐵）——→-iuɛt（屑）

---

*-ɑn（單、殘、漢）——→-ɑn（寒）

*-uɑn（槃、端、纂、官）——→-uɑn（桓）

*-an（刪、顏）——→-an（刪）

*-uan（板、諫、關）——→-uan（刪）

*-jan（愆）——→-jɐn（仙2）

*-juan（免、卷）——→-juɐn（仙2）

*-jɐ̌n（建）——→-jɛn（元）

*-juɐ̌n（反、勸）——→-juɛn（元）

*-æn（山、間、柬）（平上）——→-æn（山）

（訕、諫）（去）——→-an（删）

*-uæn（瓣、幻）——→-uæn（山）

*-jæn（展、剪、胹、遣）——→-jæn（仙1）

*-juæn（篇、傳、選、船、絹）——→-juæn（仙1）

*-iæn（蓮、見）——→-iɛn（先）

*-iuæn（邊、縣）——→-iuɛn（先）

這兩部字變到中古，都是〔a〕類元音，在蟹山兩攝的範圍，所以上古的音值也就可以據§11.7各條擬出。

*a與*æ兩個系統在諧聲中分得相當清楚，切韻仙薛祭的1.2兩類恰恰分屬兩個系統之內。

（11）葉部與談部——主要元音〔a〕；韻尾 *-p *-m。*-b 尾字材料少，暫略。

*-ɑp（蹋、盍）——→-ɑp（盍）

-*ap（霎、甲、壓）——→-ap（狎）

*-jap（獵、接、餂）——→-jæp（葉）

*-jap（劫、脅）——→-jɐp（業）

*-juɐ̌p（法）——→-juɐp（乏）

*-Ap（帀、韐）——→-Ap（合）

*-ɐp（揷、夾）——→-ɐp（洽）

*-jɐp（輒、捷、攝、曄）——→-jæp（葉）

*-iɐp（帖、燮、協）——→-iɛp（帖）

*-ɑm（儋、慚、甘）——→-ɑm（談）

*-am（讒、監）——→-am（銜）

*-jam（炎、漸、黔）——→-jæm（鹽）

*-jăm（劍）——→-ɐm（嚴）

*-juăm（犯）——→-juɐm（凡）

*-Am（枏、函）——→-Am（覃）

*-ɐm（斬、陷）——→-ɐm（咸）

*-jɐm（占、僉、冄、弇）——→-jæm（鹽）

*-iɐm（點、謙）——→-iɛm（添）

這兩部的主要元音，變到中古全屬〔a〕類，在咸攝的範圍，所以現在如此擬訂。*a 與 *ɐ 兩個系統在諧聲中分得很清楚。換句話說，就是談銜嚴與一部分鹽韻字常常諧聲；覃咸添與另一部分鹽韻字常常諧聲；兩者絕少相涉（入聲字同）。黃侃晚年有"談添盍帖古分四部說"大致與此相同。

（12）緝部與侵部——主要元音-ə韻尾 *-p，*-m。*-b尾字少，暫略。

*-əp（答、雜、合）——→-Ap（合）

*-əp（洽）（*k-系）——→-ɐp（洽）
　　　（戢）（*ts-系）——→-jep（緝）

*-jəp（立、集、執、及、揖）——→-jep（緝）

*-iəp（疊）——→ɛp（帖）

*-ə̂m（耽、參、含）——→-Am（覃）

*-uə̂m（尤）——→-uŋ（東）

*-əm（咸、緘）（*k-系）——→-ɐm（咸）
　　　（岑、滲）（*ts-系）——→-jem（侵）

*-jəm（林、心、任、今）——→-jem（侵）

-juəm（風）———-juŋ（東三）

-iəm（念、畬）———-iɛm（添）

從主要元音說，緝侵兩部字變到中古，頗與微文兩部字相似。另一方面，這兩部字也有與之蒸兩部字例外押韻或諧聲的現象，所以他們的主要元音當是〔ə〕。

"風"從"凡"聲，詩韻六見，都與侵韻字押韻；所以我們很有理由假定他的上古韻母是 *-juəm。至於 *-m 後來變-ŋ，則是異化於-u-的結果，主要元音也消失了。"芃"也從"凡"聲，廣韻入東一情形正與"風"同。

第十二章 上古聲母

§12.1 清儒研究古音，集中精力於先秦韻語的整理。諧聲假借等材料，只用作古韻語的佐證，所以他們的成就也就是古韻分部；而在所謂古音之學鼎盛的時代，談到古代聲母問題的，似乎只有錢大昕一人。錢氏對於古音，並不是沒有別的意見，不過他爲後人稱道的，則是見於"潛研堂文集"與"十駕齋養新錄"的幾條古聲母的考證。

（1）以"伏羲"卽"庖羲"，"扶服"卽"匍匐"，"紛"讀"豳"，"繁"讀"婆"等證明輕脣音與重脣音古代不分（參看本章第三節）。

（2）以"趙"讀如"掉"，"直"讀如"特"，竹讀如"篤"等證明古無舌上音。

（3）以"舟"讀如"雕"，"至"讀如"疐"，"專"讀如"端"，創"古人多舌音，後代多變齒音，不獨知徹澄三母爲然"之說。

受錢氏影響而另有創獲的，也只有近人章炳麟與曾運乾。章氏有"古音娘日二母歸泥說"，見所著"國故論衡"。曾氏有喻四古歸定之說，見所著"喻母古讀考"；又有喻三古歸匣之說，見所著"切韻五聲五十一類考"。

由我們來看，這些考訂在解說方面都未免還有些問題。不過是所舉的許多古語現象都很確鑿，非常富於啓示性。

除去分條式的考訂，章炳麟還訂了一個"紐目表"，他的學生黃侃也有所謂"古本紐"之說，算是他們對古聲母系統的整個的擬訂。因爲在許多地方，他們根本不說明擬訂的理由，或者雖有申說，而顯然出於臆斷，現在就不必引述了。

§12.2 清儒研究古代聲母，成績遠在古代韻母之下，主要原因在沒有注意到好的材料。他們最熟悉的韻語，在聲母方面無疑問的是毫無用武之地。至於假借、異文、讀如，一方面是受人注意比較晚，另一方面則是一直沒有經過全盤的彙集與整理，眞正的價值從來不曾顯露。西人高本漢氏才發現諧聲字在韻母的研究上固然可以媲美於韻語，同時也就是成系統的研究古代聲母的好材料。他再利用現代語言學的方法去整理，上古聲母的輪廓就大致推測出來了。可惜他據以立說的是他自己從康熙字典中選出的一萬二千個字，材料的時代性竟大成問題，並且，他研究古代聲母，態度也遠不如他研究古代韻母那麼謹慎。所以缺點依然很多。直到本書作者取先秦的材料重新觀察整理，才得到一個比較可靠的系統。

諧聲字可以用爲研究古聲母的主要資料，因爲：

（1）數量多，佔所有古代文字的十之八九，足爲全盤性的觀察之用。前人引用的假借、異文、讀如，相形之下，就只有補充的價值了。

（2）容易彙集，而且本身問題極少，不像假借字的可靠性往往發生問題，也不像讀如等時代有時不易確定。

（3）就聲母的觀點整理諧聲字，也可以發現若干條例，顯示哪些字常常諧聲，哪些字很少或根本不諧聲，和我們就韻母的立場整理古代韻語與諧聲一樣。

職是之故，我們推求古代聲母，也就可以應用研究古代韻母的方法，即：

（1）凡是常常諧聲的字，聲母必屬於一個可以諧聲的總類；而不諧聲的，或僅偶爾諧聲的，必屬於另一類。

（2）和韻母的類相同，大多數的聲母的類自然不會只包含一個聲母，但是各類之內，各個聲母也必有某種程度的相同，才會常常諧聲。例如"悔""晦"等從"每"得聲，他們的聲母，在上古決不會和在中古一樣，一個是x-而一個是m-。

（3）每一類中究竟包括多少聲母，仍然要從他們變入中古的結果去追溯。如果有線索足以說明若干中古聲母是因韻母或聲調的關係才分開的，那就可以假定他們在上古原屬一體；否則，在中古有分別的，只好暫時假定他們在上古已經不同了。

（4）擬測每個聲母的音值，一方面要能合乎諧聲、假借、異文等的要求，一方面還要適宜於解釋他是如何的變作中古某音。

§12.3　大部分中古p-，p'-，b'-母的字，在諧聲中總是互諧的。如：

方 p-：旁 b'-：滂 p'-　　　分 p-：貧 b'-：盼 p'-
非 p-：菲 p'-：排 b'-　　　皮 b'-：詖 p-：披 p'-

現在假定他們在上古已經分別是 *p-，*p'-，*b'-。

我們知道。中古早期還沒有輕重唇的分別，看諧聲與假借，可知上古原與中古早期一樣。錢大昕說"古無輕唇"，只是根據三十六字母立說，因爲在他的時代，反切系聯的工作還沒有開始。

另有少數 p-，p'-，b'- 母的字是跟m-或別的聲母的字諧聲的，如：

白 b'-：百 p-：陌 m-　　　毫 b'-：毛 t-

假如不另作解釋（詳見下文§12.12），則可視爲例外。

§12.4　一部份中古 m- 母的字，在諧聲中總是自成一類，如：

面 m-：緬 m-　　免 m-：晚 m-　　米 m-：靡 m-
麻 m-：靡 m-　　皿 m-：孟 m-　　莫 m-：謨 m-

現在假定他們在上古也是 *m-。

另一部份m-母字則是常與x-母字諧聲的，如：

每m-：悔、晦、誨x-　　黑x-：墨、默、纆、緅m-

無m-：膴、憮x-　　　　威x-：滅m-

亡m-：巟x-　　　　　巟x-：統m-

民m-：昏x-　　　　　昏x-：緡、瑉、錉…m-

有好幾個原因使我們不能把這現象視作例外：

（1）數量相當多。

（2）一個 m-母的 "每"可以諧三個 x- 母的"悔、晦、誨"，一個x-母的"黑"，可以諧四個 m- 母的"墨、默、纆、緅"，這決不是偶然的。m-母的 "民"諧 x-母的 "昏"，x-母的 "昏"又倒轉諧 m- 母的 "緡"等，更顯得他們的關係密切。

（3）這樣的諧聲中並不夾雜一個其他聲母的字。

因為如此，我們就非得以為"每"與"悔"等的上古聲母決不會差得如m-與x-那麼遠。現在擬定"悔昏"等原為 *m̥-，"每民"等原為 *m-，因同為唇鼻音，所以能常諧聲。"悔、昏"等字多屬合口，*m̥-先變同部的擦音，再在 -u- 影響下變 x-（如非敷奉母字在現代若干方言變x-或h-）是很自然的。

我們不能說"悔""昏"等字的聲母原來是〔Φ〕或〔f〕，因為諧聲中極少擦音與鼻音接觸的例。我們也無法假設"每""民"等原來是舌根鼻音，因為舌根鼻音與舌根擦音諧聲的例也是少，就現有的例不能看出他的演變之道，而且舌根鼻音的地位也儘有別的合宜的字要佔（看下文§12.8）。

中古的m-母字還有少數跟別的聲母的字諧聲的，見§12.12。

§12.5　現在要說到諧聲中一個比較大的聲母的總類。這裏面包括後來變爲中古t-，t'-，d'-，ṭ-；ṭ'-，ḍ'-以及大部分的tɕ-，tɕ'-，dẓ'-，ɕ-，ẓ-的字。以下是幾個例：

屯 d'，ṭ-：春 tɕ'-；肫 tɕ；笔 d'-；杶 ṭ'-；窀 d'-；ṭ-；頓 t-；

庉d'-；魨t'-；奄ẓ-；純ẓ-；鈍d'-；軘d'。

帝t-：嵞ɕ-；禘t'-；摘ṭ-；謫d'-；適ṭ-；ɕ-；敵d'-。

諧聲之外，假借異文中更有不少類似的現象，錢大昕已經最先指出了（參看§12.1）

t-，t'-，d'- 在中古只見於一等韻與四等韻，（只有"地"d'-在脂韻爲例外），而ṭ-，ṭ'-，ḍ'-只見於二等韻與三等韻，因此我們頗有理由假定他們在上古原屬一類，後來受了不同的韻母的影響而有差異，而韻書中舌音類隔的反切，正是"古無舌上"的遺跡。

$$*\text{t-}，*\text{t'-}，*\text{d'-}\begin{cases}\text{一四等韻}\longrightarrow\text{t-，t'，d'-}\\\text{二三等韻}\longrightarrow\text{ṭ-，ṭ'-，ḍ'-}\end{cases}$$

至於這一類裏面的 tɕ- 系字，我們相信錢大昕"齒音古亦多讀舌音"的話是對的。現在假定他們是由*ṭ-，*ṭ'-，*ḍ'-，*ɕ-，*ẓ-變來的。*ṭ-，*ṭ'-*ḍ'-……與 *t-，*t'-，*d'-部位近，所以可以互諧，可以假借。

高本漢氏曾說 ẓ- 常與t-，t'-，d'-，ṭ-，ṭ'-，ḍ'-，tɕ-，tɕ'-，dẓ'-諧聲而ɕ-則否；因此他便以爲ẓ-古代本爲塞音"ḍ-"，而ɕ-仍爲擦音。其實，就古代材料看，ɕ-與ẓ-的諧聲行爲並沒有什麼分別。上面的兩個例已經可以表現得很清楚了。高氏取材不愼，才有那樣的推測，那個"ḍ-"是不能成立的。

諧聲中另有一個聲母的類，包括變爲中古n-（三十六字母的"泥"與"娘"）與ɳ-（日）二母的字。

然n̡-：嘫n-，撚n̡-，撚n-

乃n-：仍n̡-

弱n̡-：溺n-，蒻n-

假借異文中的佐證，可以看章炳麟的"娘日二紐古歸泥說"。我們要注意的只是章氏係據三十六字母立說，不知切韻時代無所謂泥與娘之分。

這兩個聲母的上古音，現在仍然假定爲 *n- 與 *n̡-，他們的關係和 *t……與 *t̡……一樣。

§12.6　另外一些中古 tɕ-，tɕʻ-，dʑʻ-，n̡-，ɕ-，ʑ- 的字是另有一個來源的，因爲在上古，他們不跟 t-，t̡- (←*t-) 系的字發生關係而專與舌根字諧聲。

赤tɕʻ-，赦ɕ-：郝x-　　　　　區kʻ-：樞tɕʻ-

支tɕ-，枝tɕ-：鮫k-，岐gʻ-　　耆gʻ-：嗜ʑ-

臣ʑ-：臤k-　　　　　　　　臤k-：腎ʑ-

示ʑ-：祁gʻ-　　　　　　　敫k-：繁tɕ-

旨tɕ-：稽k-，耆gʻ-　　　　　咸ɣ-，感k-：鍼、箴tɕ-

這些例顯示著"赤、支"等字古代當是部位比"郝、岐"等靠前的舌根音，或者也可以說部位偏後的舌面音，今寫作 *c-，*cʻ-，*ɟ-，*ɲ-，*ɕ-，*j-。如這樣的例，雖然現在發現的還不太多，可是如：

臣ʑ-：臤k-：腎ʑ-

旨tɕ-：耆gʻ-：嗜ʑ-

的轉換互諧，却不能視作偶然。

§12.7　中古的ts-，tsʻ-，dzʻ-，s-，z-與tʃ-，tʃʻ-，dʒʻ-，ʃ-，

ʒ-在諧聲中是分不開的。

參s-，ts'-，ʃ-，tʃ'-：慘ts'-，謲ts'-，蔘ts-：滲ʃ-，穆ʃ-，摻ʃ-

祭ts-，tʃ'-：蔡ts'-，祭ts-，嶓s-：察tʃ'-，瘵tʃ-

且ts-，ts'-：祖ts-，殂dz'-，疽ts'-，助dʒ'-，俎tʃ'-，阻tʃ-

假借中也有很多的例證：

數ʃ-：速s-——周禮考工記："則莫能以速中"，注："故書速或
爲數"。

壯tʃ-：將ts-——禮記射儀："幼壯考弟"，注："壯或爲將"。

稷ts-：側戾tʃ-——尚書中候："至於日稷"，鄭注："稷讀曰側"
，又春秋："戊午日下戾"，穀梁作"日下稷"。

如果根據這些現象，我們推測ts-，tʃ-兩系字同出一源，那麼反
切中若干"精照互用"的例，也就可以解釋爲古語遺留下的痕跡，正如
上文以爲"舌音類隔"的切語是"古無舌上"的遺跡。不過這裏的問題却
沒有t-，ȶ-兩系那麼簡單。除去一個例外，中古的t-系字與ȶ-系字都
不在同一個韻母之前出現。ts-，tʃ-兩系字則不然，前者見於一三四
等韻，後者見於二三等韻，他們却是在三等韻同時出現的。所以我們
如說ts-與tʃ-同源，就要面臨一個使人困惑的難題：三等韻中ts-，
tʃ-兩系字的不同是從哪裏來的？（我們決不能說上古的ts-在同樣的
條件下既變ts-又變tʃ-。）

現在，從另外的許多現象，我們已經考知：凡中古三等韻的tʃ-
系字，古代原來都不屬於那些三等韻，他們都是和那些三等韻同部的
二等字，到一個頗晚的時期才變入三等韻。（實在的情形可看上章各
韻部的據訂。）

（1）tʃ-系字在中古各韻攝的分配，大體的傾向是：凡在有二
等韻的攝裏（外轉），他們都結集於二等韻而不見於三等韻；只在沒

有二等韻的攝裏（內轉），才出現於三等韻。所以我們可以說，這樣的分配是有條件的變化的結果，凡 tʃ- 系字原來都只見於某一等。

（2）臻櫛兩韻只有 tʃ- 系字而獨成二等韻，和他們相配的三等韻眞與質恰巧都只缺 tʃ- 系字，把他們合併，就和一般三等韻完全無二。這是不是顯示着所有三等韻的 tʃ- 系字原來都屬二等，而臻櫛之獨立成韻正是古語的遺跡呢？

（3）在廣韻的二等韻裏，tʃ- 系字總是可以用作其他各母字的反切下字的，如"咸"ɤ-"胡讒切"的"讒" dʒ'-，"江"k-"古雙切"的"雙"ʃ-，不遑枚舉。但是在三等韻裏，他們可不那麼用了，全體三等的反切下字之中只有十個是 tʃ- 系字，——"甾""史""助""芻""莊""簪""譖""瘁""戢""士"——"史""莊""戢"只兩見，餘僅一見；尤其要緊的則是，除去"士"dʒ'-"曾切"里"l-這一個例，他們都只爲本系字用。這個現象的啓示性很大，唯一的解說之道只是：三等的 tʃ- 系字自有不同的來源，他們變入三等韻，當在反切的應用已有一定的習慣之後，所以，等到他們變進來，自然只有他們改用新的同韻的其他各母字作反切下字，而其他各母字，因爲已有固定的切語了，就沒有再利用到他們，再反過來看，二等韻的 tʃ- 系字既與其他母字關係很密，他們原來就在二等，當是無疑義的了。

（4）更察看上古各韻部的內容，我們發現，凡在中古三等韻有 tʃ-系字出現的時候，同部二等韻大體上都沒有tʃ-系字和他們衝突，有些是一個 tʃ- 系字都沒有，恰好和他們合成一個完全的韻；有些雖有些 tʃ- 系字，也可以和他互補缺空。到這個地步，我們的確可以相信了，ts- 系字與 tʃ- 系字的分配，切韻以前本是不衝突的，前者只見於一三四等韻，後者只見於二等韻。

既然如此，ts-與tʃ-同出一源之說也就可以成立了，僅就聲母而言，他們的變化是和t-，ȶ-兩系一樣的簡單。

$$*ts-，*ts'-，*dz'-，*s-，*z- \begin{cases} *一*三*四等韻 \\ \longrightarrow ts-，ts'-，dz'-，s-，z- \\ *二等韻 \longrightarrow t\int-，t\int'-，dʒ'-，\int-，ʒ- \end{cases}$$

不過是古二等韻的 *ts-系字變 t∫-等之後，在韻母上又起了不同的變化，因主要元音與韻尾的不同，一部分保持二等，一部分則變入三等，條例如下：

　（1）原在之、蒸、幽、中、侯（陰聲），魚（魚藥韻系），陽（陽韻系），微、文、緝、侵諸部的變入三等韻（之、職、尤、屋、虞、魚、藥、脂、櫛、臻、緝、侵）——他們的元音與相關韻尾是*ə，*o，*u (*-g)，*a (*-g *-k *-ŋ)。

　（2）原在宵、侯（入聲）、東、魚（麻陌韻系），陽（唐韻系），夬、歌、祭、元、藥、談諸部的仍留二等韻（肴、覺、江、麻、陌、庚、怪、鎋、黠、山、刪、洽、狎、咸、銜）他們的主要元音與相關的韻尾是*ɔ，*u (*-k *-ŋ)，*ǎ，*a (*-○，*-d，*-t，*-n，*-p，*-m)。

　（3）原在脂、眞、佳、耕諸部的，平入聲仍留二等（皆、櫛、山、佳、耕），上去聲變入三等（旨、至、軫、震、紙、寘、庚）——他們的元音是*e。

　因爲這樣，中古的三等韻才兼有ts-，t∫-兩系字。

　ts- 系與 t∫-（←—*ts-）系字都大致不與 t-，ȶ- (←*t-)，tɕ-（←*ȶ-）系字諧聲；只有 ts- 系的三等韻字偶有例外。我們的解釋是：普通的*t-與*ts-部位大概隔得遠一些；而在三等韻的 *ts- 等可能因顎化的關係，音質才與 *t- 等略近。

　高本漢以爲 z 來自上古的〔dz-〕，錯誤與以 z- 來自〔ȡ-〕同。

§12.8 諧聲中另有一個大的聲母的類，包括後來變爲中古k-，k'-，g'-，ŋ-，x-，ɣ-，ɣ(j)-的字。

句k-：拘k-，姁k'-，劬g'-，胸x-

堯ŋ-：趬k'-，翹g'-，曉x-，驍k-

交k-：效ɣ-，餚ŋ-，佼k'-

有ɣ(j)-：賄x-

厷k-：宏ɣ-，雄ɣ(j)-

呈g'-：往(ɣ)j-，匡k'-

關於k-，k'-，g'-，ŋ-，x-，ɣ-，我們不難假定他們是從上古的*k-，*k'-，*g'-，*ŋ-，*x-*ɣ-來的，至於ɣ(j)-，因爲

（1）中古ɣ-只出現於一二四等韻而ɣ(j)-只出現於三等韻；

（2）根據時代比切韻略早的材料——經典釋文和原本玉篇的反切等——可知匣母與喻母三等在切韻前是不分的，我們也可以很自然的擬訂ɣ(j)-在上古也是*ɣ-，*ɣ-本來四等俱全，切韻之前仍保持未變，到切韻時代僅在一二四等中保存，在三等韻中則顎化爲ɣ(j)-。

高本漢以爲ɣ-與g'-在上古都是g'-，他的理由是：

（1）ɣ-常與k-，k'-等塞音諧聲而x-則否，所以ɣ-原來當是塞音；

（2）ɣ-中古見於一二四等韻，而g'-只於三等韻，可以說他們的不同是受韻母的影響而來的。

這個學說在幾年前頗爲流行。現在旣知他用的材料實不足以代表上古，而x-與ɣ-確都與k-k'-等諧，所以ɣ-原來就不一定是塞音。我們又知道ɣ-與ɣ(j)-在切韻以前還沒有分，就更沒有理由用g'-去塡ɣ-的空缺了。

　　高氏以爲 ɣ(j)- 在上古是〔g-〕，那也犯了一個大的錯誤，因爲一部分的 O(j)- 母字大家（連高氏自己）已據作〔g-〕（§12.10），O(j)-與 ɣ(j-) 同在三等韻出現，不可能同出一源。

§12.9　從諧聲字看，後來變ʔ-的大致是自成一類的。

　　　央ʔ-：英ʔ-，鞅ʔ-，殃ʔ-，盎ʔ-

　　　昷ʔ-：溫ʔ-，熅ʔ-，醞ʔ-

所以一向都假定他們在上古已是*ʔ-。雖然也有一些與 k- 系字諧的：

　　　夒ʔ-，孁ʔ-：護ɣ-，矐x-

　　　肙ʔ-，蜎ʔ-：絹k-，鋗x-，鞙ɣ-

數目究竟不多，而且喉音與舌根音也是緊鄰，可以視作例外。

§12.10　在以上各節的討論中，我們廻避了一些包含後來變O-的字沒有提，中古無聲母的字在諧聲字中可以說是分入三類：

　　（1）專與舌尖或舌面前音字諧的，如：

　　　飴、怡O-：胎tʻ-，殆d'-，胎ȶ-（ ⟵ *ťʻ-），治ȡ,
　　　　　　　（⟵*d'-）

　　　由、油O-：迪d'-，抽ȶʻ-（ ⟵ *ťʻ-），宙*ȡʻ-
　　　　　　　（⟵*d'-），袖z-

　　　軼、佚O-：失ɕ-，秩ȡʻ-（⟵*d'-）

凡這些字，現在假定他們在上古是 *d-，後來在介音 j 之前失落了。

　　（2）專與舌根音字諧的，如：

　　　衍O-：愆kʻ-

　　　勻O-：均k-

　　　矞、鷸O-：橘k-，霱x-

這些字數目並不多，現在假定他們在上古是 *g-，後來也是在介音 j 之前失落了。

（3）諧舌尖音，同時又諧舌根音的，如：

臣〇-：酏 z-：姬 k-（"姬"廣韻又〇-音，"酏"或作"氾"，從"巳"z-得聲。）

容、欲-〇：俗 z-：谷 k-（"谷"廣韻又〇一音。"容"古書多與"頌"z-通用；或體作"宆"，從"公"k-聲。）

羊〇-：祥 z-：姜 k-

遺〇-：隤 t'-：貴 k-

闔〇-：盍 ɤ-：蓋 d'-

這裏所以注出一些又音與假借，是表明這些 〇- 母字在古代與舌尖音以及舌根音的雙重關係是不可忽視的。他們的古代面目當如：

臣 *gd-：酏 *gz-：姬 *kz-

遺 *gd-：貴 *kd-：隤 *t'-

或者如：

臣 *gd：姬 *k-：酏 *gz-

遺 *gd-：貴 *k-：隤 *gt'-

凡聲母中有濁音而完全是塞音的，中古完全消失；一個擦音加一個塞音的，擦音保留而塞音消失。

高本漢以爲 〇- 母字古代有一部分是 *z-，因爲由他的材料看，一部分 〇- 母字是專與精系字諧。這又是他被材料所誤，其實在說文諧聲中，純粹 〇- 諧精系的例只有三個。

次、羨 z-，〇-　　　　叡〇-：璿 z-　　　汙 z-：游〇-

而就一般情形說，凡 〇- 與 ts- 系諧的，如不兼有 k 系字-（例見上），卽兼有 t-，ȶ-（←── *t-）系字，如：

攸〇-：修s-：條dʻ-

余〇-：徐z-：途dʻ-

兼諧k-系的已如上述，至於兼諧t-系的，因為在這裏的 ts- 系字都是三等韻字，而上文曾說 ts-系三等字多例外諧 t- 系，所以我們很有理由可以假定"余""攸"等上古仍是 *d-。他們與 ts- 系的諧聲關係和 t-系與 ts-系是一樣的。反過來說，如依高氏，"余""攸"既諧 t- 系又諧 ts-系，上古倒底是d-還是z-，更無法分別了。

§12.11 討論到喩四等字的來源，我們已經看出古代當有複聲母存在。現在再看來母字在上古的情形，問題就更顯著了。

在諧聲中，後來變 l- 的字可以作兩類：

（1）不出 l- 的範圍的；如：

夌：凌、稜、綾、陵……

利：梨、犁、蜊

這一類來自上古的 *l- 很容易決定。

（2）與許多別的聲母的字諧的，如：

彔、錄、綠l-：剝p-　　　　　卯m-，峁pʻ-：柳，聊l-

尞、瞭l-：獠ṭ-（←*t-）　　隶〇-（←*d-）隸l-

吏l-：使ʃ-（←*s-）　　　　婁l-：數ʃ-（←*s-）

各、格k-：路、賂l-　　　　景、京k-：掠、涼l-

更有兼諧好幾種聲母的，如：

䜌l-：變p-，蠻m-：彎ʃ-（←*s-），彎ʔ-

翏l-：謬m-：瘳ṭʻ-（←*tʻ-）：膠k-

龍l-：龐bʻ-：寵ṭʻ-（←*tʻ-）：韓k-

這些例都不能視作例外，除去數目多，還有值得注意的幾點：

（1）如"各"k-同時諧許多l-母字"路、賂、輅、烙、略"的例不能說是偶然。

（2）古語"不律為筆"，"不來為釐"；古字"麥"與"來"不分，"命"與"令"無別；正是和諧聲平行的現象。

（3）與漢語關係最近的台語，現在仍有保持 pl- 或 kl- 等聲母的，而且如果我們膽子大一點，還可以找出一些富有啓示性的例作為參考，如：

　　　"藍"l-從"監"k-聲，遏羅語今為k'ram

　　　"烙"l-從"各"k-聲，遏羅語今為klak

（4）高本漢氏曾經引到考古家史坦因的說法，漢代西域的"樓蘭"，某中亞語稱 kroraimna，而"樓"從"婁"聲，"婁"又諧"寠"g'-。

由此，我們可以相信先秦（甚至漢）還有pl-，tl-，kl-等型的聲母存在。

進一步探討這個問題，我們覺得古代帶l-的複聲母的出現，當有三個可能的型式，茲以"各"與"路"為例，表達如下：

　　（A）　各kl-：路l-

　　（B）　各k-：路kl-

　　（C）　各kl-：路gl-

至於我們古語中究竟是哪一種型式，或者是不是三種型式都有，就現有材料，則又無法決定。

§12.12 在討論單聲母的時候。我們總是在說某種聲母的字只跟某種聲母的諧聲，或在異文假借方面接觸。當然，這都是就一般傾向而說的，實際上跟那些說法不合的例子並不是沒有，如：

（1）k-系字有跟t-系字相諧的：

希、稀、睎x-：欵、肵、絺tʻ-（←—*tʻ-）

茁k-，屈kʻ-：怞t-，茁tʻ-（←—*tʻ-）

今k-́：黔gʻ-：貪tʻ-

庚k-：唐dʻ-

（2）k-系字有跟ts-系字相諧的：

　　自dzʻ-：洎gʻ-，郎ɣ-

　　歲s-：劌k-，譏x-

　　戶ɣ-：所ʃ-（←— *s）

　　契kʻ-：楔s-

（3）k-系字有跟p-系字相諧的：

　　棘k-：樊p-，bʻ-　　　　爻ɣ-：駮p-

　　岡k-：网m-　　　　　　更k-：丙p-

（4）t-系字有跟p-系字相諧的：

　　勹p-：匋dʻ-　　　　　　釣t-：豹p-

　　皎dʻ-：乏bʻ-　　　　　　騁tʻ-（←— *tʻ）：聘pʻ-

（.5）t-系字有跟ts-系字相諧的，例見上文。

（6）ts-系字有跟p-系字相諧的：

　　尾m-：犀s-　　　　　　亡m-：喪s-

　　此外，在p-，t-兩系中，鼻音也有跟塞音相諧的，如：

　　百p-：陌m-　　丑tʻ-（←— *t-）：紐n-

關於這一類的現象，因爲數量不多，而且各個字之間的關係也不如前述 m-，x- 與 tɕ-，k- 互諧的例那麼密切（12.9），自來總是把他們認作"例外"。不過，由"羊""欲"諸字的啓示（12.10），說他們在表現古代有kt-，ks-，kp-，mp-，nt-之類的複聲母，也不是不可能的。有些字的又讀，如：

畜ᶠt‘-（←—*t‘-），x-　㲄k-，d‘-　㮚g‘-，z-　繡ɤ-，ʃ-

又有些字的或體，如

"陌"m-，從"百"p-聲；或作"貉"，從"各"k-聲

"冰"p-，或作"凝"，從"疑"ŋ-聲

都是完全平行的現象。更有一點，漢語十二地支中的"午"字，借到幾種臺語方言裏面，有的用s-來代他的聲母，有的用ŋ-，有一處竟把此字讀爲saŋa。拿這一點跟說文"卸"s-從"午"ŋ-聲的說法對照起來，就是引人入勝的問題了。

如果古代的確是有那樣的複聲母，決定他們的型式與出現的範圍在目前又是一件極困難的事情，談到帶l-的複聲母，我們還是處在兩個比較清楚的地位；（1）l總應當是那些複聲母的第二個成分，不至於他在另一個輔音前面；（2）在配合的雙方，一面固然是許多可能的音，如p-，t-，k-等，另一面則不過是一個l，配合的總數究竟還有限。然而在現在的情況下，p-，t-，k-諸音之孰先孰後既然無法決定，而配合的雙方在數量方面又是同樣的多，倘若用數學方法推算起來，可能的配合就實在多得可觀了。所以，這一個問題所須待的進一步的證明，又比帶l-複聲母的問題多得多。

§12.13 就現時所用的材料推測上古聲母系統，除去複聲母還要算作未知數，單聲母的系統可以大致歸納如下：

唇　　音：p	p‘		b‘	m	ɱ	
舌尖音：t	t‘	d	d‘	n		l
舌尖前音：ts	ts‘		dz‘		s	z
舌面前音：ȶ	ȶ‘		ȡ‘	ȵ	ɕ	ʑ
舌面後音：c	c‘		ɟ‘	ɲ	ç	j

舌根音：k　　k'　　g　　g'　　ŋ　　x　　ɣ

喉　音：ʔ

他們跟中古聲母的關係是：

*p，*p'，*b'，*m──→p，p'，b'，m，　　　*m̥──→x

$$*t，*t'，*d' \begin{cases} 一四等韻──→t，t'，d'， \\ 二三等韻──→ȶ，ȶ'，ȡ' \end{cases} *d──→○ \quad *n──→n$$
$$*l──→l$$

$$*ts，*ts'，*dz'，*s，*z \begin{cases} 一三四等韻──→ts，ts'，dz'，s，z \\ 二等韻──→tʃ，tʃ'，dʒ'，ʃ，ʒ \end{cases}$$

$$\left.\begin{matrix} *ȶ，*ȶ'，*ȡ'，*ȵ，*ɕ'，*ʑ \\ *c，*c'，*ɟ'，*ɲ，*ɕ，*j \end{matrix}\right\} tɕ，tɕ'，dʑ'，ȵ，ɕ，ʑ$$

$$*k，*k'，*g，*ŋ，*x──→k，k'，g'，ŋ，x \quad *g──→○ *ɣ──→ \begin{cases} 一二四等韻 \\ \qquad\quad ──→ɣ \\ 三等韻──→ɣ(j) \end{cases}$$

*ʔ ──→ʔ

第十三章　上古聲調的問題

§13.1　談到上古聲調，一起頭我們就要解答一個根本問題：先秦語音是否分聲調，有如中古的

　　　　東tuŋ　　　董°tuŋ　　　凍tuŋ°　　　督tuk

或現代的

　　　　通t'uŋ˥　　同t'uŋ˩　　桶t'uŋ˅　　痛t'uŋ˩

的不同？

在古音討論的最初階段，差不多大家都以爲先秦沒有聲調，而想法也不出兩途：

（1）四聲旣"起自江左"，聲調之分，就不會是自古有之的；

（2）"時有古今，地有南北"，我們不能因爲六朝以後分聲調，
　　　便說古人也是如此。

所以陳第在"毛詩古音考"裏很肯定的說：

　　四聲之辨，古人未有。……舊說必以平叶平，仄叶仄也，無
　　亦以今泥古乎。

　　四聲之說，起於後世。古人之詩，取其可歌可詠，豈屑屑毫
　　釐，若經生爲耶。

不過現在由我們來看，這種想法是不能成立的。第一，我們已經知道，四聲是六朝人發現而不是他們創造出來的，所以事實上四聲並非起於江左，而是六朝時已經有的一種語言現象。並且，任何一種語言現象都不是一朝一夕可以產生的，我們更可以逕直的說，聲調的分別在六朝以前應當早已有了。其次，古韻語的研究，到達段王江的精密階段時，大家已能發現"古人實有四聲，特所讀四聲與後人不同"

（詳見下文）。由此可知聲調的分別確是自古有之，而古今字調的不同也就是"時有古今"的緣故。我們不能根據古今音異的觀念，便大走極端，以爲古人一定不分聲調。

現時，我們還可以從另外一項重要的事實作強有力的推斷，確信上古音當分聲調，而且聲調系統是和中古一脈相承的。在第一章，我們曾經提到，漢語與暹羅語西藏語等有親屬關係，合成所謂漢藏語族。在漢藏語族之中，所有的語音都分聲調，而與漢語關係比較近的台語系的語言（包括暹羅），聲調系統更有類似中古漢語的地方。漢語與暹羅語藏語等既屬同族，他們的共同特點，而且是一個基本的特點，分聲調，自必受之於最初的母語，（或者我們可以謹慎一點說，最初的母語中必具備了分聲調的胚胎）；又在比較晚的漢台支族母語中，有如中古漢語的聲調系統，也應該已具端緒了。由此可知，自有漢語以來，我們非但已分聲調，而且聲調系統已與中古的四聲相去不遠了。

§13.2　到古韻語研究的初期，顧炎武等有所謂"古人四聲一貫"之說，後人往往誤解，以爲他們主張先秦語音不分聲調。考顧氏"音論"：

> 四聲之論，雖起於江左，然古人之詩已有遲疾輕重之分，故平多韻平，仄多韻仄，亦有不盡然者，而上或轉爲平去或轉爲平上，入或轉爲平上去，則在歌者之抑揚高下而已，故四聲可以並用。

又江永古韻標準例言：

> 平自韻平，上去入自韻上去入者，恒也。亦有一章兩聲或三四聲，隨其韻諷誦歌詠，亦有諧適，不必皆出一聲。

所以古人"四聲一貫"的確解應當是：古人如後代分四個聲調，韻語亦以分聲諧叶者爲常，不過，間有混用的情形而已。

隨着古韻研究的精密，段玉裁、王念孫、江有誥等都不滿意"四聲一貫"的說法了，他們的比較進步的看法是：古韻語在聲調方面與後代不同，多半是因爲古字所屬的調類與後代不同。段氏六書音均表"古四聲說"云：

> 古四聲不同今韻，猶古本音不同今韻也。考周秦漢初之文，有平上入而無去。洎魏晉，上入聲多轉而爲去，平聲多轉爲仄聲，於是四聲大備，而與古不侔……有古平而今仄者，有古上入而今去者，細意搜尋，隨在可得其條理。今學者讀三百篇諸書，以今韻四聲律古人，陸德明吳棫皆指爲協句，顧炎武之書亦云平仄通押，去入通押，而不知古四聲不同今，猶古本音部分異今也……。如戒之音亟，慶之音羌，亨饗之音香，至之音質，學者可以類求矣。

江氏再寄王石臞書云：

> 古人實有四聲，特古人所讀之聲與後人不同。陸氏編韻，……特就當時之聲誤爲分析，有古平而誤收入上聲者，如亨饗頸纇等字是也，有古平而誤收入去聲者，如訟化震患等字是也。……其中間有四聲通押者，如詩經揚之水之皓（上）（去）鵠（入）憂（平）……此亦如二十一部之分，瞭然不紊，而亦間有通用合用者。

王氏復書亦云：

> 顧氏四聲一貫之說，念孫向不以爲然，故所編古韻，如札內所舉纇饗化信等字皆在平聲，偕茂等字皆在上聲，館字亦在去聲，其他指不勝屈，大約皆與尊見相符。

段王江之外，夏燮"逃韻"論古四聲最爲精闢，夏氏云：

> 古無四聲，何以小雅楚茨之二章，魯頌閟宮之三章連用至十
> 一韻十二韻皆平聲；小雅六月之六章，甫田之三章；連用至
> 七韻九韻，大雅之蒸民五章，魯頌之閟宮之二章，合用至十
> 韻十一韻皆上聲；邶柏舟之二章，魏汾阻洳之一章，衞氓之
> 六章，連用四韻五韻七韻，以至楚辭之惜往日，連用至十韻
> 皆去聲；魏伐檀之二章，商頌之那，魯頌閟宮之八章，連用
> 至六韻八韻九韻，以至尚書洪範之六三德以下，連用至十五
> 韻，爾雅釋訓穰穰福以下，連用至十七韻皆入聲？此其可證
> 者一也。……大雅泂酌三章分平上去三韻，召南摽有梅三章
> ……分平去入三韻，鄘牆有茨三章……分上去入三韻，若古
> 無四聲，何以分章異用，如此疆爾界，不相侵越？……此其
> 又可證者一也。亨饗爲古之平聲，詩凡十見，皆不與上同
> 用。慶爲古之平聲，詩凡十見，易十二見，皆不與去同用。予
> 爲古之上聲，詩凡十見，皆不與平同用。戒爲古之入聲，詩
> 凡三見，易一見，皆不與去聲同用。苟古無四聲，何以屢用
> 而不容一韻之出入。此其可證者又一也。……大氐後人多以
> 唐韻之四聲求古人，故多不合，因其不合，而遂疑古無四聲，
> 非通論也。古四聲有獨用，有通用。通用者若十七部之合，
> 又廣韻之兩收三收者是也，………知其所分，又知其所以
> 合，然後可以無疑於古有四聲之說矣。

由以上所引，可知古韻家多以爲先秦也有四個聲調，不過內容與
後代不同；只有段玉裁認爲先秦只有三個調，而後代所謂去聲，段氏
說是從上入兩聲中分出來的。段氏這樣說，大概是因爲有幾個韻部可
以分出三個小部分來，而每一個部分卽是分別以後來的平聲，上聲或

入聲爲主體的。

不過我們看，所謂"入聲"是兼有韻尾的不同的；除去"入聲"，古韻部能分出"平"與"上"的只有之，魚，脂，微幾部，而其餘絕大多數的韻部，尤其全體陽聲韻部，又都不能分，而段氏統名之爲"平"，所以古三聲說的立論並不堅實。

段氏之外，孔廣森倡古但有平上去而無入說，那恐怕是他講"陰陽對轉"求陰聲韻與陽聲韻一致的緣故。近人黃侃更以爲古但有平入而無上去。他的意思似乎在彌蓋段氏多數平上不能分的缺陷，然而如何解釋於能分平與上的幾部呢？如何解釋於古人四聲分用的韻語呢？先秦的"二聲"又是如何變成六朝以後的四聲的呢？

§13.3　江有誥的"唐韻四聲正"是從"平自韻平，上去入自韻上去入"的觀點，考察字調在古韻語中與後代韻書的不同的最完備的一部書。把他臚列的許多事實歸納起來，我們可以看出上古聲調系統與中古平上去入的關係。

（1）韻書的平聲字古代完全不與平聲字押韻，而

　　（a）專與上聲字押韻的——予（訓"我"之義）、偕

　　（b）專與去聲字押韻的——（無）

　　（c）專與入聲字押韻的——（無）

（2）韻書的平聲字古代與平聲字押韻外

　　（a）更與上聲字押韻的——夷、嘻、緇、威、怰、俱、該、烤、僚、休、饉

　　（b）更與去聲字押韻的——規、資、辭、歸、居、車、袪、踏、虞、誅、孚、謨、柴、勳、颺、昭、朝、苞、嵩、憂、謀、留、餱

（c）更與入聲字押韻的——（無）

（d）更與上聲及去聲字押韻的——時、期、塗、圖、家

（e）更與去入二聲字押韻的——疑、司、來

（3）韻書平上兩收而古代只與平聲字押韻的——泯

（4）韻書平去兩收而

（a）古代只與平聲字押韻的——行

（b）古代又與上聲字押韻的——能

（5）韻書的上聲字古代完全不與上聲字押韻，而

（a）專與平聲字押韻的——爽、饗、顙、逞

（b）專與去聲字押韻的——（無）

（c）專與入聲字押韻的——（無）

（d）專與平去二聲字押韻的——靜

（6）韻書的上聲字古代與上聲字押韻之外，

（a）更與平聲字押韻的——動、靡、矣、斐、阻、怠、引
、閔、隕、憤、損、淺、善、繚、道、象、罔、往、
仰、朗、慷、廣、酒、否、糾、飲

（b）更與去聲字押韻的——死、美、祀、喜、里、圉、序
、鼠、所、舉、海、古、倍、婉、變、治、寫、賞、
咎

（c）更與入聲字押韻的——解、垢

（d）更與平去二聲字押韻的——指、待

（7）韻書上去兩收而古代兼與平聲字押韻的——遠、轉、衍、
好、左、灑、養、蕩、守

（8）韻書平上兩收而古代

（a）兼與去聲字押韻的——反

（b）只與平聲字押韻的——頸

（9）韻書的去聲字古代完全不與去聲字押韻而

　　（a）專與平聲字押韻的——鳳、訟、憲、戲、震、信、

　　　　鎮、患、旬、化、慶、證、僭

　　（b）專與上聲字押韻的——狩、獸

　　（c）專與入聲字押韻的——（無）

（10）韻書的去聲字古代與去聲字押韻外

　　（a）更與平聲字押韻的——用、頌、誦、議、義、地、

　　　　志、畏、著、倨、壤、佩、牝、慎、進、候、臭、

　　　　救、佞、定、姝、性、聖、政、病、命、抗、壯、

　　　　睨、悵、障、愴、讓、貨、挫、笑、眩、慢、漫、

　　　　遜、悶、獻、運、訓、汝、順

　　（b）更與上聲字押韻的——試、餌、記、御、慮、豫、

　　　　助、賦、路、顧、固、悟、步、晦、閡、諫、稼、

　　　　舊、茂、戊

　　（c）更與入聲字押韻的——悴、備、肆、意、氣、歲、

　　　　制、斃、世、厲、害、隘、戒、背、代、肺、富

　　（d）更與上入兩聲字押韻的——至、事

　　（e）更與平上二聲字押韻的——佑、祐

（11）韻書平去兩收的字，古代只與平聲字押韻的——凍、衆、
　　盛

（12）韻書上去兩收的字古代

　　（a）更與平聲字押韻的——被、濟、上

　　（b）不與上聲字押韻而兼與平聲字押韻的——去

　　（c）更與入聲字押韻的——載

（13）韻書的入聲字古代完全不與入聲字押韻的——（無）

（14）韻書的入聲字古代與入聲字押韻外

（ａ）更與平聲字押韻的——軸

（ｂ）更與上聲字押韻的——若

（ｃ）更與去聲字押韻的——福、祿、玉、欲、慾、學、斲
、實、疾、失、室、日、紱、物、發、越、謁、突、
達、脫、拔、察、切、臬、穴、決、列、折、舌、滅
、碣、竭、絕、落、鑿、薄、索、穫、宅、澤、逆、
隙、獲、脈、螫、敵、適、式、匿、德、得、克

由以上所示，字調與後來完全不同的例，可以說少得出人意外，
如以任何一個現代方言來比，"例外"的字調都全比這裏的二十多字多
。（正則的演變如平聲分陰陽，上全濁變去……當然不算。）

平上去入兼叶的現象，江氏共總舉出二百四五十字。這裏面，我
們應當注意的是：有七十個字只有漢以後的證據，應當剔除。（如
"規"字用揚雄校獵賦與三國志魏文帝誄，"嘻"字用易林，"該"字用枚
乘七發與漢書律曆志……），又有二十多字的證據是不是先秦的也有
問題。（如"能"字用吳子，"守"用文子……）。從確用先秦材料的一
百五十字左右的例，可以看出：

（１）平上去多兼叶

（２）去與入多兼叶

（３）平上與入兼叶的極少

由這三點可以作三項合理的推測

（１）平上去多兼叶，因為同是陰聲字（韻尾同是*-d或*-g）

（２）去入韻尾不同（*-d：*-t或*-g：*-k）而多兼叶，是因
為調值似近。

（3）平上與入韻尾旣不同，調值又遠，所以極少兼叶。

由此看來，江氏以爲這些字古代當有平上，上去⋯⋯平上去⋯⋯等兩讀或三讀就是多餘的了。他們簡直可以是"合韻"。按理說，韻語對聲調的要求是不必如對韻母那樣嚴的。

附錄：語音略說

§1 粗略的說，語音是肺裏呼出來的氣流，經過喉頭以至口腔時，受到種種的調節而形成的。調節的方式先可以就口腔分作以下幾個類型。

（1）口腔的某處一時完全阻塞，（同時通鼻腔的路也閉住了），要等他張開之後，氣流才能呼出來。如此形成的音通稱塞音。國語"八""打""鍋"的起首，以及英語 bad、dog 的 b、d、g 等屬此。

（2）氣流雖在口腔的某處受阻塞，却由鼻腔出去的，這樣形成的音名叫鼻音。如國語"媽""拿"的起首以及"安""昂"的末尾是。

（3）氣流經過口腔時，口腔富有彈性的某部分在顫動；因此氣流的通過，就在很快的一斷一續的狀態中，這樣形成的音名爲顫音，德語的 r 屬此。

（4）有時只有口腔的中間或一邊有阻塞，氣流就從兩邊或另一邊出去的，如此形成的音叫邊音。如國語"拉"的起首與英語 girl 的末尾是。

（5）口腔的某處可因器官的移動，把通道變得很窄，氣流就從那裏擠了出去的。在這種情形下產生的音叫擦音，國語"發""薩""沙""蝦""哈"的起首以及英語 give、then、zero、fish 的 v、th、z、sh 等屬此。

（6）口腔通道總張開得相當寬大（可是仍因器官的移動，有不同的形狀），氣流通過時，可以不受什麼大的阻礙，如此形成的音通稱元音，如國語的「衣」、「啊」、「哀」、「歐」等都只包含元音。

塞音、鼻音、顫音、邊音與擦音又合稱輔音，他們有共同與元音不同的一點，就是氣流在口腔中所受的阻礙比較大。不過，我們也應當注意，輔音與元音的分別不是絕對的，遇必要時，介乎二者之間的音還可以另外分出，稱爲半元音。（稱作「半輔音」也未嘗不可，只是習慣上不用而已。）

§2 氣流從肺裡出來，到達口腔，中間總是要經過喉頭的。喉頭先就可以在不同的方式下改變氣流，現在先說兩種。

（1）聲門開張，氣流可以不受什麼改變就過去的，凡是如此形成的音叫清音。

（2）兩個聲帶靠得很近而且在顫動着，氣流未到口腔，已在很快的一斷一續狀態中了，凡有這種成分的音叫濁音。

由此說來，上一節所說的各種音都可以分作清與濁兩類，不過實際上，清鼻音與清邊音都很少見，清顫音與清元音似乎只是理論上的名詞，只有塞音與擦音分爲清與濁兩類比較普徧些。例如英語 pig、big 的 p、b 以及 sink、zinc 的 s、z 都是清與濁的不同。正常的元音與半元音都是濁音。

§3 我們曾經提到，國語"八"與"打"的起頭都是塞音；可是說"八"與說"打"時，氣流在口腔中受阻塞的地位不同，國語的"衣"與"烏"都是元音；可是說"衣"與"烏"時，改變口腔形狀的器官也不同。由此可知，我們還可以就調節氣流的部位來區分語音。

（1）凡由唇的動作形成的輔音總稱唇音。

    *a. 由兩唇形成的叫雙唇音，國語"八""媽"以及英語 bee 的起首都是。

    b. 由下唇與上齒形成的叫唇齒音，國語"發"與英語 vine

的起首都是。

兩脣的動作，又往往影響到元音的不同。爲方便起見，下文（§.5）再說。

（2）凡由舌尖動作而生的音總稱舌尖音，舌尖元音又可以分爲：

    a. 舌尖前元音——舌尖動向上齒或上齒齦，如國語"思"的末尾。

    b. 舌尖後元音——舌尖動向硬顎，如國語"詩"的末尾。

舌尖輔音又可以分作：

    a. 齒音——舌尖動向上齒，如英語 thing 的 th。

    b. 齦音——舌尖動向上齒齦，如英語 sing 的 s。

    c. 捲舌音——舌尖動向硬顎，如國語"詩"的起首。

在不太嚴格的時候，齒音與齦音可以混稱舌尖音。

（3）舌頭在硬顎下面的部分，我們叫他舌面前。由舌面前形成的元音叫前元音，如國語"雞"，"皆"，"虛"的末尾。由舌面前形成的輔音叫舌面音或顎音，（舌面前的動作以對硬顎爲常），如上述三字的起首。遇必要時顎音可再分爲前顎音與中顎音。

（4）有時，舌面前可與舌尖同時向上，動向硬顎與上齒齦之間。那樣形成的音就叫舌尖面混合音，如英語 church、judge、she、fish 的 ch、j、sh。

（5）舌頭在軟顎下面的部分，我們叫他舌面後。因爲筋肉的關係，他的動作與舌根往往不能分開。凡因舌面後的動作而成的元音，習慣上稱爲後元音；輔音則稱爲舌根音。

舌根音又可以分作：

    a. 軟顎音（或卽稱舌根音）——由舌後動向軟顎，如國語

"哥", "喝"的起首。

b. 小舌音——舌後動向小舌,如阿拉伯語 koran (可蘭
經)的起首。

(6)有些元音是由舌面的中部(即舌面前的後部與舌面後的前
部)形成的,稱爲央元音,如國語的"啊",英語 early 的起首。

(7)單由喉頭動作而生的音叫喉音,如英語 have 的 h。我國
吳語方言"得""失"諸字的末尾是喉塞音。

§4 語音形成時,氣流所受的調節方式,以及調節的部位已如上
述,把那兩重關係交織起來,再參照一般語言的實際情況,我們便可
以作一個語音的初步分類了。

計算數目要有數碼,講論語音也要有代表語音的符號,即所謂音
標是。我們要注意,音標不是文字,任何文字都不能作音標用,漢字
起源於形義的表徵,不能作音標用,既已盡人皆知,便是歐西各國用
的拼音字母,他們離表音的程度也已經夠遠了,同是 ch,在英、德、
法文中各有不同的音。這且不說,英文裏,一個 a 在 cat,came,
calm,call,sofa 中也有五種讀法。另一方面,peter,feet,meat
,seize,niece,key,quay,police 中的 e,ee,ea,ei,ie,ey
,ay,i 雖是八種形體,而所代表的則是同一類的音。

音標訂立原則是用一個符號固定的代表某一種類型的音,不與任
何文字發生關係。近來流行最廣的國際音標,雖然大體採用羅馬字母,
但是每一個符號都有他的新的語音學的意義。例如上述 cat 諸字中 a
所代表的五種音就分用「ɛ」〔ei〕〔ɑ〕〔ɔ〕〔ə〕五種形體;peter諸
字 e,ee 等代表的那一種音,就只用一個〔i〕號。

以下卽就語音形成的條件來說各種類型的語音,同時就把通行的

音標介紹出來。

§5 元音的形成有三個條件：（1）舌頭的哪一部分移動，（2）移動的高度如何，（3）這時兩唇的狀態如何。

舌頭差不多保持平常休止時的高度，只是略向前移，使舌面前成爲整個舌頭的最高點，可以形成如國語"安"字的元音。我們叫他 "低前元音"，他的符號是〔a〕；舌面前如儘量向上，以不產生摩擦的聲音爲度，就可以構成如國語"衣"或英語 eat 的 ea 那種音，我們叫他"高前元音"，符號作〔i〕；如舌面前僅在〔a〕至〔i〕之間升三分之一的樣子，則形成一種"半低前元音"，符號是〔ε〕，如英語 at 的 a 與 air 的 ai；又如升至〔a〕與〔i〕之間三分之二的樣子，又形成一種"半高前元音"，用〔e〕號，如四川話"勒""格"諸字的末尾。

自"低"至"高"，舌面前是可以在任何一點停留的，上面分的四點，不過是一種人爲的區分，爲講述的方便而已。介乎他們中間的情形並不是沒有，我們也可以視實際需要如何而增減所分的類別。

把舌頭向後移，舌面後便成整個舌頭的最高點。舌面後移動的高度也可以照舌面前那樣分。在"低"的地位形成"後低元音"，符號作〔ɑ〕，如英語 are；升至"半低"的地位形成"半低後元音"，符號作〔ɔ〕，如英語 or；升至"半高"的地位形成"半高後元音"，符號作〔o〕，如法語 eau（水）；再到"高"的地位就形成"後高元音"，符號是〔u〕，如國語的"烏"。

前元音自〔a〕至〔i〕，兩唇是由平常張口時的狀態逐漸向兩旁伸展的，後元音自〔ɑ〕至〔u〕，兩唇則逐次撮攏成圓形，但是並不是所有的前元音都是展唇的，或所有的後元音都是圓唇的。事實上，唇狀伸展比較顯著的前元音都可以有相對的同舌位的圓唇元音；同時，唇狀撮攏比較顯著的後元音也可以有相對的同舌位的展唇元音。

圓唇高前元音用〔y〕號，如國語"魚"。

圓唇半高前元音用〔ø〕號，如法語 peu 的 eu。

圓唇半低前元音用〔œ〕號，如法語 peuple 的 eu。

展唇高後元音用〔ɯ〕號，如北平旗人說"去"的元音。

展唇半高後元音用〔ɤ〕號，如國語"俄"。

展唇半低後元音用〔ʌ〕號，如英語 up 的 u。

最常見的央元音是舌位在"半低"與"半高"之間而唇狀不圓也不展的〔ə〕，如英語 bird 的 ir，letter 的 er 等是。國語的"啊"則可以說是低的央元音；不過通常都把他算作〔a〕，只在較嚴格的標音時才另用〔ʌ〕號，俄語 byl 的 y 則是個展唇的高央元音，用〔ɨ〕號，〔ɨ〕也有一個相對的圓唇音，用〔ʉ〕號，我國有些方言中也有他。

舌尖元音只在漢藏族的語言中常見，因爲舌尖與上齒或上齒齦的距離本來就很近。所以舌尖前元音不再分高低，展唇的舌尖前元音用〔ɿ〕號，圓唇的用〔ʮ〕號。展唇的舌尖後元音用〔ʅ〕號，圓唇的用〔ʯ〕號，它們的舌位都比較高，舌位較低而唇狀不分圓展的，用〔ɚ〕號，〔ɿ〕〔ʅ〕〔ɚ〕國語裏都有，〔ʮ〕〔ʯ〕也在方言中出現。

§6 我們在上一節講述各種元音，總是認爲在一定的時間內，舌與唇是保持某種部位而不變的，像那些元音可以總稱爲單元音，另有一些元音則是在一定的時間內，舌與唇是從某一個單元音的部位向另一個單元音的部位動着的，例如國語的"愛"是唇與舌由〔a〕向〔i〕的部位移動而成的；"歐"是由〔o〕向「u」的部位移動而成的，他們可以總稱爲複元音，"愛"標作〔ai〕，"歐"標作〔ou〕，餘類推。

舌與唇可以從任何一個單元音的部位動向另一個單元音的部位，因此可能有的複元音非常之多，下面是我們極常見的幾種：

ai——如國語"愛"，英語 bite 的 i。

ei——如國語"碑""雷"等字的後尾，英語 name 的 a。

oi——如廣州"哀"，英語 boy 的 oy。

au——如國語"奧"。

ou——如國語"歐"，英語 go 的 o。

ie——如國語"夜"。

ye——如國語"月"。

io——如有些西南方言的"約"。

uo——如國語"臥"。

ia——如國語"牙"。

ua——如國語"蛙"。

由上面的例看，複元音顯然可以分作兩類：一是舌位由"低"而"高"的，如〔ai〕〔ou〕等，一是舌位由高而低的，如〔ye〕，〔io〕〔ua〕等，在通常情況下，凡舌位較低的元音響度較大，舌位較高的響度較小，所以〔ai〕〔ou〕等是響度先大後小的，我們叫他下降的複元音；〔ye〕〔io〕〔ua〕等是響度先小後大的，叫做上升的複元音。

因為上升的複元音是末後的部分響度大，作詩或唱歌時如〔ia〕〔ua〕總可以與單元音〔a〕押韻，所以有一些人不把上升的複元音作一個音的單位看待，而以為〔ia〕是〔a〕的前面帶一個"介音"〔i〕，〔ua〕是〔a〕前帶一個介音 u，餘類推。

有時，因用力的強弱與尋常不同，舌位先高後低的複元音就可以不是上升的複元音了，例如英語的 ear，〔iə〕〔ə〕雖低於〔i〕，但因他特弱，反是下降的複元音，最好標作 iə̆，用〔˘〕來表示的〔ə〕的弱，漢語方言與古語中或許還有上升的〔a˙〕，那就是說〔a〕比平常弱或〔i〕比平常強，我們可以寫作〔ĭ〕。

如國語的"妖"〔iau〕"歪"〔uai〕等可以說是一種三合元音，即舌與脣的移動比複元音再多一步。不過〔iau〕又可認爲介音〔i〕加複元音〔au〕，〔uai〕又可認爲介音〔u〕加複元音〔ai〕。

§7 在大多數的情形下，元音形成時，氣流總是只從口腔出來的，有些時候，氣流却同時兼由口鼻而出，那樣的元音就是所謂鼻化元音，如南京話的"安""昂"等可說就是鼻化的〔a〕，鼻化元音的標寫法是在普通的元音符號上加個〔～〕號，所以上述南京的"安"等可以標作〔ã〕，複元音也有鼻化的，通常把鼻化符號加在後一個元音符號上，如南京的"邊"作〔peĩ〕。（〔i〕加鼻化符號時，上面的一點略去。）

§8 舌頭從高元音的地位再向上，發出來的音就要帶摩擦性了，這樣的音，如上文（2.1節）所說，可以叫做半元音。半元音與〔i〕相當的是〔j〕，如英語 year 的 y；與〔y〕相當的是〔ɥ〕，如法語 huit 的 u；與〔u〕相當的是〔w〕，如英語 west 的 w 或 quick 的 u，我們知道，只有高元音才有相對的半元音。

§9 輔音的類型如下：

（1）塞音由兩脣形成的是雙脣塞音，清雙脣塞音用〔p〕號，如國語的"閉"標作〔pi〕；濁雙脣塞音用〔b〕號，如英語的 bee 標作〔bi〕。

舌尖與上齒或上齒齦形成的塞音，習慣上認爲一類，稱爲舌尖塞音，清舌尖塞音用〔t〕號，濁舌尖塞音用〔d〕號；如國語"都"〔tu〕，法語 doux〔du〕。

　　捲舌塞音在梵文裏出現，現在清音用〔t〕號，濁音用〔ɖ〕號，

　　由舌面與硬顎形成的塞音，部位偏前一些的，清濁音分用〔ȶ〕
號與〔ȡ〕號；部位偏後些的分用〔c〕號與〔ɟ〕號，他們在熟知的
語言中很少出現。

　　由舌根與軟顎形成的塞音叫舌根塞音。清音用〔k〕號，如國語
"哥"〔kɤ〕；濁音用〔g〕號，用如英語 go〔gou〕。

　　舌根與小舌形成的塞音叫小舌塞音，清濁音分用〔q〕號與〔G〕
號，普通人都不容易把他們跟〔k〕〔g〕分開，可是有些語言（阿拉
伯語、突厥語等）都分別極嚴。

　　單由聲帶形成的塞音叫喉塞音，並且只有清音用〔ʔ〕號，不可
能有濁音。國語"安""餓"等字的前面時常有〔ʔ〕出現，可是我們不
覺得。但在某些語言裏，他却很重要，即如雲南有幾處方言，〔u〕是
"屋子"而〔ʔu〕是"骨頭"。

　　（2）各種塞音都有相當的同部位的鼻音。

　　與〔p〕〔b〕相當的雙唇鼻音用〔m〕號，如國語"馬"〔ma〕，
英語 came〔keim〕。

　　與〔t〕〔d〕相當的舌尖鼻音用〔n〕號，如國語"南"〔nan〕。

　　與〔t〕〔ɖ〕相當的捲舌鼻音用〔ɳ〕號，梵文裏有這種音。

　　舌面鼻音用〔ȵ〕號或〔ɲ〕號，蘇州話的〔泥〕我們標作〔ȵi〕，
法語的 montagne 作〔mɔtaɲ〕，從符號的形制上看，〔ȵ〕與〔ȶ〕
〔ȡ〕相當，〔ɲ〕與〔c〕〔ɟ〕相當。

　　舌根鼻音用〔ŋ〕號，如國語的"東"〔tuŋ〕，四川話的"愛"〔ŋai〕。

　　與〔q〕〔G〕相當的小舌鼻音用〔N〕號。

　　此外，中國古音中有個唇齒鼻音用〔ɱ〕號，他沒有相當的塞

音。

鼻音通常都是濁音。如遇清音，則在普通的鼻音符號下加〔。〕號。

（3）顫音可由兩唇，舌尖與舌根形成，唇的顫音不見於正常的語音，舌尖顫音可如南部德語的 r；舌根顫音可如北部德語的 r，前者用〔r〕號，後者用〔R〕號。他們都是濁音。

（4）邊音以舌尖與上齒或上齒齦形成者為最常見，用〔l〕號，如國語"拉"〔la〕英語 ill〔il〕。

捲舌邊音在有些語言裏也是有的，用〔ʅ〕號。

舌面邊音常見於拉丁系的語言中，如義語 egli 的〔gl〕，音標是〔ʎ〕。

英語音節尾的 l 有時是加舌根作用的邊音，無通行符號。

上述各種邊音都是濁音，清邊音雖少見，却不是沒有，清舌尖邊音的符號是〔ɬ〕或〔l̥〕，如藏語"拉薩"讀〔ɬasa〕。

（5）為事實需要，我分別擦音，比上述幾種音都要細，以下先**舉名稱**，次列音標（清音符號在前，濁音符號在後），末後舉例。

雙唇擦音——〔Φ〕〔β〕——長沙"房"〔Φaŋ〕，西班牙語 saber〔saβer〕。

唇齒擦音——〔f〕〔v〕——國語"法"〔fa〕，英語 five〔faiv〕。

齒擦音——〔θ〕〔ð〕——英語 thin〔θin〕，then〔ðen〕。

齦擦音——〔s〕〔z〕——英語 sin〔sin〕，zeal〔zil〕。

捲舌擦音——〔ʂ〕〔ʐ〕——國語"神"〔ʂən〕，"人"〔ʐən〕。

舌尖面混合擦音——〔ʃ〕〔ʒ〕——英語 sharp〔ʃap〕，measure〔meʒjuə〕。

舌面擦音——〔ɕ〕〔ʑ〕與〔ɟ〕相當。〔ç〕〔j〕與〔c〕相當——

國語"希" 〔ɕi〕，有些吳話方言的"奚" 〔ʑi〕，德語 ich 〔iç〕，〔ç〕 的
濁音可以說就是半元音〔j〕。

舌根擦音——〔x〕〔ɣ〕——國語"好"〔xau〕，德語 ach 〔ax〕，
南部德語 wagen 〔vaɣən〕。

小舌擦音——〔χ〕〔ʁ〕——有些漢語方言的"好"〔χau〕，巴黎法
語的 r。

喉擦音——〔h〕〔ɦ〕——英語 have 〔hɛv〕，蘇州"胡"〔ɦu〕。

（6）英文的 r 音（音節尾者除外）普通也以爲是一個舌尖與齦
的濁擦音，他與〔z〕有兩點不同，除部位略偏後外，最要緊的是摩擦
性極少，很容易分辨，其實我們是可以把他歸入半元音的，他的符號
是〔ɹ〕，或與顫音混用〔r〕。

§10　上節所說各種輔音都是在簡單的情形下形成的，可以總名
爲單輔音，條件比較複雜的輔音叫複輔音，重要的幾種如下：

（1）塞音形成時，某器官到某處進行阻塞後再退下來，動作都
是很快的，不過有些時候，退下來的速度却可以很慢，因此在阻塞與
阻塞完全解除之間，就自然的產生了擦音，結果，那些音就前半是塞
音而後半是擦音了，現在稱爲塞擦音，常見的幾種是：

唇齒塞擦音——〔pf〕〔bv〕——如德語 pferde 〔pferd〕。

齒塞擦音——〔tθ〕〔dð〕——如英語 width 〔waidð〕。

齦塞擦音——〔ts〕〔dz〕——如英語 its 〔its〕 hands〔hændz〕。

捲舌塞擦音——〔tʂ〕〔dʐ〕——如國語"朱"〔tʂu〕。

舌尖面混合塞擦音——〔tʃ〕〔dʒ〕——如英語 church 〔tʃətʃ〕，
judge 〔dʒʌdʒ〕。

舌面塞擦音——〔tɕ〕〔dʑ〕——如國語"家"〔tɕia〕，蘇州"騎"

〔dʑi〕（舌面的範圍相當廣，筋肉又比較不靈活，所以塞音與塞擦音很難分，國語的家也可以說是〔tia〕）。

（2）塞音或塞擦音形成時，氣流外出力量有強有弱，如果弱，那個音跟他後面的音差不多可以直接相連；如果強，在那個音後面，就顯然有一段類似喉擦音的氣流外出的過程，才接得上後面的音，凡如後者，是送氣的塞音或塞擦音；凡如前者，是不送氣的塞音或塞擦音。送氣的表現法是在原來的塞音或塞擦音符號後再加〔‘〕號，下面是國語的例。

不送氣	送氣
霸〔pa〕	怕〔p‘a〕
度〔tu〕	兔〔t‘u〕
官〔kuan〕	寬〔k‘uan〕
早〔tsau〕	草〔ts‘au〕
宙〔tʂou〕	臭〔tʂ‘ou〕
經〔tɕin〕	輕〔tɕ‘in〕

§11 凡以上所說的音的不同都是音質的不同，以音質為基礎，我們還可以從幾個方面分辨語音，即音長音強與音高。

（1）音長是指某音所佔時間的久暫而言，我們用不着精確計算某音是延續了幾分之幾秒。通常只在需要時就音的相對長度分作"長"與"短"兩類。長音是在那個音的符號之後再加〔ː〕號，短音不加任何符號，例如法語 maitre〔mɛːtr〕與 mettre〔mɛtr〕。

長短音的分別以見於元音者為多。有些語言的輔音也要分長短。如義語 fato （命運）的 t 音短而 fatto（＝英語 done）的 tt 音長。但是長輔音的標寫是連用兩個輔音符號而不加〔ː〕。

（2）音強是指音形成時用力的輕重而言。我們也用不着根據物理學的公式去作精確的計算，只在需要時分幾種相對的強度就夠了。

如在英語，一般是分為四種強度，最輕的不加符號，較重的加〔ˌ〕號，再重的加〔ˈ〕號，最重的加〔ˈ'〕。說輕重音是以音節作單位比較方便些，因此這些符號總是放在音節的前面。在 "It isn't my fault" 句中輕重音的分配是：

It ˈɪznt ˈ'mai ˈfɔːlt

又在 "I'm going out" 句中是：

aim ˌɡouiŋ ˈaut.

國語也有輕重音的不同。例如"蓮子"的"子"跟"簾子"的"子"的差別，就在音的強度（後者比一般字輕）。我們發命令或加重語氣，也把某些音特別用力說。所以國語至少可以分三種輕重。

（3）音高是指音形成時由聲帶顫動的頻率而得的音的高低而言。顫動數越大的音越高，越小的音越低，跟音樂中的音階是一個道理。語音中自然是只有濁音才有這種分別。通常辨別音高，又只以元音以及少數鼻音、顫音邊音或濁擦音之為音節主體者為對象。因此，辨別音高也是以音節為單位的。

音高的不同在漢藏族的語言裏是字音的要素之一。與音質的不同有同等的地位，習慣上有"聲調"的專稱。

聲帶顫動的頻率，最慢在每秒 100 次以下，最快可以到 1,000 次左右；並且在一個音節中，自始至終更可以或快或慢的變化。所以，音的絕對高度可以彼此差異極大。不過我們也是不需要那樣精確的推算，而且在語言中起作用的也不是某音的絕對音高而是他的相對音高的差別。例如我們的"媽""麻""馬""罵"四音是音高的不同，而在我們的語言裏，要緊的不是每個字說出時聲帶以何種速率顫動，而是彼此之間音高變化的形態如何不同。粗略的說，"媽"是高低不變的，"麻"是先低後高的，"馬"是先高後低又高的，"罵"是先高後低的。

現時區別聲調，大家都用趙元任先生的"五點制"，"五點制"是比較各種聲調的高低，以其最低與最高點爲據，再在中間平均分出三點來，共是五點，名爲"低""半低"，"中""半高"與"高"，以爲分別相對音高的標準。音高變化的形態則別爲"平""升""降""降升""升降"等。表現這種分類的符號，是以一根豎線作坐標，再把指示高低的橫線或折線自左向右跟坐標聯結起來。如此一個簡單的聲調分類與各類的符號如下：

高平調 ˥	高升調 ˧	高降調 ˥
半高平調 ˦	中升調 ˨	中降調 ˩
中平調 ˧	低升調 ˩	低降調 ˩
半低平調 ˨	全升調 ˩	全降調 ˥
低平調 ˩		

高降升調 ˅	高升降調 ˄
中降升調 ˅	中升降調 ˄
低降升調 ˅	低升降調 ˄

注意：實際聲調的形態不會這樣的整齊簡單。我們不過是分這幾種類型以爲辨別的準則而已。

爲稱述便利，有時可以用"1""2""3""4""5"來分別代替"低""半低""中""半高"與"高"，如此，高平調可稱"55"中升調可稱"24"，低降調可稱"31"，高降升調可稱"535"，餘類推。

差不多各種語言都有所謂"語調"，那是指語句的音高變化而言，現在暫時從略。

§12　就個別的語言來觀察語音，下列幾點是值得注意的：

（1）一個語言有哪些類型的音或沒有哪些類型的音是有他的特質的，例如國語有送氣與不送氣的清塞音而無濁塞音，法語則有不送氣的清塞音與不送氣的濁塞音而無送氣塞音；國語的擦音分 [f] [s][ʂ][ɕ][x]，英語則分 [f][θ][s][ʃ][h]；圓唇前元音法語有 [y][ø][œ]，國語只有 [y]，英語一個都沒有。

（2）每一個音在什麼地位出現也是各有特質的，例如 [p][t] [k][m]在國語只見於字音之首，閩粵語則在字音首尾都可以有，又如[ts]在國語只見於字音之首，英語都只見於字尾。

（3）在一個語言所有的音之中，哪個跟哪個配或不配，又有一定的規律，例如國語的 [i] 只跟 [p][t][tɕ] 等配，不跟 [ts][tʂ] 等配，又如英語 [p][t][k] 前面可以有 [s]，[b][d][g] 前就不可能有。

就某一個語言，把上述所有的現象臚列出來，那就是他的語音系統，比較兩個以上的語言的語音系統，以上所說當更明顯。

（附音標簡表）

部位 / 方式		唇		舌尖			舌尖面	舌面前		舌面後與舌根		喉
		雙唇	唇齒	齒	齦	硬顎	齦顎	硬	顎	軟顎	小舌	
塞音	清	p		t	ʈ			ȶ	c	k	q	ʔ
	濁	b		d	ɖ			ȡ	ɟ	g	G	
鼻音		m	ɱ	n	ɳ			ȵ	ɲ	ŋ	N	
顫音				r							R	
邊音	清			ɬ								
	濁			l	ɭ			ʎ				
擦音	清	Φ	f	θ	s	ʂ	ʃ	ɕ	ç	x	X	h
	濁	β	v	ð	z	ʐ	ʒ	ʑ	(j)	ɣ	ʁ	ɦ
半元音					ɹ			j,ɥ		w		
元音	高			ɿ,ʮ	ʅ,ʯ			i,y / ɪ	ɨ	ʉ / ɯ,u / ʊ		
	半高							e,ø	ə	ɤ,o		
	半低				ɚ			ɛ,œ	ə	ʌ,ɔ		
	低							æ / ɐ	a	A / ɑ		

註：（1）凡兩個符號中間有〔,〕的：左邊為展唇音，右邊為圓唇音，他們不是部位的不同

（2）常用的塞擦音符號如下：

唇齒塞擦音——〔pf〕，〔bv〕

齒塞擦音——〔tθ〕，〔dð〕

齦塞擦音——〔ts〕，〔dz〕

捲舌塞擦音——〔tʂ〕，〔dʐ〕

舌尖面混合塞擦音——〔tʃ〕，〔dʒ〕

舌面塞擦音——〔tɕ〕，〔dʑ〕

（3）附加符號如下：

【'】——送氣　　　【~】——鼻化

【:】——長音　　　【ˇ】——短音

中華民國一百年十月十八版

漢語音韻學

著　者：董　同　龢

發行者：程　　少　慧

經銷者：文　史　哲　出　版　社

地址：臺北市羅斯福路一段七二巷四號
郵政劃撥〇五一二八八一二彭正雄帳戶
電話：二三五一－一〇二八

印刷者：祥峰印刷事業有限公司
地址：台北市長泰街七十三巷三號三樓

實價新台幣四〇〇元